内蒙古马文化与马产业研究丛书

马旅游

董杰 全小国 韩冬 ·著

内蒙古出版集团

内蒙古人民出版社

图书在版编目（CIP）数据

马旅游/董杰，全小国，韩冬著. —呼和浩特：内蒙古人民出版社，2019.8

（内蒙古马文化与马产业研究丛书）

ISBN 978-7-204-15985-7

Ⅰ.①马… Ⅱ.①董… ②全… ③韩… Ⅲ.①马-地方旅游业-旅游业发展-研究-内蒙古 Ⅳ.①F592.726

中国版本图书馆 CIP 数据核字（2019）第 138806 号

马旅游

作　　者	董　杰　全小国　韩　冬	
责任编辑	董丽娟　贾大明	
封面设计	额伊勒德格	
出版发行	内蒙古出版集团　内蒙古人民出版社	
地　　址	呼和浩特市新城区中山东路 8 号波士名人国际 B 座 5 楼	
网　　址	http://www.impph.cn	
印　　刷	内蒙古恩科赛美好印刷有限公司	
开　　本	710mm×1000mm　1/16	
印　　张	22.25	
字　　数	320 千	
版　　次	2019 年 8 月第 1 版	
印　　次	2019 年 8 月第 1 次印刷	
书　　号	ISBN 978-7-204-15985-7	
定　　价	70.00 元	

如出现印装质量问题，请与我社联系。联系电话：(0471)3946120

"内蒙古马文化与马产业研究丛书"
《马旅游》编写组

组　长：董　杰

副组长：全小国　韩　冬

成　员：宝文杰　张志栋　张龙凤　黄丽华

　　　　张　宇　陈剑文　叔嘎拉　邢智仓

　　　　郑承燕　马　飞　王格格

总　序

　　"你听过马的长嘶吗？假如你没听过的话，我真不知道你是怎么理解蓝天的高远和大地的辽阔的。听了马的嘶鸣，懦夫也会振作起来。你仔细观察过马蹄吗？听过马蹄落地的声音吗？有了那胶质坚硬的东西，可爬山、可涉水，即使长征万里也在所不辞，而它有节奏的踏地之声，不正是激越的鼓点吗？"每次读到蒙古族作家敖德斯尔在《骏马》一文中的这段话时，我都激情澎湃、思绪万千。是的，蒙古族失去了马，就会失掉民族的魂魄；蒙古族文化中没了马文化，就会失去民族文化的自信。在漫长的历史长河中，没有哪一个民族像蒙古族一样与马有着密切的联系，没有哪一个民族像蒙古族一样对马有着深厚的感情。马伴随着蒙古族人迁徙、生产、生活，成为蒙古族人最真诚的朋友。马作为人类早期驯化的动物，与人、与自然共同构成了和谐共生的关系，衍生出了丰富的马文化。

　　内蒙古自治区的草原面积为8666.7万公顷，其中有效天然牧场6818万公顷，占全国草场面积的27%，是我国最大的草场和天然牧场。据新华社报道，2018年内蒙古马匹数量接近85万匹，成为国内马匹数量最多的省区。草原和马已经成为内蒙古自治区最具代表性的标志，吸引着无数人前来内蒙古旅游和体验。

　　2014年1月26日至28日，春节前夕，习近平总书记在视察内蒙古时讲到，"我们干事创业就要像蒙古马那样，有一种吃苦耐劳、一往无前的精神"。这是对内蒙古各族干部群众的殷切期望和鼓励鞭策，蒙古马精神已经成为新时代内蒙古人民的精神象征，成为实现"守望相助"，建设祖国北疆亮丽风景线及实现内蒙古发展历史性巨变的强大精神力量。

"马"的历史悠久，"马"的文化土壤肥沃、积淀丰厚，"马"的功能演变和优化进程可以概括为由"役"的传统功能向"术"的现代功能的转变。无论从历史纵向角度看，还是从现实横向角度看，"马"的功能转变都为发展马产业提供了新的视角和思路。

改革开放四十年来，内蒙古大地呈现出了大力发展现代马产业的强劲势头，2017年自治区出台了《内蒙古自治区人民政府关于促进现代马产业发展的若干意见》，这个意见出台以后，为内蒙古发展现代马产业指明了方向。正是在这样的背景下，自治区党委宣传部决定在2019年举办内蒙古国际马博览会，并委托自治区社科联编写出版一套关于"马"的丛书。经过充分调研和论证，结合内蒙古实际，社科联策划出版了一套"内蒙古马文化与马产业研究丛书"，该丛书共六本，分别是《马科学》《马产业》《马旅游》《马文化》《赛马业》和《蒙古马精神》，并将其作为自治区社会科学基金重大项目向社会公开招标。

通过公开招标，内蒙古大学、内蒙古农业大学、内蒙古艺术学院、内蒙古体育职业学院和内蒙古民族文化产业研究院等六个写作团队成功中标。内蒙古大学马克思主义学院教授傅锁根主持撰写《蒙古马精神》，内蒙古农业大学芒来教授主持撰写《马科学》，内蒙古民族文化产业研究院董杰教授主持撰写《马旅游》，内蒙古艺术学院黄淑洁教授主持撰写《马文化》，内蒙古农业大学职业技术学院王怀栋教授主持撰写《马产业》，内蒙古体育职业学院殷俊海研究员和温俊祥先生、郎林先生共同主持撰写《赛马业》。经过近六个月的艰苦写作，"内蒙古马文化与马产业研究丛书"一套六本专著终于付梓，这是自治区社科联组织的专家学者在马学领域一次高效的学术研究和学术创作的成功典范。

《马科学》主要从马属动物的起源、分类、外貌、育种繁殖等动物属性出发，科学揭示了马的生命周期和进化历程，阐释了马科学研究的最新成果和进展；《马产业》以传统马产业到现代马产业的发展历程，全景展现了马产业链，特别为内蒙古发展马产业做出了系统规划；《赛马业》从现代马产业发展的必由之路——赛马活动入手，揭示了赛马产业的终端价值，提出了内蒙古发展赛马产业的路径和方法;《马旅游》从建设内蒙古旅游文化大区的角度出发,提出了以草原为底色、旅游为方式、马为内容的内蒙古特色旅游体系;《马文化》从远古传说入手,介绍人马关系之嬗变,系统梳理中国古代马文化内涵、现代体育中的马文化及不同艺术领域中的马文化表现形式,还特别介绍了蒙古族的蒙古马文化,探讨马文化的研究价值及其传承与开发;《蒙古马精神》则从马的属性上归纳、提炼、总结出内蒙古人民坚守的蒙古马精神,论证和契合了习近平总书记对内蒙古弘扬蒙古马精神的理论总结。丛书整体上反映了马产业从传统到现代的转化,从动物范畴到文化领域的提炼,从实体到精神的升华之过程,具有科学性、系统性、前沿性。

这套丛书是国内首次系统研究和介绍马科学、马产业、马文化、蒙古马精神价值的丛书,填补了马科学领域的一个空白,展现了内蒙古学者在马科学领域的功底。写作过程中,大家边学习、边研究、边创作,过程非常艰难,但都坚持了下来。为保证写作质量和进度,自治区社科联专门成立了马文化与马产业研究丛书工作小组,胡益华副主席、朱晓俊副主席、李爱仙部长做了大量工作,进行全过程质量把关,组织区内专家、学者研究讨论,等等。同时,创新了重大课题研究的模式,定期组织研究团队交流,各写作团队既有分工,也有协作,打破了各团队独立写作的状态。但由于时间仓促,写作任务重,难免留下了一些遗憾,但瑕不掩瑜,相信自治区马科学、马产业领域的学者会继续深入研究探索,弥补这些缺憾。

伴随着历史演进和社会发展,马产业在培育新的经济增长动能、满足人民群众多样化健身休闲需求、建设健康中国、全面建成小康社会中发挥着重要作用。内蒙古作为马科学、马产业领域的发达省区,一定会为我国马产业、马文化的发展做出新的贡献,内蒙古各族人民也一定会遵照习近平总书记提出的坚守蒙古马精神,为"建设亮丽内蒙古,共圆伟大中国梦"做出努力。

内蒙古自治区社会科学界联合会

杭栓柱

前　言

我国的马旅游产业,在 2008 年至 2018 年的十年间,经历了较为快速的发展与变革,逐步由高端消费向大众休闲化发展。截至 2017 年,我国马匹存栏量 343.6 万匹,是世界上马匹存栏量第二大的国家;2016 年,全国政协委员联名提交《建立国家马产业转型升级示范区的建议》信息专报;2017 年,全国政协十二届五次会议"关于加快推动我国马产业转型升级的提案"被列为重点提案,与马产业相关的产业链条发展受到国家与地方的重视。其中,马旅游产业具有文化休闲、体育健身、乡村牧区振兴和文化传承等诸多优势,在产业融合的背景下,马旅游产业已经成为文化产业、休闲体育产业和旅游产业的重要组成部分。

我国是拥有 5000 年养马历史的文明古国,是世界马文化与马种的重要发祥地之一,也是世界第二大养马国,拥有丰富的马文化历史资源、优质的马种资源和良好的自然资源。马在战争、交通、礼仪及耕种等方面都具有重大的作用,很早就被称为"六畜之首"。因马匹生长所需要的自然环境和农业经济条件的变动,近代以来我国马匹的数量显著减少。但养马的文化根基依然深厚,并在历史的发展中完好地保存下来,无论是秦始皇陵兵马俑、东汉的"马踏飞燕(马超龙雀)",还是云南大理三月街的赛马节、蒙古族的那达慕大会、哈萨克族民间歌舞等,都彰显了我国马文化的博大精深和源远流长。

中华人民共和国成立初期,国家为恢复农业生产和满足国防建设需要,投入巨额资金从苏联等国家引进良种,学习养马技术,建立马场,设立马匹配种站,全面开展对马匹的改良工作,培育新品种。到 1977 年,我国马匹数

量已经从 1949 年的 487 万匹增长至 1145 万匹,位居世界第一位。进入 20 世纪 80 年代,随着我国现代化的发展,马匹数量呈现衰减趋势;近年来,受各类马产业专项政策和马旅游等文化消费项目的推动,马匹存栏量不断上升,马产业业态逐渐丰富,并呈现出新的繁荣发展趋势。

随着文化旅游产业的迅速发展和文旅特色小镇等项目的推进,以马为核心要素的文化旅游消费快速扩张,这将会切实推动我国马产业实现新一轮的转型升级。近年来,无论是马旅游产业的经济规模和效益、旅游产品的丰富程度、旅游流量,还是服务水平和资源利用情况等,都有了极大的进步和提高,进一步缩小了与发达国家和地区的差距。近些年来,各级政府制定了一系列专项产业推动政策,为做大、做强马旅游产业打下了良好基础;各地的马主题行业协会和马业企业如雨后春笋般成长起来;各协会、政府部门为落实相关政策做出了不懈的努力,同马旅游企业共同开创了我国马旅游产业快速发展的新局面。在过去的十年中,马旅游产业在由小变大的道路上又前进了一大步,但还有很多地方不尽人意,亟待改进。

目 录

第一章

马旅游现状与展望

以"马"及其文化为主体,以竞技、骑乘、观赏等为内容的文体休闲方式由来已久。国外涉及马的旅游活动起步较早,尤其是马戏、马术及博彩性主题赛马等,具有较强的吸引力;我国与马相关的旅游产业伴随国民可支配收入的增加,也呈现快速发展态势,且在全国各地具有不同的发展特点。马旅游以人马关系为核心消费对象,是一种非消耗型的专项旅游活动形式,在国内外发展中具有不同的特点。马旅游不仅为人民休闲文化生活提供了良好模式,更成为促进文化遗产保护、推动产业发展的良好方式。未来,随各区域马旅游的发展,我国将以马为媒,促动区域间经济文化互动,通过马旅游等方式,促进乡村牧区振兴,推动旅游供给侧改革,并进一步开展国际马主题文化产业资源交流活动。

第一节　国内外马旅游的发展现状

由于历史文化积淀、马种适宜活动差异及产业环境政策等因素的影响,我国与马相关的旅游起步较早,但集中于马竞技与马彩相关产业链条。我国与马相关的旅游活动呈现出与马资源富集区相关度高,并不断向大众旅游方向发展的趋势。

一、国外马旅游的发展现状

国外发达国家与马相关的旅游产业经过了农耕转型为现代娱乐的历程,马旅游产业相关研究重点也由农耕研究逐渐向文化产业研究转移,发展势头较好,尤其是在文化产业方面尤为迅速。从世界各国马旅游产业发展实践经验来看,赛马、马彩的经济效益较好。全世界约有 2000 个赛马场,分布在 88 个国家,其中开设赛马彩票的有 67 个国家及地区,英国、法国、美国、澳大利亚等国家均有较好的发展,我国周边的国家,像日本、韩国、蒙古、越南、新加坡、泰国、印度、巴基斯坦、俄罗斯等也都开设了马彩。直接上缴税收、捐助慈善事业、解决就业、带动周边产业发展等，已充分反映出马旅游产业的经济和社会地位的重要性。

马旅游产业在一些发达国家形成了一定的规模，成了经济增长点。目前，世界上很多国家的马业已经是非传统的马业，经历了转型期，拓宽了社会应用领域。英、意、美、日、德等国家都有各自发展的马旅游产业模式。

（一）英国

英国马文化拥有三百多年的历史，体现绅士文化，代表骑士精神，它是体现以个人身份的优越感为基础的道德与人格精神的文化，但它也积淀着西欧民族远古尚武精神的某些积极因素。英国马文化传承到现在，主要的体现形式是高雅的全民参与的大众娱乐活动，主要由英国古代族群凯尔特人擅长骑马狩猎的文化传承而来。

在英国人眼中，马是保护神，是平安好运的象征。马是古代战争中不可缺少的军事力量，它高大健壮，让人产生威武勇敢的联想。大英博物馆将马在欧洲雕塑文化中的独特地位显露无遗。英国维多利亚和阿尔伯特博物馆收藏了大量维多利亚时期我国销往英国的马匹画作及瓷器，都是以马为主题。雅士谷马场早期是英国皇室使用的马场，在那里能够感受马术运动在英国皇室中的独特地位。马术是斯托纳学校的传统项目，学校设有英国马术协会认可的马术中心，教学设施达到世界级水平，学校亦提供英国马术协会课程，每年均有学生获选参与英国国内或国际赛事，还有学生在 2012 年伦敦奥运会夺得马术舞步团体赛金牌。

（二）意大利

意大利的马旅游以锡耶纳赛马节最具特色。文艺复兴时期，锡耶纳政府通过多种手段将城市的社会生活不断公共化，成功地将城市的公共空间置于私人空间之上。1656 年，当地第一次举办锡耶纳赛马节，通过在公共空间举行节日游行庆典及娱乐活动，共和主义思想和城市共同体观念潜移默

化地影响着当地民众。此后每年 7 月 2 日,意大利锡耶纳的田野广场都会举办锡耶纳赛马节;另一场在每年 8 月 16 日举行。比赛的策骑方式是骣骑,也就是没有马鞍骑马。参赛队伍绕整个广场跑 3 圈,参赛的 10 匹马是从锡耶纳的 17 个堂区中选出来的。比赛跑圈以顺时针方向进行,经过欢乐喷泉,到达圣马蒂诺弯道,这个弯角度非常小,经常有马匹互相冲撞甚至撞墙事件发生,所以墙上铺了厚厚的垫子;在经过直道后,到达众议院弯道,然后回到起点,三圈过后决出胜利者。与一般的赛马活动不同的是,该比赛的胜负是由马来决定的,第一匹过终点的马就是冠军,无论它的骑手是否已经坠马。

(三)美国

美国是马业超级大国,马旅游产业主要集中在休闲骑乘上。19 世纪初,美国有 2000 多万匹马,在马匹数和质量上为当代之冠。随着产业的发展,在 20 世纪,马的用途从骑乘和运输转化为娱乐。马匹数不断减少,而质量却逐步提高,赛马数量增加。进入 21 世纪,美国有 900 多万匹马,用于比赛项目的马占 11%,用于表演项目的马占 19%,文娱用马占 42%,骑乘和运输用马占 18%,参与马旅游产业的人数超过 400 万。美国非常重视马的育种工作,主要从英、法及中东等国家和地区引入优质马匹,经过培育和繁殖,育成标准快步、夸特、摩根、美国骑乘马等新品种。这些美国培育的新品种马能适应当地环境。因此,美国生产纯血马的技术为世界顶尖水平,纯血马数量为 9 万匹。2000 年以来,美国马产业得到了长足发展,产业配套设施将近 400 亿美元,税收将近 20 亿美元,创造了 140 万个工作岗位。

(四)日本

日本列岛本无好马,在纯血马引进之前,只有完全用于农业生产和交通运输的七种土种矮马。19 世纪以来,日本将马种的改良与发展跟政治建设、经济发展及文化产业结合起来,使得马产业、马文化成为促进其体育和娱乐产业发展的一大中坚力量。

马之博物馆位于根岸竞马纪念公园中,由日本中央赛马会集资建成,现在由马事文化财团运营。博物馆将马的文物分为自然史、历史、民俗、美术工艺、赛马等板块进行收集、调查、研究和展示,迄今为止收藏资料有 15000 份。另外,博物馆还设置了养马中心,除了饲养常见的马匹外,还饲养日本传统马匹。

(五)德国

德国的马旅游产业以马术为代表。在德国,马不仅仅局限于畜牧,还有竞技、娱乐功能,常见的有家庭宠物马、骑乘马和比赛马等。

马业在德国为将近 20 万人提供就业。2001 年德国市场研究所一项调查研究表明,不分年龄段,共有 124 万人经常从事马术运动,如果把未成年人也算在内的话,这个数会增加到 160 万人左右;还有 847 万人对马术运动有兴趣,如果把 14 岁以下的少年也算在内的话,那么有将近 1100 万人对马术运动感兴趣。德国市场研究所还估算,现今德国大约有超过 100 万匹马,德国马的数量在最近 35 年以来翻了三番。德国有世界上最著名的马种,如荷斯坦马、汉诺威马、奥登堡马、特雷克纳马、威斯特法伦马等,这些品种的马虽然培育目的与历史不同,但体型结构等却趋于一致。

二、国内马旅游的发展状况

(一)发展历程及现状

马,自古以来就对国家具有极其重要的作用。《周礼》指出,马政是"甲兵之本,国之大用",在 3000 年的漫长冷兵器时代,马政的兴衰一定程度上也代表了国家的兴衰。马匹成为游牧生活必不可少的家畜,马对民族的繁衍生息、发展演进发挥着重大作用。到现代,马成了部分民族的图腾,仍旧是部分地区的主要运输工具,马文化源源不息地流淌着。随着社会的变迁,现代文明的融入,马已经不再是人们出行、狩猎、游牧的主要工具,渐渐地淡出了人们生产的视野,其主要作用已经向体育休闲、旅游娱乐等方面发展,

马产业也由此增添了新的文化元素。

在产业融合推动下,马产业作为一条较为完整的产业链条,在国内的发展仍处于成长阶段,马旅游产业作为整体产业链条中的重要分支链条,也处于待完善阶段。同欧美等马旅游产业发达国家相比,我国马旅游产业所立足的文化基底有所不同。国内马旅游产业的发展与民族文化以及奥运会的市场牵动作用密不可分,同时,传统的马资源富集区具有良好的自然与人文旅游资源牵动性。以民族文化传承为基底的马旅游将休闲旅游和文化体验作为主打产品,并以此建立了马文化博物馆、马文化特色小镇,开设了马术实景演艺、民族节庆、骑乘体验等项目;以奥运会为基底的竞技文化对马术运动进行了主题性传播与普及,近年来在各大中型城市建立了马术学校、马术体验区、专业赛马场等。

我国马旅游产业的发展经历了从无到有、由小变大的过程。中华人民共和国成立以后,马术运动得到重视,国家决定在全国范围内开展马术运动。1979年成立中国马术协会,1982年加入国际马术联合会,1983年恢复全国性马术竞赛活动和奥运会三项赛以及民族马术运动,1991年我国第一个赛马俱乐部在深圳诞生,2008年奥运会代表团再次吸纳马术运动员。2014年,国务院印发了《关于加快发展体育产业 促进体育消费的若干意见》,马术被列为"大力支持发展"的健身休闲项目。2016年,国务院印发《全民健身计划(2016—2020年)》,将马术列为积极培育的时尚休闲运动项目;同年,国务院办公厅印发《关于加快发展健身休闲产业的指导意见》,提出要发展户外运动,发展特色运动,推动马术、高尔夫等时尚运动项目健康发展,培育相关专业培训市场。

2017年是我国马术旅游发展最为活跃的一年,国内举办各类赛马比赛、马术论坛以及马术文化节等活动数百场,国内外马术专家在活动中共同探讨我国马术旅游的现状和发展方向。2017年5月,我国已经正式提交申请加入世界马术旅游联合会,成为该国际组织的第21个成员国,我国马旅游产业走向了世界。2017年,中国马文化旅游峰会暨国际马术旅游发布会、潍坊滨海国际马术文化节发布会在北京隆重举行。借此机会,中国马文化运动研究院整理了国内和全球的马旅游资源,包括各地的骑马旅游线路、马术旅游服务企业、盛大的马术节日赛事和马术文化演出等,与世界共享马旅游信息。这标志着我国的文旅产业与马产业的结合进入了国际化的历史时期。2017年,国际马产业青岛峰会是政府支持的第一个全球马产业峰会。

中国马文化运动旅游规划研究院院长吴钢芳在中国马文化特色小镇发展论坛上指出,目前,我国马产业主要靠马匹交易、骑马旅游、马术比赛及马场马术教学等传统项目盈利。骑马跟马术旅游成为户外运动与大自然紧密结合的主要旅游方式之一,也将成为我国现代时尚文化的重要传播方式。

蓄势待发的中国马旅游产业在新时代背景下迎来了极大的发展机遇。2018年,世界马文化旅游峰会暨亚洲马文化运动旅游联合会滨海基地建立。2019年,中国(海南)首届国际马文化产业博览会在海南国际会展中心举行,这是一场盛大的马术、马具、马匹设备产品展示会。

蒙古族被称为马背上的民族,马对蒙古族的繁衍生息、发展演进发挥着重大作用。内蒙古地区是我国乃至世界马品种资源最为丰富的地区之一,是世界公认的现代马品种的发源地,拥有蒙古马、鄂伦春马、锡尼河马等地方马品种,并培育了三河马、科尔沁马等全国优质马品种,其中蒙古马以耐力强、抗病力强等优点享誉海内外。截至2018年底,内蒙古自治区马匹存栏量达84.8万匹,位居全国第一。2017年12月,内蒙古自治区出台《关于促进现代马产业发展的若干意见》,提出要加强马品种保护和改良繁育,促进现代马产业发展,建立完善相关服务体系,提供财税金融等政策支持。内蒙古自治区的马产业发展迎来了新的机遇和曙光。

(二)产业特点

1.专题型马旅游城市中心化发展

目前,我国的高端马主多为城市的爱马人士、企业家等,历史上曾退出城市的马匹,现在已经在我国各大城市的近郊甚至中心城区广布。大量的马主题俱乐部和专项马主题活动运营企业,围绕城市周边以至城市中心,开发了各类专项活动场地,使各类专题性马旅游活动由乡村、牧区走向城市。

同时,随着城市发展规模的不断扩张,部分早期建设于城市周边的赛马场也被纳入城市中心,成了市民重要的马主题休闲区域。武汉、海口等非传统马匹资源富集城市,在马产业资源、文化挖掘与市场运作过程中,为以城市为中心的马旅游产业提供了全新的发展方案。

2. 马匹资源富集区专项旅游吸引力不断增强

我国的马匹资源富集区集中于边疆民族地区与自然资源富集地区,内蒙古、新疆、四川、贵州等传统马匹资源集中区域,马旅游呈现出越来越强的吸引力。"到草原上骑马,感受蓝天、白云、绿草地",成为越来越多旅游者的出行目的之一。从各区域马匹存栏数量来看,旅游活动对马匹存栏量的影响较为明显;传统短时间骑乘体验产品,正实现大跨度和主题区域化的转变,马匹资源富集区的专项旅游吸引力正不断增强。

3. 注重娱乐性和经济效益

随着物质文明和精神文明的发展,人们需要更加丰富多彩的体育娱乐活动,特别是处在城市化进程关键期的今天,追求人与自然的和谐是人的精神追求之一。马旅游作为一项直接接触大自然、接触动物的旅游活动,必将带给游客不一样的体验。经济的发达程度在某种程度上可以从马旅游业的发展状态中呈现出来。作为一种时尚的消费活动,据统计,2017 年我国马术俱乐部的在册人数达到百万人。截至 2018 年年底,内蒙古自治区在册的马术俱乐部已经增长到 19 个。马旅游活动也由最初较为单一的骑乘培训转为由马术观赏、骑乘体验、文化浸染等多项活动构成。

4. 现代马旅游业在马业服务中日益重要

马旅游业是马文化普及的重要渠道,其直接客户为广大的旅游者,从旅游基数上来说,规模是庞大的。受众群体的不断增加也将使旅游消费、马业服务消费规模不断扩大。随着马文化的普及传播,现代马业及其服务已经在向体育、娱乐相结合的产业发展,马旅游产业在投入风险较大的前提下,也同时具有极高的可预期利润和资金回报。旅游业作为服务产业的重要组成部分,近年来的收益逐年递增,2018 年,我国国内旅游收入 5.97 万亿元,内蒙古自治区旅游收入 4011 亿元,旅游市场潜力和规模较大,在未来的发展中必将呈现出勃勃的生机。

（三）产业规模

国内马产业市场规模巨大，马业服务最具发展潜力。2014 年马业服务对整个马产业市场规模的贡献率达 58.3%，马业服务主要集中于马旅游服务，具体涵盖赛事运营、休闲骑乘和马术俱乐部等产业。到 2017 年，我国马产业的市场规模已经超过了 140 亿元，且马业服务的比重在持续上升。海南"马文化旅游特色小镇""国际马文化体育旅游度假区"等旅游综合体项目频出，"2018 上海浪琴环球马术冠军赛""中华民族大赛马·2018 传统耐力赛""2018 新浪杯未来之星马术大赛"等大小赛事接踵举行，整个马旅游产业市场已让人充满着想象。

1. 马文化企业发展状态

我国马文化企业类型丰富、数量众多、增长较快，行业整体规模乐观，但单体差距较大。

马文化企业类型丰富。根据中国马友联盟网站的划分标准，截至 2018 年，在该网站注册的马文化企业和组织涵盖了俱乐部—赛马场、骑马旅游—度假村公园、马具店—经销点—厂商、繁育销售场—检疫场、马文化传播—展览推广、体育健康—其他跨界、马术院校—职业培训、服务—钉蹄兽医私教、协会组织—马友社团等众多的业态，涉及从马匹培育、马匹交易到马业服务等的全产业链，初步建立起了支持体系。

以马术俱乐部的发展为例。马术俱乐部数量增长迅速，但地区分布不平衡。根据中国马术协会的统计，从 2008 年到 2018 年，我国马术俱乐部从 300 多家增长至 1800 余家，马术爱好者由 10 万左右骤增至百万人。2017 年，平均销售额达到了 637 万元，全国马术俱乐部销售总额达到 92.4924 亿元。我国马术俱乐部的分布基于一定的自然和经济条件，大致可以划分为三个区域：东部经济发达地区、北部少数民族边疆地区和将陕西、四川、云南连接成线的西部地区。

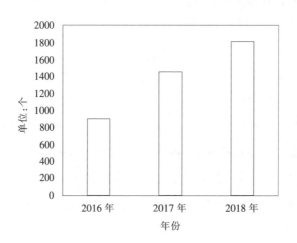

图 1.1　我国马术俱乐部数量近三年变化情况

经济发达地区,如北京、天津、河北、山东、江苏等地,近乎聚集了我国近50%的马术俱乐部。马匹资源相对富裕地区,如内蒙古和新疆等地,马术俱乐部的数量也较多。陕西、四川和云南等旅游大省,马术俱乐部的数量也偏多。

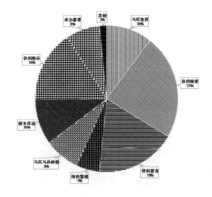

图 1.2　我国马术俱乐部经营项目饼形图

但因资源及相关因素的影响,行业内部各俱乐部之间的规模差距也较大,经营性质、经营规模、配套服务、马匹情况、经营项目、马术相关服务等逐渐拉开差距。小规模的马术俱乐部一般只提供休闲骑乘等旅游项目,大规模的马术俱乐部经营项目较多且与国际接轨。目前,我国马术俱乐部的主要经营项目有马匹寄养、各类骑乘、培训教育、培育繁殖、马匹马具销售、商务活动、休闲娱乐、承办相关赛事及影视、婚礼租赁等。其中,各类骑乘(23.17%)、培训教育(18.03%)和休闲娱乐(15.93%)成了我国马术俱乐部主要的经营内容。

近年来,国内马文化旅游企业发展日渐成熟。众多马术俱乐部逐步依据国家标准建立起马匹生活区,马术训练区、表演区、比赛区,马匹休闲活动区等区域,在进行马术专业教学的同时满足了游客游玩和观赏的需求。赛马场建设稳步推进,赛马体系和标准与国际接轨。武汉、广州、北京等众多城市均建设有大型赛马场,软硬件设施逐步完善,武汉作为首个商业赛马试点城市,赛马活动开展良好。马文化旅游展演日渐增多,围绕马的历史、诗词歌赋、故事、战争、书画、民风习俗、地方文化建设的主题性场馆如雨后春笋,遍布祖国各地,在北京、江苏、海南、四川等旅游经济发达地区以及内蒙古、新疆等民族文化浓郁地区更为常见。

2. 马匹资源

我国马匹存栏量近年来呈现下降状态,但规模依然庞大,位居世界第二,仅次于美国。我国是养马大国,1985 年我国骑兵部队被取消,马匹数量开始大规模减少,由鼎盛时期的千万匹下降至目前的不足 400 万匹;马匹的用途也发生了实质性的改变。截至 2017 年底,我国马匹存栏量下降至343.64 万头,马匹存栏量总量同比减少 7.54 万头。马匹的数量虽有下降,但马匹的质量和对马匹附加值的挖掘迈上了新的台阶。

马匹驯养地区分布略有差异,总体上呈现北多南少的局面。根据《2018年中国统计年鉴》,2008—2017 年间,我国马匹存栏量逐年下降,华北地区71.53 万匹,东北地区 24.88 万匹,中南地区 24.66 万匹,西南地区 129.66 万匹,西北地区 91.92 万匹,西南、西北和华北地区为我国主要马匹培育区域。四川、新疆、内蒙古、西藏、广西、黑龙江、云南、甘肃、贵州、青海等省区是我

国马匹存栏量较多的省区。到 2018 年年底,内蒙古自治区马匹存栏量达到 84.5 万匹,位居全国第一。

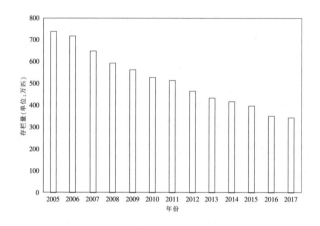

图 1.3　2005—2017 年我国马匹存栏量对比条形图

随着科技的进步和知识的引进,我国马匹品种丰富程度明显提升。据统计,目前全球范围内共有 350 多种马的基本品种。全球马产业的发展历史证明,北纬 39°～42°是马匹的最佳培育区,我国国土辽阔、气候环境多样,几乎世界上所有的马种都能在这里找到适合自己生存的环境。我国的马种大体可分为两类:一是地方品种,如蒙古马、哈萨克马、河曲马、云南马等;二是培育品种,如内蒙古的三河马、新疆的伊犁马等。我国的马主要有五大品种:蒙古马、川马、河曲马、哈萨克马和西藏马。

表 1.1　我国马主要品种及分布情况

品种	分布区域	特征
蒙古马	内蒙古自治区及东北和华北大部、西北部分地区	适应性好,从原产地至东北农区、黄淮平原,西达西北高原都能适应。

续表

品种	分布区域	特征
川马	云南、四川、贵州、广西及湖北西部、陕西南部、福建沿海	矮小纤细,又分化为百色马、贵州马、文山马、乌蒙马、大理马、建昌马、腾冲马、中甸马等优良品种。
河曲马	甘肃、青海、四川三省的交会地带	性情温驯,有良好的适应性和较强的持久力。
哈萨克马	新疆北部	体形较为粗壮,典型品种有阿尔泰马和柯尔克孜马。
西藏马	西藏自治区及青海省南部、四川省西部、云南省西部	适应性强,在海拔 3000 米以上的地区仍然能生存。

3. 马旅游经济

马旅游在内需和外因的综合推动下,成了我国旅游业的一匹黑马,马旅游经济大繁荣为多地经济的发展贡献了力量。我国马旅游起源于 20 世纪 80 年代,最初是与马术比赛的发展息息相关的。进入 21 世纪,马旅游需求规模持续增大,从最初的专业赛事发展为与马文化民俗体验并重的发展态势,全国各地的马术俱乐部、马术赛事、以马为主题的各类节庆活动的开办,马文化旅游景区和旅游项目的设立,让马旅游产业呈现出星火燎原之势。马文化旅游资源丰富地区逐步开展起主题旅游活动,地区旅游事业发展方兴未艾。以我国北方少数民族地区为例,新疆的昭苏县,内蒙古的锡林郭勒盟、呼伦贝尔市等地都凭借本地马旅游资源取得了较好的经济和社会效益。内蒙古西乌珠穆沁旗 2017 年共接待国内外游客 91 万人次,实现旅游总收入 5.46 亿元;内蒙古科尔沁右翼中旗 2017 年夏季旅游人数达到 80 万人,旅游收入达到 5.11 亿元;新疆昭苏县 2017 年共接待游客 135 万人,实现旅游收入 4 亿元。

马旅游消费稳步增长,引领旅游消费新潮头。未来我国有可能会成为全球最大的马产业消费市场。据统计,2017 年,国内各马术俱乐部平均年卡价格均在 12000 元以上,北京地区年卡平均消费 14402.9 元,华东地区更是突破了 16000 元。从全国范围看,华东和华南地区马旅游消费较平均水平高,东北和华北地区马旅游消费略低;从时间序列上看,各地马旅游消费水平 2018 年较 2017 年都有不同程度的增长,其中华东地区表现最为明显。

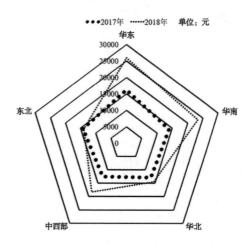

图 1.4 2017 年、2018 年我国马术俱乐部年均会费雷达图

马旅游需求群体不断扩大,青少年游客占主流。骑马的消费者归结起来有三类人:散客、马术爱好者和专业人士。从性别上看,女性消费者较男性消费者多,且男女比例差有增大的趋势;从年龄上看,青少年居多,其次是成人和儿童;从增长率上看,成人消费者增长率下降,而青少年和儿童的增长率则上升,其中青少年更是占到了马旅游人数的 60%,越来越多的孩子喜欢马术并成为俱乐部的长期学员,并且父母在孩子学马术的过程中投入的资金是比较多的,越来越多的父母注重孩子道德、品质、意志的培养。

旅游增收惠居民,实现家门口就业。马旅游的发展为当地农牧民创造了巨大的收益,带动了就业。通过马匹繁育改良,间接带动 300 万农牧民就业,农牧民靠提升产品的附加值致富,实现可持续发展,进而促进中西部地区经济的长远发展。预计到 2020 年,新疆全区马匹存栏量将达到 100 万匹,马产业链产值将超过 200 亿元,届时可吸纳劳动力就业 5 万人以上。

（四）特色品牌

在政府的大力推动下,各地积极依托本地马文化资源,发展马文化旅游产业;借助互联网技术,对市场进行精准把控,探索出了适合本地马文化旅游发展的道路,面向全国乃至全世界打响了马文化旅游的招牌,塑造了典型、鲜明、独特的地方旅游形象。

1. 中国马都·内蒙古锡林浩特

位于内蒙古自治区东部的锡林浩特在历史上一直是马业发展的重点地区,马业发展历史悠久,马匹品种优良,马业基础设施完善,马文化赛事及相关产业发展健全。2010 年,锡林浩特被中国马业协会授予"中国马都"的荣誉称号。目前,这里以锡林浩特为辐射点,串联元上都,打造了一条集赛马、骑乘体验、领略草原景观、观看民族民俗展演等为一体的双向旅游的草原马道,成为国家草原骑行目的地、世界知名的黄金生态旅游品牌。

2. 天马之乡·新疆昭苏

新疆伊犁哈萨克自治州昭苏县素有"中国天马之乡"的美誉,作为全国知名的马文化休闲旅游体验基地,昭苏县已连续 22 年举办天马节,并多次承办国内外马术赛事。目前,昭苏县共有伊犁马种畜基地 3 个、繁育基地 12 个,马匹存栏量达 9.5 万匹。

近年来,昭苏县利用"天马国际旅游节"和"黄金旅游季"的品牌优势,创办了面向国际的马业博览会、马场商务考察等主题活动,培育了具有区域特色的马文化旅游品牌,吸引国内外的相关贸易商、爱好者、俱乐部、配套专业机构等参与,促进了商贸交易。

3. 斗马之乡·广西融水

自古,苗族同胞就有养马、爱马、斗马的习俗。广西融水苗族自治县地处山区,地形跌宕起伏,马匹是当地居民主要的劳作和交通运输工具。芦笙斗马节是当地群众庆祝丰收、斗马娱乐的载体。苗族芦笙斗马节被列为我国非物质文化遗产和最具民族特色节庆,并因其独特性被国际友人赞为"中国一绝"。芦笙斗马节是我国独具特色的民俗文化活动。

4. 中国赛马之乡·甘肃玛曲

民族史诗《格萨尔王传》记载了英雄格萨尔 12 岁时曾在玛曲寻找到"河曲神骥"——河曲马,并在岭国的赛马大会上力挫群雄,一举夺魁并登上了岭国国王宝座的故事。从此,格萨尔骑着河曲马南征北战、惩恶扬善,最终统一岭国。长期以来,格萨尔成了藏族人民的骄傲和崇拜的对象,这种崇拜习俗被融于赛马活动之中。久而久之,这一文化符号体系便成了藏族人民正义、智慧的化身和民族精神的象征,赛马也成了玛曲藏族人民最持久、最普遍的群众性活动,并创造了藏民族文化最为重要的一个组成部分——格萨尔赛马文化。被誉为"草原奥运会"的玛曲格萨尔赛马大会每年都会吸引来众多的国内外游客,现已初步形成了我国西部地区规模最大、档次最高的特色文化体育盛事和旅游品牌,成为展现玛曲新形象的重要窗口,也是全县生态保护、旅游经济发展的支柱性产业。

(五)自主创新

1. 专业人才

"功以才成,业由才广,若舍此不任,防其后患,是犹备有风波而逆废舟楫,非长计也。"——西晋·陈寿《三国志·蜀书九》

以产业集聚人才,以人才助推产业。一个产业没有合适的人去实践、去创新,便没有立业之机,就会欠缺创新优势、科技优势和产业优势。我国马术文化兴起于20世纪80年代,但直到2008年,才由武汉商学院和天津体育学院联合建立起我国国内唯一的专科、本科、研究生贯通培养的高等马术专业类学科体系。从总体上来说,我国高等学校的马术教育有了零的突破,但其未来发展任重道远。

伴随着我国马旅游业的发展和国家对马产业的重视,未来高端马产业人才培养应是大势所趋。进入21世纪,丰富的网络资源亟待优秀的管理人才去整合,从产业的长远发展角度来看,马旅游产业的发展离不开对高端复合型人才的培养。

进入21世纪,我国对马产业,尤其是马业服务的关注力度加大,职业培训也由马种培育和疾病治疗转移到马产业管理、马术技巧和马文化挖掘等服务领域。马匹驯养、疾病防控得到保障,据统计,自执业兽医资格考试制度实施以来,全国共有9.1万人取得执业兽医资格,其中执业兽医师6.4万人,执业助理兽医师 2.7 万人。专业教练文化水平有所提升,根据《马术》杂志的统计,2017 年,每家俱乐部平均拥有教练 7.71 人,其中女性教练占比 13%,拥有大学学历的教练占比 33%。目前,我国国内采用的青少年课程培训体系主要包括:法国 GALOP 体系、英国 BHS 体系、澳大利亚 Pony Club 体系、德国 FN 体系、北京马协青少年马术水平认证考级体系。但专业赛事运营人才和旅游运营人才相对短缺,多数由其他专业人才进行补给。

表 1.2　我国部分高校的马术及其相关专业设置情况

学校	设立时间	教育层次	专业
武汉商学院	2008 年	专科、本科、硕士	赛马产业管理
新疆农业大学	1952 年	本科、硕士	畜牧学
内蒙古农业大学	1956 年	本科、硕士	驯养与管理
天津体育学院	2011 年	硕士	马术运动竞赛与管理
北京体育大学	2017 年	本科	运动训练(马术)
内蒙古师范大学	2010 年	本科	运动训练(马术)
山东体育学院	2017 年	本科	骑师、马房管理以及赛事管理
四川传媒学院	2014 年	本科(辅修)	马术运动与管理
青岛科技大学	2014 年	本科	休闲体育
青岛农业大学	1958 年	本科	动物科学(马业科学)
中国农业大学	2011 年	本科	马术
山东旅游职业技术学院	2014 年	专科	马术休闲骑乘
兴安职业技术学院	2001 年	专科	马术
锡林郭勒职业学院	2017 年	专科	运动训练(马术)
山东畜牧兽医职业学院	1955 年	专科	马驯养与疾病防治
辽宁生态工程职业学院	2004 年	专科	森林生态旅游(马术休闲骑乘)
云南体育运动职业技术学院	2015 年	专科	马术运动与服务管理
河北对外经贸职业学院	2017 年	专科	休闲体育(马术运动与管理)

续表

学校	设立时间	教育层次	专业
北京人文大学	2008 年	专科	马术休闲俱乐部管理
上海体育学院	2017 年	专科	马术
北京汇佳职业学院	2008 年	专科	马术与管理
山西体育职业学院	2012 年	专科	运动训练(马术方向)

2. 新品培育

国内马场较为注重产、学、研、用,与国内高校,如中国农业大学等知名学府进行合作,改良品种,丰富马文化内涵,且成效明显。新疆启动实施"国家仪仗马语种创新基地建设项目",引进阿哈捷金(汗血马)、英纯血马、法国速步马等 16 个品种的国外优良高端马种,对伊犁马进行改良繁育,组建了伊犁马骑乘型、肉用型、乳用型 3 个育种核心群,并在国内赛马活动中取得了优异成绩。

3. 马文化研究

在国家文化部领导下,2017 年,中国马文化运动旅游规划研究院着力开展马文化研究,并成立了非物质文化保护与标准化委员会、马背服饰委员会、鞍具饰品委员会、胡服骑射委员会、马背鹰猎委员会、斗马及动物竞技委员会、国际牧人竞技委员会、马戏与演出委员会、走马委员会、马车委员会、千里马耐力委员会、古典舞步委员会、世界蒙元马文化研究会、世界穆斯林马文化研究会、满族马文化研究会、羌藏马文化研究会、西南茶马古道研究会、汗血马文化研究会、骑兵军事文化委员会、传统马术技巧委员会、节庆与民俗委员会、音乐舞蹈委员会、诗歌文学委员会、摄影委员会、旅游探险委员会、美术家委员会、规划设计委员会、赛事活动委员会、少儿教育与矮马委员会、国际交流委员会、新闻推广委员会和投资委员会,为我国马文化的挖掘、项目运营以及技术分析提供了理论和实践支持。

（六）"马旅游+"产业的发展

1. 马旅游+体育

据中国马术协会统计，2017 年国家级别以上赛事及马术节活动近 70 场，中国马业协会"中华民族大赛马"2017 年开展了 5 场一级赛、9 场二级赛及多场表列赛，全国各地组织举办的赛事及马术节活动超过 100 场。国家级以上赛事及马术节活动举办地遍布 20 个省、市、区，赛事、马术节活动举办时间主要集中在 5 月到 11 月之间。

2. 马旅游+民俗文化

马术旅游是集赛马、骑马体验以及马场表演等于一体的旅游项目，主要通过推广与马术相关的活动和文化吸引游客前来体验观赏，由此带动与其相关的马主题公园、马文化博物馆以及马文化特色小镇等的发展，从而为旅游业的发展注入新的活力。

我国的马文化深深融入各地区各民族的民俗文化中，近年来，马旅游与民俗文化的融合开发成了热点。只有骑在马背上，游客才能更深刻地感受到自然的和谐；只有观看并参与到马术情景剧中，游客才能体会到马文化的本质内涵。近年来，各地深挖马文化内涵，开展了一系列民俗活动，将马文化的民族性和时尚性有机结合起来。看赛马、套马、驯马和学骑马等户外活动，观赏民族歌舞和马头琴演奏，到牧民的蒙古包喝马奶，购买涉及马文化的旅游纪念品，等等，成为旅游者深刻体验马文化的重要途径。

一方水土养一方人，一方人创造一方文化。地域特质深刻影响着地区马旅游文化挖掘的角度和层次。以上海、北京为代表的一线发达城市以发展高端马术俱乐部为主，以海南为代表的国际高端旅游度假地以发展国际赛事和会展为主，以新疆、内蒙古和云南为代表的少数民族聚居区则将民俗文化与马文化的融合作为发展的重点。

旅游演艺其实就是观光游览方式的一种转变，能够将尘封的、抽象的文化内涵以具象的形式表现出来，使得旅游者对文化的理解更加深刻。马文化旅游主题的演艺在多媒体技术、成像设备、视觉表现技术、舞台造型、裸眼

3D 视觉系统、全息技术、烟雾技术、监控系统、高清屏、触摸技术等方面不断创新,近五年来推陈出新,创造了一个又一个优秀的情景剧。以内蒙古《千古马颂》为例,全剧以"蒙古马精神"为立意,用"序:天降神驹""人马情缘""马背家园""马背传奇""尾声:自由天驹"五个部分生动演绎人马结缘的温情、马背家园的祥和、百骏出征的壮观、千古马颂的绝唱。400 多名演员与近百匹蒙古马同台演出,气势恢宏、场面壮观。2014—2016 年,《千古马颂》在锡林浩特市共演出 138 场,接待观众近 20 万人次。

表 1.3 我国部分省、市、区马旅游文化背景及分类

省、市、区	文化背景	类型
北京	物质生活富足,人们追求时尚、健康、高质量的生活方式	时尚休闲
	高端运动与世界接轨,马术赛事及活动举办频繁	
上海	世界级大型赛事举办地	时尚休闲
	户外休闲运动盛行	
海南	旅游资源富集	旅游文化
	大型会议举办地	
	高端俱乐部最先产生	
云南	民族风情浓郁	旅游文化
	旅游资源富集,旅游业发达	
内蒙古	北方少数民族聚居地	马文化
	蒙古马的故乡,养马历史悠久	
	草原旅游业发达	
新疆	自古盛产良马	马文化
	少数民族聚居地	

3. 马旅游+节庆

在藏族、蒙古族的传统节日中,几乎都少不了赛马活动,并且此项活动有着悠久的历史。在节庆活动中,赛马常以主题的形式展现,而且更为重要的是,对马有着浓郁感情的藏族、蒙古族人民,创造了独具民族特色的赛马文化。

表1.4 我国部分省区知名赛马节及其特色

省区	赛马节	特色
云南	大理三月街赛马会	民俗文化
青海	玉树赛马节	民俗文化
西藏	那曲赛马节	民俗文化与专业赛事
新疆	伊犁昭苏天马节	民俗文化与专业赛事
湖北	武汉国际赛马节	专业赛事
内蒙古	哲里木赛马节	民俗文化

（七）政府支持

马旅游目前在国内尚未形成成熟的产业链,规模效益和经济效益有待提高,民间资本投入见效慢,投资回收期长,耗资巨大,需要政府的扶持。内蒙古、海南、新疆等马业大省区均出台了相关的扶持政策。

《内蒙古自治区人民政府关于促进现代马产业发展的若干意见》将现代马产业发展纳入本地经济社会的发展规划中,并提供了财税、金融、用地等多方面的支持。通过联合行业协会、地方商会,支持地方大力发展马业经济;建立了马产业发展专项基金,建立了多元化的产业融资渠道,对重点马业项目提供资金支持和补助;制定和落实了支持现代马产业发展的配套政策和相关措施,为马产业的发展提供了资金、政策、技术等方面的支持。

《中共中央 国务院关于支持海南全面深化改革开放的指导意见》明确支持在海南建设国家体育训练南方基地和省级体育中心,鼓励发展沙滩运动、水上运动、赛马运动等项目,支持打造国家体育旅游示范区。海南省人民政府国有资产监督管理委员会控股的海南省旅游投资控股集团参股建设了海口市的马文化旅游特色小镇,并按照国际马术文化旅游标准,着手打造了儿童亲子马术教育、马文化演出等系列服务项目及国际马术赛事中心、马术婚庆中心、世界马文化风情街。

新疆2016年出台了《关于加快现代马产业发展的指导意见》,从建立现代马繁育体系、建设现代马产业经营体系、加强科技服务体系建设、加大马

产业政策支持力度、强化马产业发展的组织领导和政策宣传六个方面提出了具体指导意见,并将建档立卡贫困户发展马产业纳入自治区财政金融支持脱贫攻坚政策,将边境地区马产业发展纳入自治区脱贫固边政策。

第二节　国内马旅游产业发展问题

一、商业化运营能力待提高

商业化运营能力的强弱很大程度上对马旅游企业的未来发展空间和潜力起到决定性作用。就目前而言,国内赛马事业有了进一步的发展,新的赛马场、马文化综合体等也在持续建设之中,但与国际水平尚存在较大的差距。从赛马场的规格来看,建设标准与国际标准存在差异。从俱乐部运营状况来看,总体上呈现出内部结构不合理、运营成本过高、参与的专业人员少、马匹质量与数量欠缺、起步晚等特点。经济发展条件的限制、政策及观念障碍、发展规划缺失理论研究等是我国马术俱乐部发展中存在的主要问题。

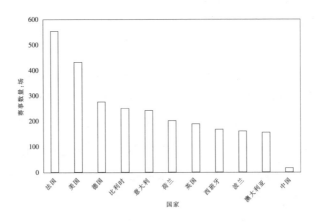

图 1.5　FEI 2018 年度部分国家赛事数量统计

以赛事运营能力为例,根据国际马联(FEI)的统计,2018 年在注册的 113 个国家中,赛事数量排名前十的国家集中于欧美,我国举办的国际联赛仅仅 16 场,排名第 42 位,相比排名第一的法国,差距悬殊。

以多元化业态经营为例,国内马场多依靠赛马赛事盈利,这样的话,马场的收益有限、利用率低,很难维持正常运营,所以多数马场正在积极延展功能。相比于国际知名马场通过婚庆、会议、展览、演唱会等多种途径实现盈利的做法,国内马文化景区、赛马场对科学经营仍旧处于探索阶段。

二、资金支持后劲不足

资金是盘活资源的重要手段,相较发达国家和地区,国内马旅游的发展资金仍然不足。以我国香港特区为例,香港赛马会每年向香港特区政府提供的财政税收达 110 亿港元(约合 90 亿元人民币),占香港总财政收入的 1/10 左右,产业规模庞大;作为世界马术中心的德国,是世界各个国家优秀骑手训练比赛的首选地,由此也形成了庞大的马术产业,从业人数达 30 万人。企业盈利渠道有限,资金引流和运用成本较高,准入标准未完全放开,现金流欠缺,后续产业能力不足,在一定程度上制约了马旅游产业的健康稳定发展。

三、专业人才短缺

十年来,我国陆续建立起马业服务相关的专业人才队伍,但专业人才缺口仍然较大。随着国内以休闲娱乐为主的马术运动的兴起,和马产业的发展有关的人才已经供不应求。初步统计,骑师、蹄铁师、驯马师、营养师、马兽医、马房管理人员等专业技术人才缺口超过 5000 人。

高校培训和社会职业培训体制机制尚需完善。根据《马术》杂志统计,我国马术俱乐部运营管理理念较国际相对滞后,70.97%的俱乐部表示缺乏高质量的教练、稳定的马工和专业的马房管理人员,29.03%的俱乐部表示可以通过内部人

才的培训做到自给自足。近年来,国家加大了对马产业的科技、项目的支持力度,但因马产业专业技术人才长期不足,难以在短期内培养出能力强、经验丰富的本土人才,致使马产业科技发展水平还比较低。因此,急需加强外向合作与交流,学习国内外先进马业经营理念,强化人才、技术的培养和引进。

根据国际马联 2018 年对注册的裁判、路线设计师、技术代表、赛事监管、兽医和技术测试员的统计分析,全部注册官员达到 4475 名,而我国注册的官员仅有82 名,排名第 36 位。排名第一的德国注册官员数是我国的 11 倍。

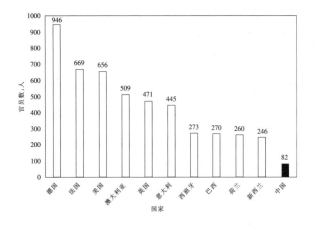

图 1.6　FEI 2018 年度部分国家注册官员数统计

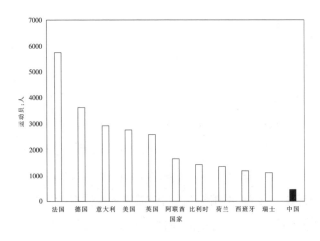

图 1.7　FEI 2018 年度部分国家注册运动员数统计

根据国际马联 2018 年对注册运动员的统计分析,全部注册运动员达到 41343 名,而我国注册的运动员仅有 456 名,排名第 23 位。排名第一的法国注册运动员数是我国的 12 倍。

四、支持政策落地存在障碍

近年来,各地政府出台了相关扶持政策,但实施效果有待进一步提升,政策落地存在障碍。内蒙古赤峰市鼓励牧区居民成立牧区马业合作社,并给予政策引导和税收优惠,一定程度上促进了马匹的管理,但由于当地缺乏必要的旅游基础设施和优质的服务人员,马旅游项目进展较慢。政府虽提供了多项利好政策,但当地居民难以调用资源,需要商业资金盘活和职业经理人共同作用,同时立足于本地的马旅游资源,建立起马文化展示示范基地,在条件较好的地方打造一批示范性企业和品牌活动项目,以龙头带动整体发展。

五、整体宣传推广力度不够

地区旅游形象品牌市场植入力度不够,马品牌形象待入人心。官方及企业均对马文化旅游的宣传力度不够,推广范围小,没有很好的营销团队和营销策略来打开国内的潜在市场。国内消费者对马旅游的认识不足,认为骑马属于高消费旅游项目,对消费预期和消费能力存在怀疑,混淆了专业马术训练和休闲骑乘旅游体验的概念。未能较好地运用互联网的优势,宣传渠道更多依靠推介会和节庆会展等,使得热度无法持续。对自身马文化特性不能准确把握,地区旅游形象不清晰,口号不响亮。

第三节　国内马旅游产业未来五年展望

一、培育优质马种

我国马业发展的根本问题是对于行业和专业的认知问题,包括人们从传统马功能和价值的认知到现代马功能及价值的认知的转变。如果一直把马业仅仅当作畜牧业的话,我国马业将难以得到发展和提升。

因而我国急需加强马品种保护,加强良种繁育和品系培育,加强马匹调教;开展马种遗传资源保护研究,建立保种基地、实验室,持续培育优良品种。通过对我国主要马品种遗传资源进行研究,为世界马科学研究提供宝贵的经验和资料,并通过政府扶持与基地建设激发牧民养马的积极性,在传承和保护中发扬我国马文化。

二、加强产业联动

完善产业链条,促进产业升级,统一规划布局,明确分工,上下联动,建立全国乃至世界的良种马交易平台。马旅游具有很好的产业发展外延和扩展,不但可以带动马术俱乐部场地设施建设及马术赛事、马术培训、育马驯马、马具生产、饲料加工等马术产业的发展,同时又对休闲体育、餐饮酒店、交通运输、文化表演、市场销售、金融保险等延伸产业的发展有推动作用。在未来的发展中,我国应力争创办一批国内一流、国际瞩目的品牌赛事;布局马文化运动休闲体验基地,鼓励和支持企业建设马术俱乐部、马主题公园、马戏游乐园等休闲娱乐场所;创办马产业博览会、马产业马文化论坛,促进马文化与旅游业深度融合。同时,应支持少数民族群众利用传统手工艺技术,加工生产马匹专用装备,实现马业富民;围绕马文化主题逐级开发创意展示、创意空间和创意活动产品,围绕相关文化资源在深度和广度上全面拓展产业链,推动当地社区居民、文化和生活的全面融入,积极推进当地民众的自我运营管理。

三、深挖马文化

追根溯源,还原民族马文化。成立马文化专项调查小组,对全国范围内的马文化资源进行普查,对境内马匹的存栏量、品种、分布地区、旅游开发情况等进行摸底调查,全面把握马文化资源。立足民族文化、历史典籍,追根溯源,展现大国气概和悠久的历史。

与时俱进,创新马文化展现形式。在持续推出精品马旅游产品的基础上,借助现代高科技手段生动还原马文化,通过电影、电视剧、短片、音频、话剧等多种手段呈现马文化。

四、政府扶持马文化产业

1. 人才优先战略

实施人才优先战略,紧抓专业培训,培养高素质马业人才。加速马业人才培养,依托各类培训项目,积极举办马繁殖技术、品种登记、赛事管理、调教训练等方面的培训班,实现人才本土化、专业化。通过职业教育改革加快培养能够满足我国育马赛马产业发展需求的高素质技术技能人才,积极构建马业技术人才培养体系。通过设立马专业本科、马业硕士、马业博士等来培养人才。

规范人才认证体系,规范工种。地方政府应会同人社厅、教育厅、体育局等部门,积极向国家层面呼吁申请,争取国家层面将马业相关工种纳入《中华人民共和国职业分类大典》,并持续开展技能鉴定工作。联合教育厅、人社厅、体育局等部门及国内大专院校制定马职业技能培训及技能鉴定标

准和要求,并委托中国马业协会、中国马术协会等社会服务组织开展培训和技能鉴定工作,逐步建立起国内马业工种培养及鉴定工作机制。

2. 税收优惠,资金鼓励

各地政府应结合本地区实际情况,积极开展马产业投资促进活动,在法定权限内,基于招商引资优惠政策,对发展马业的企业给予适当的税收优惠,甚至免征、返还,降低企业投资和运营的成本,营造良好的投资环境。设立马业专项发展基金,鼓励支持先进企业率先发展马业。对经营状况好、对社会贡献大、提供就业岗位多的马业企业给予资金鼓励和贴息贷款等鼓励政策。

五、马旅游产业资源的"引进来"与"走出去"

借鉴国外先进管理经验和开发模式,做强自有产业基础,挖掘民族地方产业资源特色,通过对接国际化产业运营模式,以马匹资源与马文化交流、马旅游产业融通、马道旅游连接、马赛事与节庆国际化发展等途径,实现马产业资源的引进来与走出去。依托丰富的马文化区位优势和自然资源优势,进行科学规划,做好我国马产业布局,提升产业实力,扩大产业的影响力,让更多的人了解我国的传统民族文化内涵,让世界了解中国马文化。

第二章

内蒙古马旅游理论研究

第一节　产业融合理论下的内蒙古马旅游

马,从野生到驯化,作为重要的生产生活工具和人类的伙伴,在人类历史上起着至关重要的作用。马匹在游牧文明、农耕文明到工业文明的发展过程中,生产性作用逐渐消退,在第一、二产业中所占比例也不断下降,而在第三产业却发挥着越来越重要的作用。从传统旅游六要素吃、住、行、游、购、娱,到现代旅游六要素商、养、学、闲、情、奇,现代旅游业更是体现出产业强大的融合能力和消费者个性化需求的不断升级。

一、产业融合视角下的马旅游

"产业融合"这个概念,最初起源于数字信息技术领域。从最初的一种技术性现象,到外延的不断延伸,产业融合为原有产业模式提供了全新的推动力。传统产业是依据企业或生产者来界定的,而旅游产业是从需求角度来界定的,正是因为旅游活动才发生了相关消费及相关供给,也正是这种需求串联的特点,使得旅游产业表现出很强的产业类型渗透性——旅游产业总是与其他产业存在着千丝万缕的交叉关系。在当下旅游产业迅速发展的过程中,不断得以强化的"旅游+"概念,正是产业相互渗透的结果。

国内学术界关于马产业的论述,多围绕种马的饲养与培育、马竞技运动及博彩产业、食用药用产品的开发等方面进行,少数学者关注到了马文化及其衍生活动对产业的重要作用,但都没有明确的"马产业"定义。要在产业融合视角下,对马旅游进行讨论,首先应对"马产业"进行正确定义。不同领域学者从不同角度给"马产业"下了定义。姚新奎等认为"马产业是对马及其产品进行综合开发和利用的产业",该定义关注马匹本身及其实体产品的开发与利用;芒来认为"马产业主要包括博彩赛马业(包括马术业)、旅游马业和产品马业(马产品综合开发)三个方面",该定义更为全面地关注了除实体产品外的行业融合发展;韩国才认为"马业,有传统马业与现代马业之分","现代马业,以马匹使用功能的转变并产生巨大的社会效益和经济效益为特征,正在成为社会发展的主流产业",该定义准确地把握了马产业的发展趋势;刘怡然、娄玉杰根据韩国才的观点进一步将现代马业总结为"一种集综合文化、体育、经济、休闲于一体的新型第三产业",该观点未能关注到马及其副产品自身所能够产生的经济价值。

综上所述,本书在前辈学者研究的基础上将马产业,即现代马产业总结定义为:马产业是对马及其副产品与马文化等综合开发利用的产业形态。旅游产业原本边界就比较模糊,所以不存在所谓融合问题。对马产业与旅游业及其他产业的融合的探讨,应以马产业为中心进行论述,从而在弄清马产业如何做好自身发展的同时,为进一步做好深度旅游产业融合打下坚实基础。

本书所涉及的"马旅游"并非单纯的"旅游+"视角下的旅游业与马匹这一要素的简单结合,也并非通常意义上的旅游活动过程中以马匹骑乘或马术运动体验为主的体育旅游概念。马旅游,是以马及其副产品、衍生文化及活动为核心要素,与旅游产业链条直接相互作用、融合、发展的复合型产业形态,包含以马为核心的畜牧业、育马业、食品药品业、体育产业、文化产业、博彩业等。

二、内蒙古马旅游产业融合现状、过程与方式

内蒙古自治区作为我国的传统畜牧业大区,具有天然的牧场资源和马种培养历史,马匹存栏量一直居全国前列。蒙古马不仅是优秀马种的代名词,更是"吃苦耐劳、一往无前,不达目的绝不罢休"的精神凝结。蒙古族人民将马视为上天赐予人类的精灵,在他们看来,马是神圣的图腾。

（一）内蒙古马旅游产业融合现状

1. 地区形象与景观性融合

内蒙古具有优良的旅游资源优势,面积广阔的森林、草原、沙漠等自然旅游资源富集,特别是草原景观与以蒙古族为主的民族风情始终是吸引旅游者的核心资源。草原旅游中,马是草原景观的重要组成内容,也是马背民族文化传承的重要载体,马一直在内蒙古的旅游业中发挥着不可替代的作用。

蒙古马作为草原景观的重要内容,一直是内蒙古旅游业传播的主要形象,与蓝天、白云、绿草地和成群的牛羊共同构成了草原景观的基底。

2. 服务与商品性融合

自草原旅游开始至今,马匹的骑乘一直是最为核心的旅游体验项目,也是保持蒙古马种群数量和当地牧民增收的重要途径。作为食品与饮品的策格(酸马奶),是独具特色的旅游食品。各种类型的马毛绒玩具、马头琴等旅游商品,深受旅游者的喜爱。

3. 文化性与主题性融合

各类文学艺术形象及作品,如溜圆白骏、苏和的白马与马头琴等的传说以及《成吉思汗的两匹骏马》《两匹枣红马》《套马杆》等歌曲,都是旅游者体验内蒙古风情必不可少的文化要素。近年来,各类主题马业赛事和马产业新业态的兴起,使内蒙古马产业走入产业发展的新时代。世界性的主题马业赛事、地方性的马文化节庆活动、马主题旅游景区与马实景剧演出,是吸引旅游者纷至沓来的重要因素,同时也给旅游者留下了深刻的印象。

4. 潜力性融合

蒙古族一直以来将马视为神,认为其是长生天赐予人类的精灵,是人类最好的朋友。一生致力于马产业研究的芒来教授,倡导将蒙古马作为内蒙古自治区民族文化建设标志。因此,蒙古人养马、爱马,与马和谐相处,但对马的更多产品价值的利用还相对较少。出于对马的爱护,马肉等食用产品的开发在内蒙古较为罕见,而马全身具有更多的经济价值可供开发。马的皮、毛、血、骨、蹄、脏器等副产品都可以开发利用。马尾毛是工业原料和出口物资,可制成乐器弓弦、假发、刷子等;马血可制成食品添加剂、血红蛋白粉、脱色血红蛋白粉、止血粉及其他医药用品;马骨可制成马骨泥、骨粉、骨胶等;马蹄壳可加工制成蹄壳粒出口;马肠可制成肠衣,用于灌制肠类产品;马肺、气管等脏器可制成饲料用粉;还可用马胃液、马血清和孕马血清等生产医疗和生物制品;马尿和马粪也能通过深加工被充分利用,孕马尿现在已成为新的生物高科技产品。

内蒙古以蒙古马为主的马产业,从形象到产品,从旅游者行前感知到旅游体验,再到"后备厢经济",同旅游产业深度融合。马主题文化演艺、旅游景区、文化场馆和马术俱乐部不断增加,马主题的研学旅行等新业态的出现更是有效促动了专业旅游市场的发展,而各地针对马旅游的专项规划也逐渐增多。马产业在与旅游产业的相互作用中焕发新的生机。

(二)内蒙古马旅游产业融合过程

伴随现代旅游业由大众观光旅游到体验旅游,再到个性化分异程度不断加强的休闲度假旅游的转变,马在旅游业中的重要作用逐渐显现,呈现出与多种复合性的产业相融合的趋势,甚至直接与旅游产业的各个链条发生作用。从骑乘体验项目开始的马旅游,在不断的融合发展过程中由被动参与到主动引领,成为全新的旅游发展方式。

1. 自发旅游融合阶段:景观融入与简单骑乘

内蒙古旅游业兴起伊始,草原旅游便是吸引旅游者的核心产品。"天苍苍,野茫茫,风吹草低见牛羊"一直是到内蒙古旅游的游客心目中最为重要的地区形象,而骑在马背上驰骋草原,也是大多数草原旅游者的期望。

早期的草原旅游中,可参与性活动项目有限,骑乘是最早开展的活动项目之一。较早的草原旅游中,接待点多由当地牧民经营,骑乘马匹也多为自养马匹。本阶段所用马匹虽经过一定的驯化,但只能满足少批量游客的需求,且体验活动也具有一定的潜在危险,缺乏有效的安全保障措施。旅游者骑乘体验也基本在牧民自家牧场区域范围内进行。

2. 专项活动自觉组织阶段：草原旅游专项体验活动与资源融合

随着国内观光旅游热度的上升，内蒙古的草原旅游深入开展，各地旅游接待水平不断提升，旅游活动项目也逐渐丰富。本阶段是内蒙古马匹骑乘项目的大规模自觉组织阶段，在经营场地、马道、马匹资源、从业分工、收益分配、同旅游行业结合紧密程度等各方面迅速发展。

马匹骑乘项目由原来的牧民自有自营逐渐向规模较大的草原旅游接待点和相对成熟的旅游景区周边集中。牧民开始自觉组织，将自家马匹集中起来进行经营，部分经营者专门购买大量马匹用于该项活动，以增强该项活动的规模效应，同时具有了场所管理、马匹提供、活动服务等简单分工。马匹骑乘活动同旅游行业结合的紧密程度不断加深，甚至开始出现较明确的区域性定价与收益分成体系。从活动空间看，较小范围内的简单骑乘已经难以满足旅游者的需求，可串联更多牧户及景点的联合性马道开始出现，旅游者可在更为广阔的活动空间里尽情体验。但旅游活动造成的草原植被破坏也不容忽视。

3. 市场深度融合初步规范阶段：安全保障提升，政府管理介入

伴随草原旅游的不断升级，旅游接待水平从基础服务设施到服务能力均得到提升，马与旅游行业的融合进一步加深，从活动组织方式到活动内容都有所丰富，而地方政府不同程度的介入使得活动的安全保障水平整体有所提升。

该阶段，体验式旅游成为时代主题，马匹骑乘项目不再仅仅是旅游者到达后的自费选择项目，而是已成为旅游产品和服务中的一个部分。马匹骑乘与其他体验项目共同成为本阶段旅游综合收益的重要组成部分。在旅游市场导向下，马匹骑乘、马车乘坐等多样体验性项目增加，小型马术表演与蒙古族传统的"男儿三艺"等也成为各个草原旅游景区重要的文化体验项目。各个草原旅游接待点的马场周围，多种类的体验性项目日渐丰富，综合性服务功能加强。为保障广大旅游者在各类体验性项目，尤其是以马匹骑乘为主的旅游项目中的人身安全，内蒙古自治区旅游局（现内蒙古自治区文化和旅游厅）于2015年出台了《内蒙古自治区骑马（乘驼）旅游活动经营项

目备案管理办法(试行)》(于 2018 年 12 月 14 日废止),专门就内蒙古自治区区域范围内的骑乘项目进行规范。该办法对相关骑乘项目经营主体在资质、场地、规模、卫生、防疫、安全、人员、保险等多个方面进行了要求,有效地提升了该类活动的安全保障水平。此外,在内蒙古较早的旅游主题演艺《永远的成吉思汗》中,马也首次作为演员登上了舞台。

4.多向融合、内容丰富阶段:由"旅游+"到"+旅游"的转变

近年来,团队旅游出行方式逐渐减少,而散客自驾为主的个性化旅游及市民周边旅游需求增长迅速,传统的观光与体验项目已经不能满足旅游者需求。旅游行业的供给侧改革也随时代发展而日渐革新,"全域旅游"时代的到来,推动旅游产业进行全新变革。

近几年来的内蒙古马旅游有了全新的发展模式,马主题旅游景区、马主题旅游演艺、马主题文化场馆等专项旅游资源发展快速,马产业开始实现从"旅游+"到"+旅游"的转变。景区建设方面,2009 年,锡林郭勒盟镶黄旗蒙古马文化博物馆被评为国家 AAA 级旅游景区,中国马都核心区文化生态旅游景区、奥威蒙元马文化生态旅游区、太仆寺御马苑旅游区等一批高 A 级专项旅游景区相继建成。文化融合方面,从锡林郭勒盟 2014 年打造马主题旅游实景演艺项目《千古马颂》起,各地马术实景剧不断涌现,如神泉园林景区的《永远的成吉思汗》、希拉穆仁草原的《漠南传奇》等,均取得良好的市场效果。体育旅游方面,内蒙古举办了多项国际性、全国性的竞技马赛事,吸引了全国以至世界各国专业选手及观众前来观看。本阶段,在马业协会和日渐增长的马术俱乐部等多方促动下,内蒙古引进了更多的国际知名马种,在体育赛事和文艺演出中均占有一席之地。内蒙古以马产业作为媒介,使旅游活动的国际性、流动性不断增强。

5.专项产品导向阶段:由马主题导入专项旅游

内蒙古马产业在与旅游业等产业的不断融合过程中,催生出很多专项旅游产品形态及新兴业态。马主题专项旅游产品在多样化的市场需求中脱颖而出,呈现出良好的时代活力。

早期的马旅游活动项目的活动区域往往较小,而锡林郭勒盟于 2018 年

推出的"两都马道"项目,以正蓝旗元上都遗址公园为起点,向北终至锡林浩特市,包含金莲川草原、浑善达克沙地、原生态榆木林和乌和尔沁敖包森林公园等原生态景观。"两都马道"宽100米,长约255千米,共设置9个马道服务驿站,几乎南北贯穿锡林郭勒盟。该项目将策划建设以马为主题的草原文化体验大通道,将开创全新的内蒙古马旅游活动方式。

2016年,教育部等11个部门印发了《关于推进中小学生研学旅行的意见》后,内蒙古自治区在良好的马产业基础上,衍生出了具有地区特色的马主题研学旅行教育产品,多家马术俱乐部和机构纷纷推出专项旅游产品,吸引了全国各地的青少年前来学习。

更多旅游主题景区的深度建设过程中,"马产业小镇"也在积极筹划建设,是对已经到来的度假旅游时代的精准布局。内蒙古具有相当大的地理优势,随着"一带一路"倡议的不断深入,以马会友的国际赛事、马文化主题的交流活动及马产品的贸易交流,将成为未来马主题专项旅游开展的潜力性资源。

(三)内蒙古马旅游产业融合方式

马,作为内蒙古旅游的重要符号性要素,天然地与旅游行业紧密结合。产业融合不仅始于传统旅游六要素之"娱",更是在地区核心旅游资源基础上进行的。内蒙古马产业在与旅游业的融合发展过程中表现出不同的阶段性特点。

1. 延展性融合

在内蒙古马旅游的起步阶段,即自发旅游融合阶段中,马这一要素,更大程度上是与草原观光旅游基础上延展出来的娱乐体验要素融合在一起的,因此,又称本阶段为延展性融合阶段。这种融合随旅游市场需求的不断增多而产生出更多的溢出效应,能够更好地维持内蒙古的马匹存栏量,同时也在机械化生产的大背景下,为马匹找到了更具价值的使用途径。

2. 嵌入性融合

"嵌入性融合"是指在专项活动自觉组织阶段与市场深度融合初步规范

阶段,马旅游形成了自身相对完整的体系,作为内蒙古旅游产业活动的重要模块,有机地纳入旅游产业的运行体系中,甚至作为价格体系的一部分参与到产品前端销售过程中。这种融合方式,使马产业与旅游业在新生市场需求的推动下,能够更好地与文化产业和现代体育产业进行融合。

3. 互补性融合

"互补性融合"是马旅游在经历"旅游+"到"+旅游"的过程中,即多向融合内容丰富阶段产生的自身相对独立的产业形态,部分学者称其为"横向拓展式融合"。该融合方式是在做好马产业的第一、二产业的同时,将旅游要素充分融入生产空间,对接旅游产业链条,将旅游业与马产业充分融合。内蒙古多家与马相关的专项旅游景区,多是在做好自身马种培育、主题赛事和打造其他产业链条的过程中围绕旅游开展规划建设,对接旅游市场,以至开展各类旅游新兴业态游览方式,充分满足旅游者多样的个性化需求。

4. 系统性融合

在经历以上几种融合过程后,内蒙古马旅游产业基本已形成了以草原类景区马匹骑乘为主要内容,以马主题文化旅游与体育旅游融合发展为方向,马主题新业态旅游不断丰富、马产品产业链条不断延伸的系统性融合态势。这种系统性融合现在还存在着地区性分布与行业性配置不均衡、部分产业链条市场还未被有效带动等问题,但这种系统性融合是未来可见的产业融合发展趋势。不可否认,马产业正在对接内蒙古旅游产业的新时代,其与多个产业链条的有机作用,正在使蒙古马成为地区性的产业融合推动引擎。

三、内蒙古马旅游产业融合动力机制

内蒙古马旅游产业融合推动机制是个较为复杂的系统。希望能够通过对已有动力机制的探讨,找到更多推动马产业发展的动力机制,促进内蒙古马产业与旅游业更好地进一步融合发展。

（一）内在动力：传统马产业与旅游业转型升级

传统马产业在历史上起到过重要的经济推动作用，尤其在内蒙古自治区这样具有辉煌游牧文明历史的土地上，更是留下了丰富的文化遗产。伴随人类生产方式的整体改变，传统马产业除部分高端马种培育外，逐渐失去了内生发展动力。在内蒙古地区，以蒙古马为主的马种，一直以良好的适应性和役用耐力见长，与国外其他马种相比，其竞技性功能相对较弱。同全国其他地区相同，在工业化与城市化进程中，内蒙古的马匹存栏量不断削减，马匹使用功能逐渐弱化，产业发展面临着新的挑战。马产业与旅游业在草原旅游上找到了良好的结合点，使传统马产业在向现代马产业转变的过程中，很好地兼顾了经济与社会效益。

内蒙古在早期的旅游业发展过程中，产业类型较为单一，有效的产业链条相对缺乏。因此，内蒙古旅游业在产业转型升级过程中，更需要不断提升综合服务及辐射带动能力，打造产业链条的长尾效应。增强旅游观光以外的产业协同效应，实现旅游业的转型升级，也是旅游业与马产业融合发展的重要动力。

以上两点，只有在具有最适宜马匹繁育及驯养条件和马产业基础上才能产生持久的融合动力，内蒙古、新疆、西藏、四川、贵州这样的少数民族相对集中的区域，具有天然的产业融合基础。

（二）外在动力：市场需求推动

旅游产品的升级换代一直是紧密伴随市场需求进行的，国民可支配收入的增加和旅游产业发展方式的转变等因素，成为马旅游产业与其他产业深入融合发展的外在动力。旅游形式由观光游向度假游的转变，旅游群体组织形式由团体向小团队或散客的转变，旅游出行方式由乘坐公共交通工具向自驾出行的转变，使得旅游产业的专项产品不断更新，而正是旅游者对旅游产品不断提出更高的要求，才促使不断融合的马旅游产业产出更符合时代及市场需求的旅游产品。

(三)环境动力:政策导向支持与多产业边界作用

良好的产业发展离不开有力的政策支持与产业引导,在我国文化、体育、旅游等产业蓬勃发展的过程中,从国家到地方给予马产业的发展支持,为马旅游产业发展提供了良好的外部环境。内蒙古马产业也曾经有过一段低迷的发展历程,马匹存栏量不断下降,且蒙古马的数量占比较低,产业发展方向不清晰。近年来,在国家和地区产业政策的支持及与文化、旅游、体育等多产业的相互作用下,内蒙古马旅游产业的发展脉络与方向愈加清晰。

国家层面的产业政策为马产业与文化、体育产业的融合提供了方向性引导,使马产业在文化旅游发展中找到了自己的定位。2014 年,《国务院关于加快发展体育产业 促进体育消费的若干意见》,倡导建立马术等多项群众健闲休闲项目;2015 年,《关于取消和暂停征收一批行政事业性收费有关问题的通知》和《体育总局科教司关于做好 2016 年优秀运动员免试进入高等学校学习有关事宜的通知》等文件,有取消马产业部分相关行政事业费用和鼓励发展产业优秀人才的政策;2016 年,《国务院办公厅关于加快发展健身休闲产业的指导意见》和《国务院关于印发全民健身计划(2016—2020 年)的通知》等文件,从更广泛地提倡全民健身与引导消费理念角度,鼓励对马术等时尚运动项目进行专项扶持。

内蒙古自治区各级政府对马产业发展给予了越来越多的重视。早在1998 年,蒙古马数量锐减就已经引起了自治区政府的注意。政府组织建立起蒙古马保种基地,对承担保种任务的牧民每户给予相应补助。锡林郭勒盟西乌珠穆沁旗政府自 2009 年起,鼓励当地牧民根据地区传统饲养白马,并给予贷款及其他产业支持。2015 年,内蒙古自治区人民政府下发了《关于加快体育产业发展 促进体育消费实施意见》,将马产业作为重点培育的体育产业品牌项目之一。

继 2016 年底新疆率先发布《关于加快现代马产业发展的指导意见》后,内蒙古也于 2017 年 12 月 13 日发布了《关于促进现代马产业发展的若干意见》;随后,2018 年 11 月 27 日,内蒙古自治区农牧业厅会同各厅局,共同制

定了《现代马产业发展重点项目实施方案》,提出了马良种提升工程、马主体旅游精品工程、蒙古马精神弘扬工程、马业人才培育工程四大工程以及马产品加工提升行动、马品牌赛事创建行动、马产业科技创新行动、马健康安全行动四大行动,全面推动马产业发展。其中的马主体旅游精品工程和蒙古马精神弘扬工程,都直接与马旅游行业密切相关。

(四)源动力:国民经济水平整体提升

旅游方式的转变,文化与休闲生活比重的提升,都离不开我国综合国力的不断增强。国民可支配收入的提升,是马旅游及其他各行业升级发展的源动力。

国民经济水平的整体提升,促进了以旅游为代表的第三产业的蓬勃发展,这样的发展在物质生活极度匮乏的时代是不可想象的。"中国特色社会主义进入了新时代",我国社会发展的主要矛盾由"人民日益增长的物质文化需要同落后的社会生产之间的矛盾"转化为"人民日益增长的美好生活需要和不平衡不充分的发展之间的矛盾",均是重要的科学论断。正是在即将全面步入小康社会之际,人们对旅游等业余生活方式的需求变得更为强烈,而其不平衡、不充分的发展状况也在产业融合发展中不断得以改善。从全域旅游到文旅融合,以至马旅游产业的兴盛发展,既是旅游行业供给侧改革的成果,也是人民对美好生活向往的集中体现。

四、内蒙古马旅游产业融合的障碍

内蒙古马旅游产业发展正处于政策与市场等多重利好的形势下,但进一步的产业融合发展过程中也面临各种阻碍。徐虹教授等在《我国旅游产业融合的障碍因素及其竞争力提升策略研究》中提出,旅游产业融合面临制度、能力与需求三种障碍,下面就以该框架为主,分析内蒙古马旅游产业融合发展过程中所面临的几种障碍。

（一）制度障碍

近期进行的国家机构改革中，文化与旅游部门的合并重组为文旅融合开创了良好的产业融合机遇，这种调整有利于消除部门间产业政策与管理障碍，增强产业间政策性协同趋势。在马旅游的产业推动过程中，也存在部分有待于进一步协同的部门间障碍。现阶段的文化与旅游部门的合并重组，从国家到地方仍处于部门内部协调期，进一步的产业协同政策还有待推出；而旅游与体育部门在马产业领域的融合还有待进一步磨合。马业协会的工作重心也更多集中于马赛与马种繁育等方面。内蒙古自治区出台《关于促进现代马产业发展的若干意见》，对产业融合的推动效果值得期待。

（二）能力障碍

产业融合过程中，以马产业经营企业为主体的核心要素主动性差异较大。融合主动性差异表现为：大部分大型企业有自身明确的主产业定位，在做好自身马产业的同时，尝试性地释放部分旅游功能进行渗透性拓展；部分主体积极主动地全面地参与产业融合，将旅游作为产业发展的重要方向，在全面发展中寻找自身优势；部分企业仅在产业融合发展中被动提供旅游产业简单融合所需的资源或产品，缺乏产业发展目标定位；更有部分企业缺乏融合能力及意识。

现阶段，内蒙古马旅游产业经营主体融合的主要力量最为活跃的多为中小企业与个人，而国有企业或大型企业较少。奥威集团旗下具有较为完整的马旅游产业链条，能够较为完整地打通旅游的六要素链条，是未来进一步打造马产业特色镇的潜力型企业。大型企业中，伊泰集团下属公司伊泰大漠马业以赛马产业为主要产业板块；莱德马业等以马种培育、引进等为主要产业向旅游业辐射；中蕴马产业具有较为完整的马产品体系，是旅游新业态融合发展的潜力型企业代表。

除企业能力障碍外，产业人才相对缺乏也是影响马产业融合的重要因素。产业融合边界是可促进生产力快速增长的领域，马产业新兴业态发展过程中,骑师、蹄铁师、驯马师、营养师、马兽医、马房管理人员等专业人才的需求量快速增长,而他们多为服务马产业自身发展的人才,但全国各地在这类专业人才队伍的建设方面仍相对滞后,高层次人才更为缺乏。全国范围内,具有相对完整的马产业专业人才培养体系的高校较少,武汉商学院是全国首家能够培养马产业相关专业专科、本科、硕士人才的院校,其专业方向主要为赛马。企业间互动、互补能力相对较弱,缺乏有益的良性互动,而旅游活动往往也与旅游行业缺乏实质的产品性交流。

但对于产业融合边界自身来说,融合性人才是推动产业发展的关键。全国各高校都缺乏与马旅游有关或可融合的专业,而内蒙古仅在内蒙古农业大学、锡林郭勒职业学院等少数院校开设了马术相关专业。

(三)需求障碍

现代旅游消费需求是随国民经济发展状况的变化而变化的,而旅游消费需求也存在地区差异,这与旅游目的地的刻板印象有着较强的关联性。地区性的旅游消费类型认知障碍,也会对旅游融合性产业需求产生直接影响。

内蒙古对自身旅游形象与文化的宣传,一直以蓝天、白云、绿草地,"风吹草低见牛羊"和蒙古族民俗风情为主要内容。自然旅游资源丰富、民俗风情浓郁,一直是内蒙古自有的旅游特色,但旅游者了解内蒙古文化、体育及其他类别旅游产品的认知途径较少,马元素相关产业相对处于次要地位。这种情况造成了旅游者认知层面的"内核刚性",在旅游过程中,往往只能通过旅游景区进行骑乘体验,缺乏进一步的深层次的消费需求拉动。在消费需求障碍中,除旅游者出行前对目的地的刻板印象外,是否能够直接以产品形式融入旅游行业运营链条,也成为旅游者在旅游过程中获取相关信息的重要因素。例如,同样作为主要面向旅游者打造的马术实景旅游演艺,《漠南传奇》与《千古马颂》存在较大的消费需求障碍差异。《漠南传奇》紧密结合旅游行业,同旅行社和导游等关键性因素进行了密切融合与互动,而《千古马颂》在这方面相对较弱。就产业融合结果而言,《漠南传奇》取得了较好的市场收益,但《千古马颂》只能收获更高的社会效益。当然,这只能在当下团队旅游仍作为具有一定影响力的旅游形式,并通过旅行社组织的前提下才能成立。

除上述可能存在的各类障碍外,自然生态环境也是当下内蒙古马旅游需要重点考虑的重要因素。内蒙古作为草原资源大区,其草原生态环境相对其他生态环境更为脆弱,草原植被层相对较浅,一旦表层植被破坏,极易引起沙化,形成产业发展造成的环境退化。"绿水青山就是金山银山",在"生态优先,绿色发展"的理念指导下,在集群数量控制、马道设计、旅游者集散地等方面也需要做充分考虑。在产业快速融合过程中,要树立长远的产业发展理念。

五、内蒙古马旅游产业的融合意义

传统马业向现代马业的转型期,正是现代观光旅游兴起的时代,内蒙古的马旅游紧随旅游产业形态的提档升级,也在不断地深入融合与变化,而这种融合在对地区产业结构调整、传统良种马的马种培育等方面都具有重要意义,尤其是为内蒙古广大的草原牧区提供了乡村振兴途径。

(一)积极发展马旅游产业是自治区产业结构优化调整的优质途径

产业结构是伴随国民经济发展水平及社会生产方式的变化而不断进行调整的。在一定的技术条件下,一种经济通过专业化和社会分工会形成一定的产业结构,而产业结构在一定意义上又决定了经济的增长方式。传统马产业在早期内蒙古地区的经济结构中具有不可替代的地位,伴随产业结构的不断调整,畜牧业仍是内蒙古经济结构中的支柱产业之一。

习近平总书记指出:"产业结构优化升级是提高我国经济综合竞争力的关键举措。要加快改造提升传统产业,深入推进信息化与工业化深度融合,着力培育战略性新兴产业,大力发展服务业特别是现代服务业,积极培育新业态和新商业模式,构建现代产业发展新体系。"产业结构的调整是时代发

展的必然要求,寻找更适合民族地区产业结构调整的途径,使产业结构在原有基础上实现合理转化,是现代产业发展给内蒙古自治区提出的时代性课题。

产业结构高级化是指国民经济部门结构的重心随着经济发展顺次由第一产业向第二、三产业转移的过程。内蒙古作为传统农牧业大区,改革开放后产业结构又经历了"一二三"到"二一三"的转变,2015 年实现第三产业增速高于第二产业,至 2017 年实现第三产业占比 50%,顺利完成产业结构整体高级化进程。整体来看,内蒙古产业结构的总体调整日趋合理,其中,马作为传统的第一产业生产工具向第三产业服务功能的转化,是地区性经济调整的优势就地转化路径之一。

要实现良性的产业结构调整,还需要进一步在产业层次内部结构合理化方面做出努力。第三产业内部结构升级表现为流通部门比重下降,生活生产服务部门比重提高,传统服务业比重下降,现代服务业比重上升。马旅游作为一种与旅游业融合发展的业态,从马的役用到骑乘,再到与文化、体育等多种产业的多向融合,不断在产业边界地带产生新兴服务业态,且收益能力不断提升。伴随马道旅游的开辟、马业特色小镇的发展、马文化演艺的兴盛及马相关服务产业链条的丰富,马旅游将成为内蒙古第三产业内部结构调整的重要因素,马资源也将成为具有时代脉搏的产业层次内结构调整因素。

(二)马旅游产业的发展有利于蒙古马的良种保持

蒙古马作为世界知名良种马的代表,具有耐寒、耐疲劳、抗病力与持久力强等特点。蒙古马在内蒙古地区也存在诸多细分马种,如鄂伦春马、百岔铁蹄马、乌审马、乌珠穆沁马、阿巴嘎黑马。但随传统马产业的转型,全国都在面临多个马种衰亡的境地。

内蒙古现已设立了乌审马等多个蒙古马保种基地,但仅靠保种基地维持马种繁衍,显然难以产生真正的经济效益。马旅游在内蒙古各地的广泛开展,对当地保持旅游用马的存栏量起到了重要的作用,同时也使当地的马种保持得更加稳定。各地开展旅游活动而使用的骑乘用马,是马种保持的重要途径;

而随旅游活动类型的不断丰富，旅游观赏马、文化活动用马等数量不断增加，越来越多的马主题旅游演艺也使多样的蒙古马有了新的展示途径。

（三）马旅游产业为内蒙古"生态优先，绿色发展"理念的践行及乡村振兴、牧民增收提供了良好的方案

内蒙古是我国最早成立的少数民族自治区，虽拥有广袤的草原，但也存在城乡或区域性发展不均衡等问题。"家财万贯，带毛的不算"这句俗语在内蒙古的牧民生活中体现得尤为明显。"白灾""黑灾"等不可预见的情况一旦发生，也会给牧民造成不可估量的损失。以马旅游为代表的旅游产业，是带动牧民增收的良好途径。

旅游活动的开展，使拥有草原旅游资源的牧民逐渐脱离了单一的牧业经济依托模式。牧民以多样的形式参与草原旅游活动的经营，有的自主投资建立草原旅游接待点、以合作经营方式出让自家草场、以提供服务参与旅游接待，也有提供马匹资源、管理马队、参与马术表演、提供马产品等与马旅游有关的专项内容。骑马漫游草原、参与草原那达慕、观看马术表演等形式，不仅吸引了外地旅游者，更是城市居民周末休闲的良好形式，促进了城乡经济互动。马旅游已经成为旅游接待中重要的活动形式，是爱马、养马的草原牧民提质增收的良好途径，是新时代牧区振兴的解决方案。

（四）发展马旅游产业是民族与体育文化传承与保护的有效路径

蒙古族作为"马背民族"，不仅将深厚的民族情感凝结于马上，更将其浓重的民族文化体现于马的方方面面。内蒙古地区其他少数民族的生产生活中，马也起着重要的作用。内蒙古地区的牧民在马的驯化和使用过程中形成了一套完整的驯马方法，达到了可以通过语气动作使马理解主人态度想法的效果，甚至能够在主人受伤时将其送回家中。马背上凝结了草原民族浓厚的情感与文化。

马身上凝结了丰富的民族文化，从"打马印"活动中的马印形状，到《雕花的马鞍》以及马鞭、马镫、马嚼子等，都烙上了深深的地区、民族乃至部落

或家庭印迹。深厚浓郁的民族地方文化集中于马身上,通过与马相关的活动、对马的装饰等途径在生产生活中沿袭传承。

蒙古族人民对于马的运用不局限于生产生活,他们在与马的长期相守中将马术与娱乐生活相融合,逐渐形成了诸多独特的体育竞技活动,如乘马射箭就是蒙古族"男儿三艺"中骑马与射箭的完美组合,并且是祭敖包和那达慕大会上的重点项目;成吉思汗铁骑西征时靠蒙古马的惊人耐力及速度得到胜利的历史也令蒙古马耐力赛成为经典比赛项目。虽然大部分蒙古族人不食用马肉,但马奶是重要的食品来源,它能够生产酸马奶,长期饮用能够达到强身健体的目的;马奶在蒙古族的传统祭祀中具有重要的作用,"奶祭"是重要的民族文化表现形式。

随现代工业化、城市化进程的不断演进以及各民族生产生活方式的不断融合,传统的驯马以及与马相关的游牧文化在内蒙古各地区人民生活中的影响力明显下降,多样的马上传统体育竞技项目也逐渐淡出人们的视野。尽管各地方仍不断鼓励开展那达慕等重要的传统民俗文化活动,但通过马背传承的民族与体育文化正呈现衰减的趋势。

通过马旅游的带动,马的综合效益不断加大,马背传承的地方民族文化也更多地受到了除学者和工匠以外的利益相关者的重视,在旅游活动的各个环节中被不断挖掘和传播。驯马因此再次成为生活生产的重要部分,乌审旗的传统走马驯养技艺在旅游活动中的作用突显,与之配套的蒙古族马具等相关制作工艺得到传承发展。同时,马旅游能够突破传统的观赏与乘骑模式,将走马、骑马射箭等个性化、地方化的传统体育运动与旅游相结合,几乎所有的草原旅游景区都开设了马术专项表演,民族体育文化得以更广泛地开展。那达慕大会、祭敖包等蕴含马术文化的大型民族活动实现产业化,同时开发出《千古马颂》等剧目及"内蒙古国际马文化博览会"等活动,又将马头琴、蒙古族歌舞以及文学艺术加入其中,极大地激发和满足了旅游者的需求。为更好地满足旅游者的文化性需求,更多景区式的马文化博物馆也逐渐兴盛起来。

马旅游正在成为一种全新的介质,重新激起民族地方文化传播的高潮。

在马旅游产业发展的过程中，多样的马产品也丰富了内蒙古地区旅游的饮食与医药内容。"酸马奶疗法"作为传统的民族食疗法，在旅游餐饮中对蒙医药进行了传承和发扬。依托于民族文化的马旅游也同时成为内蒙古地区多种民族文化的重要继承与发展方式。

第二节　产业竞争力视角下的内蒙古马旅游

一、马旅游产业竞争力辨析

国外关于竞争力的研究始于 20 世纪 70 年代，其后研究不断深入；国内对竞争力的研究自 20 世纪 90 年代起，从最初的宏观层面的国家竞争力和微观层面的企业竞争力研究，逐步转向区域总体竞争力和产业竞争力的研究。

"竞争"，列宁将其定义为：为共同市场而劳作的独立生产者之间的关系，表现为在同一个市场上的商品生产者和经营者为争夺有利的生产条件和销售条件，以便获得更大利益的斗争。从列宁对"竞争"的理解来看，竞争是一种关系，竞争的目标是在市场上获得比较优势。竞争力的强弱是通过与竞争对手的比较得出来的。1985 年，世界经济论坛提出产业国际竞争力的概念——一国企业能够提供比国内外竞争对手质量更优、成本更低的产品和服务的能力。

空间差异性是区域产业竞争力产生的地理基础。不同的地域环境，其经济条件、自然资源禀赋和人文历史积淀等的差异较大。区域产业的竞争力一方面指产业效益的最大化，另一方面指有限生产要素的综合利用能力。分析产业的竞争力构成要素和自身竞争力状况，是采取正确的战略和进行科学化运作的前提条件。

马旅游产业竞争力的核心在于对其经济、社会、政治等各种资源及条件

的充分合理调用。实践证明,马旅游产业竞争力一定程度上会受到自然资源的影响。诸如马匹存栏量、马匹发源地等,相比于马文化历史短暂的国家和地区,种马的发源地在社会认知度、认可度上占据了一定的优势,但马文化产业园区高度集聚式发展的背景和现代技术的支持,为马旅游产业脱离自然条件的约束创造了条件。

自然条件对马旅游产业的影响力逐渐下降。生物技术和配套设施的进步使得马匹不用再依赖于草场而生存。良好的草业条件,为天然生态育马提供了得天独厚的条件,为培育出品质优良的马匹创造了先天条件。但随着草料集中种植、深度加工、自由贸易等的实现,随着现代化马产业园区的建成和专业饲养技术的改进,从前生活在草原、森林里的马匹得以通过现代运输工具被迁移到城市的近郊,活动范围甚至逐渐缩小到赛马场。迪拜被称为沙漠中的奢华之城,本地原生马种为阿拉伯马,速度赛马运动具有悠久的历史。但受石油经济和世界经济波动的影响,阿联酋积极探索新的经济发展模式,将旅游服务业作为重点发展的对象,而与旅游业紧密相关的速度赛马以及马产业链条的发展也在该理念的支撑下发展起来。传统的文化产业已经成为阿联酋新的经济增长点,就单一产业而言,马产业为阿联酋创造了超过10%的GDP收入,同时也为旅游、交通、住宿、餐饮等产业带来了新的增长点。

经济发展对马旅游产业的支撑作用日益显现,马文化服务业的发展对经济的依赖程度不断增强。马旅游的发展需要多方配合支持,其中市场需求和产品供给是基础。马匹驯养的高成本和资源的稀缺性,要求该地区有一定的经济消费需求基础,这样才能实现对其他产业的带动,否则很难将其称为产业。英国作为发达国家,同时也是财富资本积累较早的国家,国民对赛马、马术等的认知度也较高,马已经成了身份和地位的象征。

马旅游产业的发展受到三个主要因素的影响:首先是经济方面,要有支撑产业运行的资金投入基础和市场需求基础;其次是社会方面,要有广泛的社会认可度;最后是政策指导方面,要给予适当的政策鼓励、引导和资金支持。

内蒙古自治区拥有深厚的马文化资源基础,观光时代或者浅体验时代的骑乘旅游仍然是内蒙古马文化旅游的主流,其受众基础庞大,但单位产出较小,对经济的贡献度有待提高。近年来,内蒙古各盟市纷纷探索马文化发展新思路,先后举办"2017中国速度赛马大奖赛""2018中国速度赛马经典赛""内蒙古自治区第十四届运动会之速度赛马大赛"等众多体育赛事;大力发展文化旅游,推出《千古马颂》《永远的成吉思汗》等优质旅游演艺项目;推动马文化文创旅游纪念品的开发,结合民族工艺,开发皮艺、炭画等工艺品、纪念品;推动马文化小镇、产业园的建设;推动育马、驯养、骑乘、马术、文创、赛事、马生物制品全产业链的构建。

二、马旅游产业研究现状

前叙章节对国内和内蒙古自治区马旅游产业现状进行了初步分析,本节内容主要对内蒙古自治区马旅游产业的竞争力进行客观的评估。随着马旅游产业业态的丰富,学者陆续聚焦于内蒙古自治区马旅游产业的研究。其研究主要集中在以下三个方面:第一,马旅游产业的发展现状、优势、劣势及对策研究;第二,赛马竞技运动研究;第三,马旅游产业与其他产业的融合研究。黄金龙等指出,内蒙古发展马产业具有文化、自然、区位和经验优势,未来应当加强蒙古马品种保护,加强良种繁育和品系培育,加强马匹调教,研究蒙古马特色基因等。赵一萍等指出,与历史的辉煌相比,蒙古马产业有衰退的迹象,为缓解这一现象,政府应当统筹协调马产业发展,做好蒙古马资源保护和综合性开发工作,搭建马产业和马文化发展的交流平台,扶持一批龙头企业加强马产业基础设施建设。孙卓通过文献资料法、专家访谈法等研究方法,从生产要素、市场需求、相关与支持性产业及企业战略、结构和同业竞争等因素入手,分析了我国赛马产业竞争力,并指出我国发展赛马产业具有自然、历史、文化、人口优势,但在投资、服务等方面尚存在不足之处,未来赛马产业发展潜力较大,但需调整产业结构。赵宝奎对内蒙古赛马业的发展现状进行了研究,认为赛马业的发展具有必要性和可行性。席行盖等运用文献资料、实地考察、对比分析等研究方法,对通辽市博王府赛马场

和珠日和赛马场的现状进行了评测,归纳出赛马场存在经营方式不善、缺乏资金支持、知名度小、缺乏政府关注和专业人才短缺等问题,指出改善经营方式、合理利用地域优势、招商引资、提高传播力和培养高素质人才是解决之道。王青刚指出,目前内蒙古草原旅游业经营及与蒙古马文化相关的产品开发主要集中在骑马、观看马术表演、观看赛马运动、品酸马奶、参观马文化展览等方面。大多数草原旅游景区中的蒙古马文化项目主要为骑马体验及参观或欣赏马上运动。宋河有基于创意旅游的基本内涵,以内蒙古草原旅游地马文化主题创意旅游开发为例,提出了创意旅游与主题旅游融合的思路,即围绕主题逐级开发创意展示、创意空间和创意活动产品,围绕相关文化资源在深度和广度上全面拓展产业链,推动当地社区居民、文化和生活的全面融入,积极推进当地民众的自我运营管理。

目前,专家学者们较多数认同,内蒙古自治区马业的发展应当重点关注以下几个方面:文化优势、自然优势、马资源保护和综合性开发、马文化企业、政府扶持、专业人才和产业融合等。总体而言,与蓬勃发展的马产业相比较,学术领域的探讨还比较有限。诸如对马旅游产业竞争力评价指标和综合评价的研究尚需深入探讨。本书尝试构建马旅游产业竞争力评价体系,弄清内蒙古马旅游产业竞争力状况,并诊断出影响内蒙古马旅游产业竞争的障碍因子,为内蒙古乃至全国马旅游产业的发展提供参考和借鉴。

三、内蒙古自治区马旅游产业竞争力评价指标体系

"产业竞争力的实质是比较生产力,由生产竞争力、市场竞争力、技术竞争力和资本竞争力构成。"在"生态优先,绿色发展"理念指导下,内蒙古如何将草原面积广阔、马匹存栏量大的生产竞争优势与市场、技术、资本及其他竞争力因素结合,使原生资源得以充分挖掘展示,形成独特的马旅游产业发展竞争力,是本指标体系要解决的重点问题。

本书所界定的马旅游,不仅仅是传统意义上的简单草原背景下的马匹骑乘观光体验,更为重要的是将蒙古马作为地区经济文化交往的媒介,建立

国际化标准,提升自身文化旅游吸引力;探索"内引外联"的模式,开拓国内马旅游产业全新的发展思路,使国内各区域间以马为媒介进行互动交流;同时,沿"一带一路"经济走廊进行马主题文化经济体交流。通过建立更为综合的模型,促动马旅游产业以全新的非单一固定区域、资源依托模式进行立体化发展。海南、武汉等地在这种全新的马产业发展模式上进行了有益探索,所取得的成效具有一定的启示性作用。

(一)内涵界定

文化是旅游的灵魂,自然景观形成了世界震撼力,文化品位形成了心灵沁润力。旅游是文化的载体,承载文化精神,表达文化内容,创造文化形式。

马旅游产业发展的核心在于对马文化的挖掘,而马旅游产业的竞争优势除了来源于旅游基础设施等硬件服务以及旅游从业者等软件服务,社会和自然的马文化资源、资源挖掘与开发的深度都是马旅游产业竞争力的重要组成部分。

马文化是以反映人马关系为内容的文化,是人类文化的分支,它包括人类对马的认识、驯养、使役以及人类有关马的文艺及体育活动等内容。对于马文化概念的界定,各国学者的认知大致可以分为两大类:一类认为是动物民俗中的一种;一类认为是驯马人和骑马人的民俗。在不同的地区、不同的民族中,马文化不同程度地影响了人类的生活习惯、宗教信仰、民族文化等。

综上所述,马旅游产业就是以马文化资源为基础开展的满足旅游者需求的服务和关联产业的集合,具体包含与马文化相关的娱乐、旅游、会展和体育等活动。本节数据来源于《内蒙古自治区统计年鉴》《内蒙古兽医畜牧年鉴》以及各盟市统计数据。

(二)分析框架及指标体系

构建马文化旅游产业竞争力评价指标体系是竞争力评价的基础和关键。当前国内外较有代表性的竞争力评价指标体系主要有三种:

由世界旅行与旅游委员会和诺丁汉大学旅行与旅游学院联合发布的竞

争力指标体系,包含价格、开放性、技术、基础设施、人文旅游、社会发展、环境和人力资源八个维度,用于评价不同国家和地区的旅游竞争力。

Calgary 从系统论角度出发,构建了目的地吸引力、管理、组织架构、信息和效率在内的旅游竞争力指标体系,适用于不同城市旅游竞争力的比较。

由波特提出的"钻石模型"理论,适用于不同层级的旅游目的地竞争力评价。

20 世纪 80 年代到 90 年代初,美国哈佛商学院的波特教授先后出版了《竞争战略》《竞争优势》和《国家竞争优势》三部著作,从微观、中观和宏观三个层面较为完整地论述了竞争问题,系统地提出了竞争优势理论。在《国家竞争优势》一书中,波特教授提出了著名的"钻石模型"理论,该理论成为研究国家产业竞争力的典范。波特"钻石模型"理论认为国家产业竞争力由四个基本要素(生产要素、需求要素、相关支持产业以及企业的战略、结构和竞争等)和两个辅助要素(政府和机遇)组成。波特强调该理论适用于国家层面,但其分析框架同样适用于地区、州和城市等层面。对一个地区某一产业竞争力的评价,需要从地区产业的特殊性出发,建立与当地文化、经济环境、社会现状等相适应的评价指标体系。所以,该理论对于分析内蒙古自治区马文化旅游产业的竞争力优势具有借鉴意义。

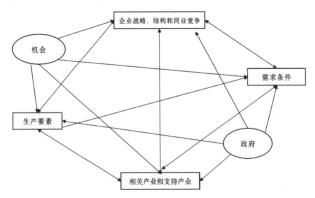

图 2.1　波特"钻石模型"

传统旅游业的六要素为食、住、行、游、购、娱,三大支柱为旅行社、交通客运业和住宿业,旅游资源、旅游设施、旅游服务是旅游业赖以生存和发展的三大要素。马文化旅游产业属于旅游产业与马文化产业、现代马业融合的产物,既带有文化产业和马业的基本特点,又离不开旅游产业的基本要素和支柱支持。本节中,由于企业战略和市场机遇难以被量化,故借鉴杨春季关于森林休闲产业竞争力的评价方法,构建了生产要素、需求条件、支持产业和政府作用四个要素在内的内蒙古马旅游产业竞争力体系。

1. 生产要素

生产要素主要包含天然资源、人力资源、资本资源和基础设施等。

天然资源是产业发展的基础,也是竞争力分析的第一大要素。马文化旅游项目围绕马展开,马作为蒙古民族的图腾,近年来受到政府及相关部门的高度重视和社会的广泛关注,存栏量有所上涨,给振兴马产业带来了新的希望和新的机遇。马匹存栏量直接影响到了旅游者接待规模以及遴选出优质马匹的概率,而蒙古马是马文化传承的内核,因此,本文将马匹存栏量作为评价指标之一。

我国马业的发展,人才培养是关键。旅游是展现地区形象的窗口,马文化是内蒙古自治区民族文化的重要组成部分,专业的导游是向游客传递信息的桥梁,对游客马文化旅游的体验度、满意度起到较为关键的作用。旅游消费升级换代,对导游的单项导游服务和个性化服务需求越来越高,有利于打造工匠型导游队伍。导游对马文化知识的熟悉程度和钻研深度较普通游客要深,持证导游数量多,能更好地满足游客需求,一定程度上能够提高地区旅游竞争力。现代马业是劳动密集型产业,马文化旅游业的发展离不开专业服务人才和后勤保障人才以及高级管理人才。内蒙古农业大学职业技术学院在全国首设"运动马驯养与管理专业",先后与香港赛马会、法国速度马联合会、英国利物浦大学等签订了人才培养的协议,专门培养包括练马师、骑手、教练、铁蹄师、营养师、马房管理师等在内的专业人才,支持马产业的发展。高校人才储备量反映出高素质服务人员的储备量,随着地区马文化旅游产业的发展,更多的高校人才、旅游服务人才、技能人才、管理人才将投入到地区旅游业的发展中去,而其振兴也将提供更多的就业岗位,届时,人才素质的高低对旅游业持续发展的作用力也将显现出来。因此,本书将

导游人数和专业人才作为人力资源考核的标准。

旅行社、住宿业、交通运输业是推动旅游业发展的三大支柱产业,反映了旅游业经营的社会环境。因此,本书将旅行社数量和酒店数量作为衡量地区旅游业接待规模的指标。

内蒙古自治区发展马文化旅游具有文化资源优势。马文化贯穿于内蒙古自治区文化发展的脉络中,蒙古马文化博物馆可以较为系统地保存、展示和传承蒙古族马文化。马文化博物馆、展览馆可以展示马文化相关历史及重要历史人物、饰品、民俗故事、民间传说。博物馆集中展示了蒙古族历史文化、军事文化、宫廷文化、民俗文化、饮食文化、宗教文化,部分有能力的景区或博物馆,依靠专业的比赛场地承办现代马术比赛和赛马活动,有力地弘扬了马文化。同时,每年定期举办的那达慕大会、赛马节,如 2018 年第五届内蒙古国际马术节、2018 玉龙国际赛马公开赛、首届内蒙古国际马文化博览会赛马赛事等节庆赛事活动也极大地调动了关注者的积极性,丰富了当地的旅游活动,因此,本书将赛事、马文化博物馆纳为文化要素。

2. 需求条件

需求是产业竞争力的第二个关键因素,也是马文化旅游产业发展的内在动力,区域内马文化旅游产业需求市场的规模和结构是获得竞争优势的推动力。十九大报告指出,我国人民的主要矛盾已经转变为人民日益增长的美好生活需要和不平衡不充分的发展之间的矛盾。在全面建成小康社会的关键时刻,文旅产业面临着历史性的发展机遇,高品位、有特点的文化旅游产品更能符合当代旅游者的需求,也是在我国进行供给侧改革的过程中,旅游产业去粗存精的重要举措。根据马斯洛需求层次理论,在满足生理和安全需求的基础上,人们的需求会转变为社交需求、尊重需求和自我需求。而马文化旅游在当代社会已经成为身份、高端的代名词,一定意义上来说,可以满足人们社交和被尊重的需求。

旅游市场的健康发展离不开良好的经济环境,客源市场的购买力、影响旅游产业购买规模。GDP 总量、人均可支配收入、市场购买力和城镇化率很大程度上决定了区域的发展水平和市场规模。地区经济总量以及人均可支配收入很大程度上决定了旅游消费占居民发展性消费的比重,市场购买力、城镇化率表现了该地区的当前市场规模和潜在市场规模。

3.支持产业

马文化旅游产业与休闲产业、体育产业以及文化产业密不可分。马文化旅游产业属于强关联型产业,与其他产业的边界相对模糊。马慧娣指出休闲产业是以旅游业、娱乐业、服务业为龙头形成的经济形态和产业系统,已成为国家经济发展的重要支柱产业,它一般涉及国家公园、博物馆、体育(运动项目、设施、设备等)、影视、交通、旅行社、导游、纪念品、餐饮、社区服务以及由此连带的产业群。

马文化旅游产业链属于马产业链和旅游业共同演化而来的分支边缘产业链。产业链最早可追溯到亚当·斯密在《国民财富的性质和原因的研究》一书中所提出的“分工思想”,这种分工思想强调一件产品从生产到制成,需要经历多种不同的工序。Stevens 认为产业链是由供应商、制造商、分销商和消费者四大要素相互连接起来的一个系统。然而随着对产业链研究的深入,学者们开始认识到产业链的内涵不仅仅表现为一种关系,而是众多关联关系的连接和组合。王秋菊基于产业理论融合的观点,认为产业链主要由供需链、组织链、价值链、知识链和空间链构成,并将产业链定义为在一定的经济区域内,以同一产业部门或不同产业部门的企业或中介组织为载体,以资金、技术、产品和信息为基础,以市场供需为导向,以价值增值为目标,依据特定的逻辑联系形成的网络关联的、动态非稳态的链网式组织。综合以上学者关于产业链内涵的研究成果可知,产业链是存在于产业关联关系基础上的一种链网。

马旅游产业链的结构毋庸置疑是链网状的,涉及以马匹繁殖培育、旅游产品开发、主题产品分销为主体的供需链,以景区、酒店、旅行社、马术俱乐部等为主体的组织链,以旅游消费者价值创造和服务升级为主体的价值链,以服务创新、产品创新为主体的知识链,以地区协同发展、沟通为主体的空间链。旅游竞争力由业绩竞争力、潜在竞争力和支持竞争力组成。支持竞争力指支撑旅游发展的因素,GDP 的比重是支持竞争力的重要考量指标。

第三产业增长的速度反映了地区产业结构优化的趋势。马文化推广组织和艺术演绎团体是对外传输马文化的重要组织，能够在一定程度上代表地区马文化推广的力度。旅游人次和旅游收入是马文化旅游进行的市场规模基数。因此，本文选择产业机构优化、关联产业和支持产业基础作为支持产业要素。

4. 政府作用

除上述影响因素外，政府的政策措施也是影响产业竞争优势的重要因素，一定程度上会影响到生产要素的调整、需求的波动以及产业结构。政府对旅游产业的扶持是多方面的。资金上，设立旅游产业基金。产业结构上，大力促进产业升级换代，鼓励第三产业发展，不断增加第三产业占国民经济的比重；培养优质服务人才，为旅游发展积淀人才优势，因为第三产业就业人数多能够有效提高旅游服务的竞争力。政策导向上，鼓励支持体育产业、休闲产业的发展。2014 年，国务院出台了《关于加快发展体育产业 促进体育消费的若干意见》；2016 年，国务院办公厅发布《关于加快发展健身休闲产业的指导意见》；2016 年，体育总局和国家旅游局出台《关于大力发展体育旅游的指导意见》；2017 年 12 月，内蒙古自治区出台《关于促进现代马产业发展的若干意见》；2018 年，国家体育总局公布了首批运动休闲特色小镇试点名单，并安排部署了 2018 年文化产业发展专项资金中央本级项目申报工作。2018 年文化和旅游部的成立进一步促进了文化和旅游的融合。政府对马旅游产业的支持还体现在公共服务方面。公共卫生服务方面，大力推动厕所革命。2015 年 1 月，国家旅游局在桂林召开全国旅游厕所革命现场会，为旅游公共卫生事业的发展吹响了号角。交通运输方面，增加客运班次，建立航空、铁路、公路立体的交通运输体系，不断完善公共设施。旅游厕所革命和交通体系扩充，改善了地区旅游坏境。因此，本书将政府支持和公共服务纳入政府政策的考量体系中。

在全面考虑评价数据和获取难易程度的基础上，依据科学性、简明性和可操作性的原则，从马旅游产业竞争力的内涵出发，构建了内蒙古马旅游产业竞争力评价指标体系，共包含 1 个目标层、4 个一级指标、11 个二级指标和22 个三级指标。具体如下：

表2.1 内蒙古自治区马旅游产业竞争力评价指标体系

目标层	一级指标	二级指标	代码	三级指标	单位	指标说明
马旅游产业竞争力	生产要素	天然资源	A1	马匹存栏量	万匹	内蒙古马的存栏量
		人力资源	A2	导游	人	在当地导游协会注册的导游
			A3	专业人才	人	高效招生人数
		基础设施	A4	旅行社	家	旅行社数量
			A5	酒店	家	酒店数量（公安局备案）
		文化资源	A6	赛事	场	举办的旗县级及以上级别的赛马活动
			A7	博物馆	个	博物馆数量
	需求条件	区域发展水平	B1	经济总量	亿元	年度 GDP
			B2	人均可支配收入	元	人均可支配收入
		市场规模	B3	市场购买力	亿元	社会消费品零售总额
			B4	城镇化率	%	本行政区域内城市人口占总人口的比例
	支持产业	产业结构优化	C1	第三产业占比	%	第三产业占据国民经济的比重
			C2	第三产业增长率	%	第三产业产值增长率
		关联产业	C3	艺术表演团队	个	艺术表演团队数量
			C4	马文化推广组织	个	职业马术行业协会、传媒公司、合作社、俱乐部等的数量
		支持产业基础	C5	地区旅游人次	万人	入境旅游和国内旅游人数
			C6	旅游创收额度	亿元	入境旅游和国内旅游收入
	政府作用	政府支持	D1	旅游专项资金补贴	万元	旅游专项资金下批额度
			D2	文化产业扶持基金	万元	文化专项资金下批额度
			D3	第三产业就业人数	万人	本行政区域内年度第三产业就业人数
		公共服务	D4	公共卫生服务设施	个	本行政区域内旅游厕所的建设数量
			D5	客运量	万人	本行政区域内公路交通客运流量人次

四、内蒙古自治区马旅游产业竞争力评价方法

（一）数据来源

马旅游产业作为一个交叉性边缘产业，其统计维度也应当适合其产业属性。本书遵循准确性、可行性、科学性的原则，选取了内蒙古自治区各盟市2018年度的相关数据，研究数据来源于《内蒙古统计年鉴2018》、各盟市统计资料。统计数据翔实，统计口径一致，数据具有说服力。

（二）研究方法

综合评价法是指根据被评价对象的多重属性及其系统结构做出全局性、整体性评价的一种方法，可采取一定的方法对评价对象的属性和结构赋予适当的权重，对评价对象最终的评价值进行排序。据此可见，综合评价法的两大要素为指标体系和指标权重。本节中，采取熵权法对上述指标体系进行权重赋值，然后运用加权的综合评价值评判各盟市马旅游产业竞争力的基本情况。为进一步探索影响内蒙古自治区马旅游产业发展的障碍因素，本书将采取障碍因子分析方法进行因子剥离。

1. 熵权法

利用熵权法计算各指标的权重系数。熵概念源于热力学，表示系统混乱的程度，信息熵则可反映各指标变异的程度，各指标变异程度越大，则熵越大，表明该指标对马旅游产业竞争力的影响也越大。主要步骤如下：

（1）构建原始评价矩阵

设某区域共有 m 个行政区域，马旅游产业共有 n 个评价指标，X_{ij} 表示第 i 个地区的第 j 个评价指标值。其中 $i \in [1, m]$ 且 $j \in [1, n]$，从而可得原始矩阵 X，如下：

$$X = \begin{bmatrix} X_{11} & X_{12} & X_{13} & \cdots & X_{1n} \\ X_{21} & X_{22} & X_{23} & \cdots & X_{2n} \\ X_{31} & X_{32} & X_{33} & \cdots & X_{3n} \\ \vdots & \vdots & \vdots & & \vdots \\ X_{m1} & X_{m2} & X_{m3} & \cdots & X_{mn} \end{bmatrix}$$

（2）数据标准化

本书选取的指标均为高优指标，无需考虑同趋化问题。采取归一化法对原始矩阵进行处理。

$$r_{ij} = \frac{x_{ij} - \min x_{ij}}{\max x_{ij} - \min x_{ij}} \times 0.99 + 0.11$$

（3）计算各指标信息熵

首先，计算第 j 个评价指标第 i 地区指标的比重 P_{ij}：

$$P_{ij} = \frac{x_{ij}}{\sum_{i=1}^{m} x_{ij}}$$

其次，计算第 j 个指标的熵值（也称为信息效用值）：

$$e_j = \frac{1}{\ln m} \sum_{i=1}^{m} p_{ij} \ln p_{ij}$$

最后，计算马旅游产业竞争力评价指标体系中各指标的熵权。

$$W_j = \frac{1 - e_j}{n - \sum_{j-1}^{n} e_j}$$

（4）综合评价

根据上述熵权法的计算步骤，计算出各指标的权重值，结合本节构建的指标体系，运用加权综合评价法得出综合评价指标值和各子系统的评价指标值。

$$S = r_{ij} \times W_j$$

上式中，S 为综合评价值，r_{ij} 为各单项指标的标准化值，W_j 为各指标权重。

2.障碍因子分析法

马旅游产业竞争力的评价是一项复杂的系统工程，为深入探究其影响因素，我们对马旅游产业发展的障碍因子进行了精准诊断，以便在今后的发展过程中有针对性地采取更有效的发展措施。本书引入因子贡献度、指标偏离度、障碍度三个指标来分析诊断马旅游产业发展的障碍因子。因子贡献度为单指标对总目标的权重（W_j）；指标偏离度 D_j 为单指标与目标值（默认为1）的差距，即 1 与单指标标准值之差；h 和 H 是各指标和各子系统对马旅游产业竞争力系统的影响状况，是障碍因素诊断的目标和结果。

$$D_{ij} = 1 - r_{ij}$$

$$h_{ij} = \frac{d_{ij} \times W_j}{\sum_{j=1}^{n}(D_{ij} \times W_j)} \times 100\%$$

$$H_j = \sum h_{ij}$$

五、数据处理及结果

（一）指标权重

根据熵权法，求得各指标的权重如下表所示：

表2.2　指标权重表

目标层	一级指标	权重 W_j	代码	三级指标	权重 w_j	W_j * w_j
马旅游产业竞争力	生产要素	38.73%	A1	马匹存栏量	14.94%	5.79%
			A2	导游	17.96%	6.96%
			A3	专业人才	17.90%	6.93%
			A4	旅行社	13.69%	5.30%
			A5	酒店	3.79%	1.47%
			A6	赛事	25.41%	9.84%
			A7	博物馆	6.31%	2.44%
	需求条件	9.22%	B1	经济总量	27.07%	2.50%
			B2	人均可支配收入	24.58%	2.27%
			B3	市场购买力	22.23%	2.05%
			B4	城镇化率	26.12%	2.41%
	支持产业	21.58%	C1	第三产业占比	11.78%	2.54%
			C2	第三产业增长率	7.73%	1.67%
			C3	艺术表演团队	4.66%	1.01%
			C4	马文化推广组织	18.97%	4.09%
			C5	地区旅游人次	33.12%	7.15%
			C6	旅游创收额度	23.73%	5.12%
	政府作用	30.47%	D1	旅游专项资金补贴	52.40%	15.97%
			D2	文化产业扶持基金	8.76%	2.67%
			D3	第三产业就业人数	10.03%	3.06%
			D4	公共卫生服务设施	12.87%	3.92%
			D5	客运量	15.95%	4.86%

　　从子系统所占权重来看,生产要素和政府作用对马旅游产业竞争力影响较大。在发展地区马旅游产业的过程中,应注重对生产要素的发展,辅助必要的政府鼓励政策,助力地区接待能力和公共服务设施上升到一个新的阶段。

　　从影响生产要素的指标看,赛事、导游、专业人才对生产要素的影响较大,进一步说明了旅游业对服务人才的需求量大和新时期产业人才战略的正确性。赛事对马旅游产业竞争力影响较大,也与实际情况相符。国内外

马产业发展较好的城市皆以马术比赛或赛马活动作为产业发展的资金来源,并能提供足够多的就业岗位。

从影响需求条件的指标看,四个指标的比重差别不大,说明地区发展程度和市场规模对需求条件的影响都较大且影响程度相当。但其对马旅游产业竞争力的影响权重较小,地区经济发展水平和城镇化率之间的差别比其他指标小。

从影响支持产业的指标看,地区旅游人次、旅游创收额度和马文化推广组织的比重较大,可见地区旅游基础和马文化营销对马旅游产业竞争力的影响较大。

从影响政府作用的指标看,旅游专项资金补贴的比重较大,地区间补贴额度不平衡。

(二)马旅游产业竞争力空间分布

根据前面的公式,分别计算出 2017 年度内蒙古自治区十二个盟市马旅游产业竞争力综合得分。如表 2.3 所示:

表 2.3 2017 年内蒙古自治区各盟市马旅游产业竞争力对比

序号	盟市	综合得分	生产要素得分	需求条件得分	支持产业得分	政府作用得分	排名
1	呼和浩特市	0.8715	0.7030	0.6913	0.3434	0.7976	1
2	呼伦贝尔市	0.7196	0.2200	0.8844	0.5144	0.2218	2
3	赤峰市	0.6287	0.3987	0.3801	0.4400	0.8278	3
4	锡林郭勒盟	0.5034	0.0931	0.0305	0.0599	0.1360	4
5	包头市	0.4793	0.2153	0.1733	0.1468	0.2642	5
6	鄂尔多斯市	0.3161	0.4124	0.2001	0.5822	0.4617	6
7	通辽市	0.2674	0.4178	0.2709	0.4945	0.1920	7
8	乌兰察布市	0.1486	0.0810	0.0745	0.1579	0.1618	8
9	巴彦淖尔市	0.1346	0.1620	0.7278	0.2021	0.2536	9
10	兴安盟	0.1014	0.0545	0.1424	0.1285	0.1756	10
11	乌海市	0.0587	0.0036	0.5302	0.0476	0.0229	11
12	阿拉善盟	0.0394	0.0137	0.3427	0.0478	0.0101	12

从内蒙古十二个盟市的马旅游产业竞争力综合得分情况来看,内蒙古自治区马旅游产业竞争力水平除部分盟市较高外,总体上得分偏低(平均得分0.3557<0.5000);呼和浩特市(0.8715)、呼伦贝尔市(0.7196)和赤峰市(0.6287)三地的马旅游产业竞争力较其他地区强。从地域分布看,得分高于0.5的盟市为呼和浩特市、呼伦贝尔市、赤峰市和锡林郭勒盟,除呼和浩特市属于中部地区外,其余三地均属于蒙东地区;竞争力排名靠后的四个盟市为阿拉善盟、乌海市、兴安盟和巴彦淖尔市,主要为蒙西地区。从发展均衡性看,排名第一的呼和浩特市与最后一名阿拉善盟之间的差距接近0.9,马旅游产业发展水平差距悬殊:东部盟市(0.4441)、中部盟市(0.4539)得分远高于西部盟市(0.0776)。

从各盟市四个支撑子系统得分情况来看,生产要素得分最高的为呼和浩特市(0.7030),需求条件得分最高的是呼伦贝尔市(0.8844),支持产业得分最高的是鄂尔多斯市(0.5822),政府作用得分最高的是赤峰市(0.8278)。总体上看,生产要素平均得分0.2313,需求条件平均得分0.3707,支持产业平均得分0.2638,政府作用平均得分0.2938,得分总体偏低。

根据马旅游产业竞争力综合得分,可以将内蒙古自治区十二个盟市的马旅游产业竞争力划分为以下几个等级:绩优区(呼和浩特市、呼伦贝尔市)、及格区(赤峰市、锡林郭勒盟、包头市)、落后区(鄂尔多斯市、通辽市、乌兰察布市、巴彦淖尔市、兴安盟、乌海市、阿拉善盟)。

(三)障碍因子分析

1.单因素障碍度分析

根据前文障碍度计算公式计算得出影响内蒙古自治区各盟市马旅游产业竞争力的主要障碍因素为:旅游专项资金补贴、赛事、专业人才、导游、马匹存栏量、地区旅游人次、旅行社、客运量和马文化推广组织,其对各盟市的影响力均超过了58%,其中对包头市的影响达到了84%。

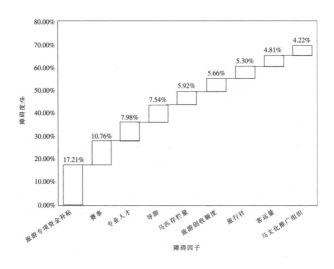

图 2.2　主要影响因素的障碍度

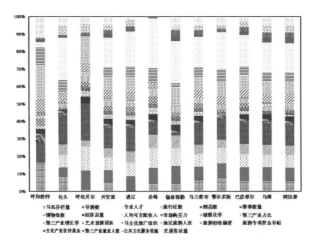

图 2.3　内蒙古各盟市各因素障碍度影响状况对比条形图

从各障碍因素对各盟市的制约状况来看(图 2.3),旅游专项资金补贴、赛事、地区旅游人次、导游、专业人才等对各地区的影响较大。

受马匹存栏量制约最严重的是呼和浩特市(16.6%),受导游制约最严重的是呼伦贝尔市(10.79%),受专业人才制约最严重的是呼伦贝尔市(13.81%),受旅行社制约最严重的是赤峰市(7.8%),受酒店制约最严重的是呼和浩特市(1.81%),受赛事制约最严重的是呼伦贝尔市(21.24%),受博物馆制约最严重的是呼和浩特市(5.29%),受经济总量制约最严重的是呼伦贝尔市,受城镇化率和第三产业占比制约最严重的是赤峰市。

政府应对呼和浩特市加大在马匹存栏量、酒店、艺术表演团队、马文化推广组织、地区旅游人次、交通设施等方面的资源倾斜力度,以增强呼和浩特市马旅游产业的综合竞争力。政府应对呼伦贝尔市加大在导游及专业人才培育、赛事举办、经济发展、产业结构和公共设施服务等方面的资源倾斜力度。

表 2.4　各盟市各因素最大障碍度对比

指标	最大障碍度	盟市
马匹存栏量	16.60%	呼和浩特市
导游	10.79%	呼伦贝尔市
专业人才	13.81%	呼伦贝尔市
旅行社	7.80%	赤峰市
酒店	1.81%	呼和浩特市
赛事	21.24%	呼伦贝尔市
博物馆	5.29%	呼和浩特市
经济总量	3.99%	呼伦贝尔市
人均可支配收入	3.07%	呼伦贝尔市
市场购买力	2.75%	呼伦贝尔市
城镇化率	4.24%	赤峰市
第三产业占比	3.50%	赤峰市
第三产业增长率	2.37%	呼伦贝尔市
艺术表演团队	2.01%	呼和浩特市
马文化推广组织	7.62%	呼和浩特市
地区旅游人次	19.42%	呼和浩特市
旅游创收额度	9.86%	呼和浩特市
旅游专项资金补贴	28.47%	赤峰市
文化产业扶持基金	2.82%	乌海市
第三产业就业人数	3.22%	阿拉善盟
公共卫生服务设施	4.92%	呼伦贝尔市
客运量	11.73%	呼和浩特市

从表2.4可看出,旅游专项资金补贴的投入明显不足,除呼和浩特市和呼伦贝尔市之外,其余盟市的主要制约因素均表现为旅游专项资金补贴不足。

表2.5   各盟市第一影响要素障碍度对比

盟市	第一影响要素	障碍度
呼和浩特市	地区旅游人次	18.42%
包头市	旅游专项资金补贴	24.14%
呼伦贝尔市	赛事	21.24%
兴安盟	旅游专项资金补贴	16.90%
通辽市	旅游专项资金补贴	19.91%
赤峰市	旅游专项资金补贴	28.47%
锡林郭勒盟	旅游专项资金补贴	23.89%
乌兰察布市	旅游专项资金补贴	17.53%
鄂尔多斯市	旅游专项资金补贴	21.31%
巴彦淖尔市	旅游专项资金补贴	17.70%
乌海市	旅游专项资金补贴	17.04%
阿拉善盟	旅游专项资金补贴	16.49%

2. 子系统障碍度分析

从影响地区马旅游产业整体竞争力的子系统来看,地区差异明显。总体上看,生产要素和政府作用以及支持产业的制约作用较大,需求条件的制约作用相对较小,但呼和浩特市、呼伦贝尔市和赤峰市的需求条件的制约作用相对较大。从地区资源投入的均衡程度分析,呼和浩特市的支持产业的障碍度明显高于其他地区,这说明地区经济发展程度高并不代表马旅游产业发展中的产业融合度高和马旅游产业结构合理。

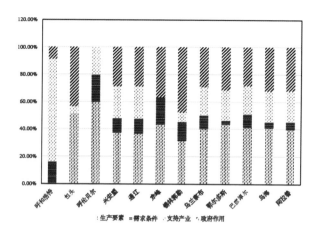

图 2.4 内蒙古各盟市各子系统障碍度对比条形图

从生产要素的内部障碍因子看,呼和浩特市受马匹存栏量的影响较大,除呼和浩特市外,其他盟市受导游和专业人才的制约较大;除锡林郭勒盟外,其他盟市受赛事的制约较大;博物馆的制约作用较小。

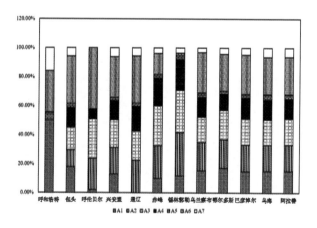

图 2.5 内蒙古各盟市生产要素子系统障碍度对比条形图

从需求条件的内部障碍因子看,除鄂尔多斯市外,其他盟市受经济总量水平 GDP 的制约较大;除呼和浩特市外,其他盟市受市场购买力的制约较大;除乌海市和包头市外,其他盟市受人均可支配收入的制约较大;除乌海

市外,其他盟市受城镇化率的制约较大。

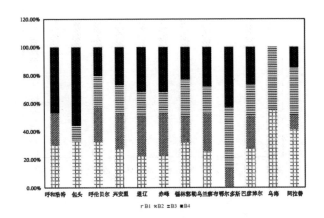

图 2.6　内蒙古各盟市需求条件子系统障碍度对比条形图

从支持产业的内部障碍因子看,地区旅游人次和旅游创收额度对十二个盟市的制约较大,马文化推广组织的影响也较大。

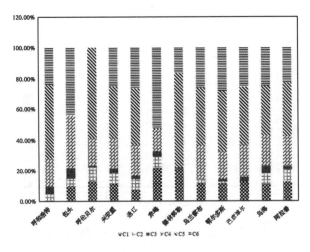

图 2.7　内蒙古各盟市支持产业子系统障碍度对比条形图

从政府作用内部障碍因子看,旅游专项资金补贴对十二个盟市的影响较大,呼和浩特市受交通设施的影响较大,呼伦贝尔市受公共卫生服务设施的制约较大。

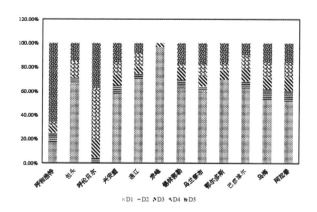

图2.8　内蒙古各盟市政府作用子系统障碍度对比条形图

第三节　体验经济视角下的内蒙古马旅游

一、研究背景与问题的提出

文化旅游产业是一种具有文旅交融性、知识密集性、多元创新性和深度体验性等特点的综合性交叉产业。随着人们休闲度假旅游需求的日益增长,文化旅游逐渐成为人们旅游消费的主要内容,文化旅游在旅游业中的比重也相对较大。从近几年全国旅游业的数据来看,2017年,我国的旅游总收入为5.40万亿元,相比于2016年增长15.1%;国内旅游人数为50.01亿人次,比2016年同期增长12.8%。初步测算,2017年全国旅游业对GDP的综合贡献为9.13万亿元,占GDP总量的11.04%。2018年是文旅融合的第一年,国内旅游市场需求持续高速增长,入境旅游市场需求稳步进入缓慢回升通道,出境旅游市场需求平稳发展。2018年国内旅游人数为55.39亿人次,

比 2017 年同期增长 10.8%；入出境旅游总人数为 2.91 亿人次，同比增长 7.8%；旅游总收入为 5.97 万亿元，同比增长 10.5%。初步测算，2018 年全国旅游业对 GDP 的综合贡献为 9.94 万亿元。

需求的增长促使供给侧改革和优化。如今，文化旅游产业悄然成为众多城市重点关注的领域，甚至有些转型城市将文化旅游作为转型发展的支柱产业。我国是一个拥有 56 个民族的多民族国家，各民族的交往礼仪、民族工艺、民族服饰、地方饮食、歌舞艺术、婚丧嫁娶、民俗节庆、建筑样式等都各有特色、各具魅力。民族性、地域性、文化性和历史性使得各地民俗文化差异巨大，在文化旅游产业的大范畴内，民俗文化旅游是我国尤其是少数民族聚居地区文化旅游产业的重要组成部分。马文化是与马相关的文化元素的总称，它离不开人类的参与和介入。从这个意义上说，马文化也可称作"马背文化"，是在人的介入下产生的文化体系，包括马的驯养技术、马的民间习俗、马的品种资源、马的故事传说、马的体育运动等。马文化是民俗文化的一部分，马旅游是围绕马文化开展的旅游体验活动，也是民俗文化旅游的一个分支。

马旅游产业对内蒙古地区的旅游发展有着重要意义，能够促进地域文化保护与发展、旅游体验满意度提升、城市产业转型升级和地方经济持续发展。首先，将马旅游资源进行合理的挖掘整合，通过文化创意的植入让马旅游产品更具市场竞争力和消费吸引力，从而增加本地区的马旅游消费，进而创建地方马旅游品牌，让马旅游产业发展成为地区经济中重要一环，从而实现城市产业结构的优化升级。其次，马文化需要在发展中进行传承与保护。马文化的政策性保护是暂时的、静态的、低效的，发展性保护是持续的、活态的、高效的。马文化在传承发展的过程中，能够产生经济效益和社会效益，而马旅游产业是保护和传承马文化的有效途径，即通过文化创意将马文化转变为有吸引力的马旅游产品，这样既传承和保护了传统文化资源，又在创新中实现了马文化的价值转换，进而凭借其吸引力和独特性拉动旅游消费，产生经济价值，从而有更好的经济基础来保护和传承文化，实现保护与发展的良性循环。第三，人们的旅游需求已经从纯粹的观光向休闲度假转变，休闲度假型的旅游消费更注重文化性、体验性、慢节奏、深感受,单一性、粗放式的传统旅游产品已经难以满足人们新的旅游体验需求。通过文化创意打造的具有地域特色和民族特色的马旅游产品恰恰能够作为休闲度假型旅游消费的目标产品,让人们在丰富的文化内涵、浓郁的地域风情和独特的内在美等文化体验中放松身心、休闲度假,从而实现旅游体验满意度的持续提升。第四,随着各地产业结构的转型优化、对文化旅游产业的高度重视和地域文化旅游品牌的创建运营,人们对马旅游的消费热情将持续提升,马旅游消费也会以其关联度高、涉及面广、辐射力强和带动性大等特点促进城市经济快速发展。

我国民俗文化旅游的发展历程始于20世纪90年代,中国民俗文化村在深圳的推出,掀起了一股民俗旅游的浪潮,全国各地纷纷建设民俗文化村、民俗文化旅游区等项目。这些民俗文化旅游项目主要分为三大类:第一类是多民族综合性的民俗文化旅游项目,主要是将全国各地有代表性的少数民族的文化元素聚集在一个园区内,重新构建一个民俗文化旅游区,比如深圳的中国民俗文化村;第二类是区域综合性的民俗文化旅游项目,主要是将一个省、市、区的主要少数民族元素进行整合,聚集在一个园区内,重新构建一个民俗文化旅游区,比如云南、内蒙古、新疆等地的民俗文化旅游项目;第三类是在地性原生态的民俗文化旅游项目,主要是依托原有的民族村寨景观、环境、居民及其生产生活形态,在当地开展民俗文化旅游项目。其中,第一、二类在一些研究中被称为“移植性民俗文化旅游产品”——“在旅游园区内,通过模拟异域民俗环境、表演民俗节目或生产、生活民俗中的某些活动,形成规模展示,从多角度反映不同民族文化的独特旅游产品”。移植性民俗文化旅游产品能够克服原生民族文化村寨在节令性强、民俗活动分散、文化多样性不足等方面的缺陷,将各民族文化集中在一起向旅游者做集中展示,具有较强的观赏性和参与性,满足了旅游者在短时间内领略多姿多彩的民族文化的需要。与移植性民俗文化旅游产品相对的是在地性民俗文化旅游产品。“在地性”是指民俗文化旅游基于当地实际存在的景观、建筑及生活、生产环境而开展,产品也是根据当地现有的情况进行策划、打造、完善、提升和修复的,人们需要走进当地才能体验到独特的民俗风情。比如,若想体验泸沽湖畔的摩梭人民俗文化,需要不远万里走进云南,走进泸沽湖畔,走进摩梭人生活生产的空间。同样的,基于马文化而开展的旅游项目也可分为移植性和在地性两大类,其中,移植性马旅游项目包括多元马文化旅游项目和区域马文化旅游项目。多元马文化旅游项目是将不同地域、不同品种、不同民族的马文化聚集在一个区域内进行打造,形成一个具有多种体验类型和多种文化元素的马文化旅游区。区域马文化旅游项目是将一个区域的马文化元素聚集在一个园区内,形成一个马业综合体或马旅游特色小镇。在地性马旅游项目是依托马文化产生地的景观资源、品种资源、生产生活环境、人与马的互动关系等因素形成的,人们需要走进当地才能融入性地体验到原汁原味的马文化以及地域风情、民族风情和民俗风情等独特的旅游资源。

从当今这个大众旅游时代人们的消费需求来看,体验是人们对民俗文化旅游的主要诉求。在民俗文化旅游中,体验经济发挥的作用越来越明显,而作为将民俗文化转化为旅游产品的核心要素之一的文化创意,也是民俗文化旅游创新发展并不断增强体验感的催化剂。从民俗文化资源到民俗文化旅游项目,再到民俗文化旅游产品,是一环扣一环的关系,每个环节中,文化创意和体验经济都起着关键性的作用。世界各地民俗文化旅游发展较好的地方,文化创意和体验经济都在其中发挥着重要作用,一个项目、一个产品、一场活动或一场演艺,随处都能看到文化创意的影子,同时也能看到体验经济在其中发挥的重要作用。我国民俗文化旅游发展至今,已经有了不错的产业和市场基础,然而,无论是从项目、活动、产品、线路等方面的民俗文化旅游品牌建设效果看,还是从游客量、游客满意度等市场和消费方面看,都有待进一步提升。文化创意和体验经济在民俗文化旅游中的价值体现也还远远不够,需要政府和社会各界的广泛参与和积极努力,从而推动民俗文化旅游长足发展。

在文化和旅游大发展的今天,人们的生活水平日益提高,消费观念也在不断转变,曾经作为生活中额外消费的旅游也已成了日常生活消费的必需品,旅游方式也逐渐从原来的观光旅游向休闲度假游发展,人们的消费观念也从浅尝辄止向深度体验转变,旅游产业已经进入到以自驾游、自助游、休闲游、度假游为主要形式的大众旅游和个性化旅游时代。马文化具有感受性、差异性、厚重性和体验性,它通过与旅游产业融合产生了民俗文化旅游的一个分支——马旅游,而马旅游已成为当今人们外出旅游的新趋势和潮流之选,体验经济和文化创意的深度介入也为马旅游产业的发展插上了有力的翅膀。按照文化产业理论推断,文化产业可以分为产品层、服务层、交叉层3个层次,共16个门类,其中,文化旅游就属于交叉层的一个门类,而马旅游又是文化旅游产业的一个组成部分。

马文化对于内蒙古地区的旅游产业而言,是一个重要的旅游资源类别,具有极高的文化体验价值和旅游消费价值。我国旅游业近些年的发展情况显示,马旅游项目如雨后春笋般涌现,游客走到哪儿都能看到马旅游的影子。然而,从产业化和市场效益来看,很多项目和产品都存在诸多问题,主要表现在以下几个方面:第一,产品的丰富性不够。马文化包罗万象,赛马、相马、套马、驯马、骑马、民族歌舞、地方戏曲、节庆活动、婚俗礼仪、民间绝活、民间技艺、民族饮食等方面都有马文化的元素,但在产品的呈现上,很多移植性民俗文化旅游产品由于考虑游客停留时间等因素,往往只选择一部分人们耳熟能详的马文化元素来展现,而将民俗文化中的精华部分弃之不用,这便出现市场效益和社会效益、短期效益和长期效益的冲突,而这归根结底是产品开发的问题。如果能够进行有机整合和创意提炼,很多马文化精华也能以不同形式在很短时间内呈现给人们。第二,产品的体验性不够。深圳的中国民俗文化村在20世纪90年代开放以来,也经历了以观光游览型为主向以深度体验型为主的产品形态的转变历程,人们旅游消费需求的转变是其根本原因。但从全国来看,民俗文化旅游产品将民俗文化植入到游客体验中的系统性和自觉性还有待提高,具体到内蒙古的马旅游产品而言也是如此。第三,产品的文化挖掘深度不够。浅尝辄止和深度体验是两种不同的消费需求,文化挖掘的深度直接决定了这两种需求是否能够得到真正的满足。第四,产品的产业化程度低。马旅游产业经济效益并不尽如人意,因为旅游企业往往容易忽视旅游产品链的构建,从而丧失了赚取更多利

润的机会。马旅游产业链应该包括马术表演、民俗观光、民族餐饮、特色民宿、骑马体验、民俗活动、赛马和马旅游纪念品等,所以只有不断完善产业链,才能使游客全面融入当地马文化和相关的民俗文化之中,在马旅游消费中体验文化的魅力。

综上所述,马旅游产业作为内蒙古文化旅游产业的一个细分领域,由于内蒙古独特的自然景观和多彩的民俗风情,已经成为文化旅游产业的黏合剂和重要一环,对文化旅游产业的长足发展具有重要意义。而马旅游产业得以发展的核心基础就是产品的开发,有了良好的产品体系,才能有品牌、市场、游客、效益等一系列后续发展。因此,需要以恰当的理论和方法结合内蒙古马旅游产业的实际情况进行深入分析,并进行系统的理论和实证研究,从而全面构建起马旅游产品开发策略体系,为马旅游产品的创新开发提供有效指导,进而促进品牌建设和效益提升。

二、概念界定与理论模型

本书的研究将在"马旅游""民俗文化""旅游产品开发""文化创意"等关键词的基础上展开,因此,需要对其进行概念上的界定,而概念界定也是本书的研究的理论基础。此外,还需进一步围绕马旅游产品开发策略进行探讨和实证分析。"体验经济理论"是本书的研究中最为核心的理论,马旅游产品开发策略体系的构建就是以体验经济理论为基础的。

民俗文化是民间民众的风俗和生活文化的统称。从古至今,考察风俗和民间文化一直是推动旅游发展的一种动力,很多有识之士通过旅行了解民族风情、搜集民间传说、学习地方民俗并记录下来,作为自我学习和提升的一种方式,在此过程中,也达到了旅游的目的。我国北魏时期郦道元所写的《水经注》一书,保留了大量我国古代各地的民俗文化;明朝的徐霞客利用三十多年的时间遍游华夏大地,并写下《徐霞客游记》;13世纪意大利商人马可·波罗游历欧亚各国并写下《马可·波罗行纪》;这些著作都对许多地方的独特风情和习俗进行了详细的记载,吸引人们去观览、探索。因此,从古至今,民俗文化就扮演着旅游发展推动者的角色。马文化作为内蒙古民俗文化中的重要部分,在与马旅游产业的融合中应该发挥重要的作用。

民俗文化旅游是文化旅游的细分领域。关于民俗文化旅游概念的探讨历来很多,归结起来主要有以下几种观点:第一,将民俗文化旅游认定为一种高层次或高档次的文化旅游。第二,在自然景观和人文景观两者中,人文景观是民俗文化旅游的欣赏对象。第三,民俗文化旅游具有异地性,是人们离开自己经常居住的地方,被异地的民俗文化所吸引而去观赏消费的旅游活动。第四,民俗文化旅游观赏消费的主要内容包括当地的传统节日、民间风俗、婚丧嫁娶、民间文艺、建筑风格、民间信仰、民间歌舞等。结合上述研究观点,笔者认为,民俗文化旅游是指人们为了感受异于日常的生活和文化而去往能够满足自我体验需求的具有浓郁民俗风情的异域体验当地独特的民俗文化的旅游活动。因此,民族性、地域性、参与性和文化性是民俗文化旅游的主要特性。而对于内蒙古而言,马旅游是民俗文化旅游中的重要内容,也可能是吸引游客来内蒙古旅游的最为重要的因素之一。

马旅游的核心要素就是旅游产品。我们所探讨的马旅游产品主要是直接面对客户的旅游项目、活动以及相关消费产品,在体验经济时代,马旅游产品的最终完成是通过游客体验来实现的。马旅游产品开发是一个动态的过程,马旅游产品也不只是项目或服务,而是以项目为道具、以服务为舞台的马旅游体验过程。基于这一界定,我们所称的马旅游产品开发是指以马文化为核心要素、以游客需求为出发点、以旅游体验为主要呈现方式的动态过程。

在马旅游产品开发中,必然需要文化创意的介入,如此才能将旅游项目和服务更好地与体验结合,从而提升旅游产品的附加值和吸引力。要弄清"文化创意"这一概念,就需要弄清楚"文化"和"创意"这两个词语的意义,并通过词语的组合叠加和应用场景充分理解"文化创意"的基本内涵。

文化是相对于政治、经济而言的,是人类全部精神活动及其活动产品的总称。文化具有三种价值,分别为膜拜价值、展示价值和体验价值。瓦尔特·本雅明提出,艺术品原作具有"光韵效应",这种"光韵效应"产生膜拜价值,具有独一无二的原真性和此时此地的在地性。观赏者亲览独一无二的原真艺术品所体验到的敬畏感与崇拜感，就是膜拜价值，膜拜价值具有原真性、唯一性和在地性等特点。随着机械复制技术逐渐介入文化发展和艺术创作，艺术品原作的"光韵效应"衰竭，因为艺术品原作的复制品克服了独一无二性，艺术品的膜拜价值被面向大众传播的展示价值所取代。随着数字时代和体验经济时代的到来，艺术品在地性的膜拜价值和在场性的展示价值让渡给了在线性的体验价值。体验价值指文化消费者从文化产品或服务中体会到的源于个体身心感受的价值，包括感官体验、情感体验和精神体验。在如今的马旅游活动中，人们往往更加注重能够让自身得到独特而深刻的感受的体验价值的获取。

创意指创出新意，是人类最向往的一种能力。迄今为止，虽然在心理学领域关于创意的研究已经很广泛，但对"创意是人的一种属性还是原创观念产生的一种过程"这一问题仍然没有达成共识。对"创意"进行简单而直接的定义显得很困难，甚至可以说，为"创意"下一个规范、标准的定义本身就违背了创意的本质。虽然"创意"很难直接定义，但也可以通过三个层次的时态系统来进行描述，包括创意内容、创意结果和创意过程。创意内容包含了一般对"创意"进行定义的基本要素。创意结果是指创意产出或评估创意带来的实际影响，否则创意行为是没有意义的。创意过程描述了创意发生的动态过程和互动影响。由此可见，创意是能够形成产出的过程，在这个过程中自然就产生了新的价值。对于马旅游产品开发而言，创意的植入必然会让原有的项目或服务得到全新的呈现或局部的改观，从而形成新的价值，其对体验结果也会产生影响。

图 2.9 "创意"的定义框架

从上文所述的"文化"和"创意"的概念内涵来分析，"文化创意"是一个融合词汇，并兼具"文化"和"创意"的基本特征和含义。文化创意是需要将具有膜拜价值、展示价值或体验价值的文化作为能够达到"创新+超越个体价值的目的"的创意内容,通过"容忍矛盾对立体+偶联性思维"的创意过程而获得"重新思考问题+转换情境"创意结果的动态过程。马旅游是一个全新的文化体验过程,在将原生态的民俗文化生产成马旅游产品的过程中,民俗文化的呈现形式、互动方式、体验流程等都必然需要文化创意的介入,只有这样,才能为游客提供既保持较高的原真性、神秘性,又具有较强的观赏性、参与性和吸引力的具备膜拜价值、展示价值和体验价值的马旅游产品。比如蒙古族传统游牧生活的体验项目中,骑马放牧、套马、驯马、熬奶茶、吃手把肉、唱敬酒歌等本是原生态的游牧生活,但若想让其变成旅游产品,就需要在很多方面进行文化创意设计,比如用具、服装、流程、动作等都要经过精心设计和改良才能增加其趣味性、观赏性、互动性和体验感。在人们越来越注重消费体验的大众旅游时代,民俗文化的膜拜价值、展示价值和体验价值在转化为文化旅游产品时发生了价值呈现的比重偏移,膜拜价值和展示价值的产生多基于观赏性元素,体验价值的产生多基于体验性元素,人们往往不再停留在看、听的层面,更希望走近甚至走进文化,融入其中,从而感受活动带来的独特体验。因此,在当今体验价值越来越被关注的大众旅游时代,马旅游产品开发也需要在体验的层面做更多的考量,更加注重体验经济在马旅游产品开发中的价值和作用。

20 世纪 70 年代,美国学者阿尔文·托夫勒首次提出"体验经济"的概念。20 世纪末,《哈佛商业评论》上发表了 B·约瑟夫·派恩和詹姆斯·H·吉尔摩所写的《欢迎进入体验经济》一文,随后两人合著了《体验经济》一书,书中以各行各业大量的实际案例绘声绘色地对体验经济进行了详细论述。他们所论述的体验经济是企业以服务为舞台、以商品为道具、以消费者为中心,让消费者参与其中并创造出值得回忆和难忘的经历的活动。体验经济更强调人们的深度参与、情感投入和自我实现,从而需要进行"舞台"设计,将商品和服务变成载体或形式,人们在"舞台"上通过载体或形式而实现的体验才是企业真正出售的东西,体验不再只是赠送服务或免费环节,而是需要人们付费消费的产品。在这个前提下,他们将人类社会的经济形态

分为四个阶段,前三个阶段是农业经济、工业经济和服务经济,而体验经济是第四个阶段。基于此,他们把经济提供物分为产品、商品、服务和体验四种,并将它们进行对比分析,如表2.6。

表2.6　经济提供物的经济形态区分

经济提供物	产品	商品	服务	体验
经济形态	农业	工业	服务	体验
经济功能	采掘提炼	制造	传递	舞台展示
提供物的性质	可替换的	有形的	无形的	难忘的
关键属性	自然的	标准化的	定制的	个性化的
供给方法	大批储存	生产后库存	按需求传递	在一段时期之后披露
卖方	贸易商	制造商	提供者	展示者
买方	市场	用户	客户	客人
需求要素	特点	特色	利益	突出感受

该表引自[美]B·约瑟夫·派恩、[美]詹姆斯·H·吉尔摩著,夏业良、鲁炜等译的《体验经济》。

从表中,可以更清晰地理解体验经济的特性。经济提供物按产品、商品、服务和体验的顺序依次递进,经济形态也按农业、工业、服务、体验的顺序依次递进,其中,服务代表的是第三产业。由此可以看出,体验是作为在一、二、三产业之上的经济形态而存在的,可以认为是一、二、三产业融合之后的一种经济形态,因此,体验不是独立于产品、商品和服务而存在的,它是"以服务为舞台,以商品为道具"的,同时也是以"产品"为基本要素的。将清楚这一关系后,在马旅游产品开发过程中,就能理解和灵活运用旅游资源、旅游项目和旅游服务,并让其为旅游体验这一新的经济形态服务。如图2.10所示,在马旅游产品开发过程中,体验作为一种包含产品和服务的综合性的经济形态,它应该具有更高的价值体现。当消费者自我感知创意产业的产品时,他们就是在参与一个集体创意过程,即从所提供的原材料中寻找到价值、认同和意义。在体验经济中,游客也作为体验者参与到旅游产品的集体创意过程中,从而形成新的经济产出。因此,在产品更新换代和内蒙古马旅游产业转型升级的过程中,体验可因其增值性和综合性而成为重要抓手。也就是说,从产品端让旅游企业获得新的发展机遇,并为品牌建设、经营管理和市场营销提供最基础的新的源泉。

现今,人们的生活水平有了跨越式的提高,外出旅游不再满足于走马观花式的"到此一游",而是更加重视旅游质量、消费品质,更加注重个体情感和精神层面的体验和感受,渴望积极地参与到旅游体验的每个环节中去,融入其中获得更深入全面的体验感受。因此,在体验经济的影响下,人们对体验的旅游需求也逐渐提高,从根本上改变了旅游经济范式,旅游经济更加偏向体验性。那么,在马旅游产品开发中,突出感受的体验便成为旅游产品的经济形态高级追求,但不是唯一追求,展示体验具有价值,而旅游项目和旅游服务同样具有价值,只是从产品开发的深度以及游客消费需求来看,体验是旅游产品开发中需要在旅游项目和旅游服务中有机融入的核心元素。因此,研究探讨基于体验经济的马旅游产品开发,不是对旅游项目和旅游服务的扬弃,而是希望通过体验经济这一视角,对马旅游产品体系进行提升和完善。

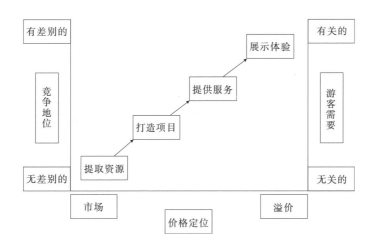

图 2.10 马旅游产品经济价值的递进

B·约瑟夫·派恩与詹姆斯·H·吉尔摩认为,体验可以分为四种类型,包括娱乐体验、教育体验、逃避现实体验和审美体验,最丰富的体验包含了所有类型,即处于四种类型交叉部分的"甜蜜地带"。归结体验经济理论的四种体验类型之间的关系,我们可以梳理出图 2.11。娱乐体验是通过人们自己的感觉而被动吸收的;教育体验过程中,人们在积极参与的同时会受到他面前展开的事件的教育;逃避现实体验的客人积极参与到一种沉浸式的环境中去获取完全忘却当下现实生活的体验感受,逃避现实体验并不仅仅是登上船舷,而是要启程远航;在审美体验中,人们沉浸于某一事物或环境中,但他们自己对事物或环境极少或没有产生影响,因此环境基本上未被改变。最丰富的体验"甜蜜地带"包含四种类型的各个方面。比如,到迪斯尼乐园、赌城拉斯维加斯去游玩,都属于最丰富的体验。

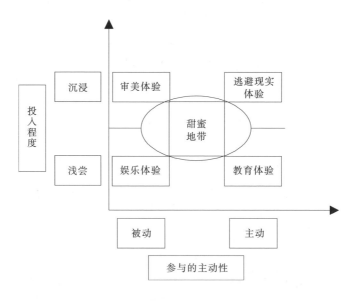

图 2.11 体验经济理论的体验类型关系图解

在体验经济理论中,B·约瑟夫·派恩与詹姆斯·H·吉尔摩对体验主题化也提出了确定体验主题、增强正面信号、消除负面因素、提供纪念品和调动感官刺激五个基本原则。他们认为,为一种体验设定主题,意味着为一个参与性的故事撰写剧本。而将产品、服务转化为更具经济价值的体验,需要一种合适的方式,他们认为通过协作型、适应型、装饰型和透明型等"模块化"定制类型可以更好地实现转化和提升。在企业产品开发和经营中,要想产生最丰富的体验,仅仅有了体验主题化和"模块化"定制还不够,因为体验是一个动态的过程,在这个过程中,人是一个重要因素,如何让工作人员在体验中扮演好自己的角色,将直接关系到体验的丰富性和呈现效果。因此,他们提出了各种表演技能、表演方式和角色要求。

在大众旅游时代和体验经济时代,游客的消费需求越来越趋向深度体验的满足,而马文化以及与马旅游相关的文化元素、自然景观和人文景观的民族性、丰富性、独特性和体验性等特性让马旅游能够在体验的层面有更多的开发可能性。内蒙古马旅游产品开发可以以体验经济理论为指导,构建全新的内蒙古马旅游产品体系,帮助内蒙古马旅游企业实现转型发展。将马旅游产品开发分为创意阶段、策划阶段和实施阶段三个阶段,利用体验经济理论的基本原理,提出可行性的策略是本书阐述的重点内容。

三、文献综述与理论探索

我国关于民俗文化旅游的研究主要是针对少数民族地区的旅游发展进行的。各个少数民族地区文化资源特点突出,研究者往往结合当今国内外的旅游发展现状和理论,为少数民族地区的旅游发展提出相应的建议和意见。当然,也有部分学者关注汉族聚居区内少数民族的民俗文化旅游,并开展了积极的研究工作。通过分析发现,在我国民俗文化旅游方面的研究需要关注以下几个方面的问题。

首先,我国地域辽阔、民族众多,历史厚重,民俗文化博大精深,只有对各地的民俗文化资源进行全方位的挖掘和整理,才能更好地将其应用于民俗文化旅游产业之中。虽然经过三十多年的发展,民俗文化旅游已经打下了一定基础,但不可否认的是,其对原生态民俗文化的应用还远远不够,很多优秀的民俗文化依然被埋没在民间或收藏于博物馆,未能成为具有经济价值、发挥社会效益的民俗文化旅游产品,而这也让民俗文化在发展中未得到更好的保护。

民俗文化之于民俗文化旅游的价值体现还远远不够,如今,很多民俗文化往往只是被简单地搬至旅游景区中,而没有或很少进行创意性的深度开发,因而没能形成旅游项目、旅游纪念品、民俗表演、文创产品等一条龙式的民俗文化旅游产业链。

由于民俗文化深植于民间,千百年来与人们日常的生活生产息息相关,因此,很多民俗文化都具有极强的体验性和参与性。而在民俗文化旅游产品的开发中,体验的元素依然没能更精细化、更有创意地植入产品中,给游客以独一无二的深切感受,因此,从体验经济的视角研究民俗文化旅游产品开发策略十分必要。

在当今的社会大发展中,很多人离开乡村生活在城市,乡村生活作为民俗文化的沃土已经离人们越来越远。在这种与乡村距离不断加大,即城镇化的过程中,民俗文化也就更具有审美价值。加之,民俗文化根植于农耕文化或游牧文化这两条主根脉,故各地的民俗文化几乎都能够在人们心中产生文化共鸣,人们更希望看到、体验到已经久违了的原生态的民俗文化,这就要求民俗文化旅游企业能够提供更多让人们真正产生共鸣的民俗文化旅游产品,从这个角度来看,民俗文化旅游产品的开发具有很大的市场前景。

人才是旅游业发展的基础,对于民俗文化旅游而言,更是如此。民俗文化旅游方面的人才需要具有民俗文化等相关专业知识,而体验经济时代对民俗文化旅游方面的人才有了更高的要求。

国内已经有一部分应用体验经济理论研究旅游产品开发的文章,有些研究体验经济背景下的古镇、古村落、宗教文化、茶文化、博物馆、乡村、主题公园、非物质文化遗产等旅游开发模式或策略,有些研究体验经济视角下的地域、沙漠等旅游资源的开发。我们发现,很多文章对体验经济的研究仅仅停留在娱乐体验、教育体验、逃避现实体验和审美体验这四种体验类型的分析和应用上,而旅游产品开发是一项复杂的综合性、多程序的工作,体验类型的确定只是创意层面的工作,在具体策划层面和实施层面还有很多问题需要体验经济理论的系列观点来辅助和支撑,从而构建完整的有更大价值的体验式旅游产品体系。此外,以往以体验经济理论为基础理论去研究旅游产品开发的文章还没有将研究锁定在"马旅游产品"上的,而正如前文所述,马旅游产品开发将是我国各地尤其是少数民族地区的文化旅游产业发展的基础和核心,具有较大的研究价值。

第三章

内蒙古马旅游发展现状

目前,内蒙古与马旅游相关的活动与产业主要有马主题节庆活动、马旅游景区、马产业博览会、马术实景剧、马文化博物馆等。这几者之间存在重叠和交叉,比如马术实景剧和马主题节庆活动很多都在马旅游景区中开展,马旅游景区有较大的包容性,但本书中所称的马旅游景区是纯粹以马旅游为核心项目的旅游景区,不包括综合性的草原旅游景区、民族风情类旅游景区等。

本章从马主题节庆活动、马旅游景区、马产业博览会、马术实景剧和马文化博物馆几个方面入手,在逐一细致梳理的基础上,讨论内蒙古马旅游产业发展的现状。

第一节　马主题节庆活动

节庆是民俗学领域的一个概念,是各民族人民在漫长的发展演变过程中,形成的一种具有浓郁的地域特色、深厚的群众基础,能反映出不同民族的政治、经贸、文化发展情况的,一种约定俗成、世代相传的社会活动。每一个节日都包含着经济、政治、文化等诸多因素,节日虽属文化范畴,但其与经济发展具有密不可分的联系。旅游地积极开发节庆旅游产品,就是为了能吸引更多游客的注意,从而促进区域经济发展。与此同时,开展节庆活动也能增强当地群众的文化使命感,使其自觉加入到保护与传承优秀传统文化的行列中,从而使有限的旅游资源得到保护。内蒙古地区的许多节庆活动与马密切相关,是展示马文化的重要舞台。

传统节庆是我国传统文化的杰出代表,是我国特色民俗的重要载体和非物质文化遗产的重要组成部分,也是非常重要的人文旅游资源。内蒙古马主题传统节庆主要有那达慕、马驹节、马奶节、打马印节(马印节)等,它们也是马文化保护、利用和传承的有效途径之一。

随着时代的发展,内蒙古各盟市又出现许多新的节庆活动,形成了节庆旅游发展的新局面,为马文化风采的展示提供了更广阔的舞台。如哲里木赛马节(818赛马节)、太仆寺旗皇家御马文化节、陈巴尔虎旗万马奔腾马文化节、内蒙古国际马术节、西乌珠穆沁旗白马文化节、驭马文化节等。

下面将对内蒙古的马主题节庆活动一一进行详细介绍。

(一)传统节庆

1. 那达慕

"那达慕"是蒙古语的译音,意为"娱乐、游戏"。那达慕大会一般在每年的7、8月间举行,是蒙古族人民为了庆祝畜牧业丰收而举行的群众性的集会活动,在蒙古族人民的生活中占有重要地位。

那达慕大会有久远的历史。据刻在石崖上的《成吉思汗石文》记载,那达慕起源于蒙古汗国建立初期,早在1206年,成吉思汗被推举为蒙古大汗时,他为了检阅自己的部队,维护和分配草场,定于每年7、8月间举行大聚会,届时,各个部落的首领聚集在一起,通过举办那达慕大会的形式祈庆丰收。那达慕大会起初只有射箭、赛马或摔跤中的某一项比赛。到元、明时期,射箭、赛马、摔跤比赛结合在一起,成为固定形式。后来,此三项运动被简称为"男子三艺",并成为那达慕大会的基础项目。

在元朝时,"男儿三艺"已经在蒙古草原地区广泛开展起来,并逐渐成为军事体育项目。元朝统治者规定,蒙古族的男子必须具备摔跤、骑马、射箭这三项基本技能。到了清代,那达慕大会逐步变成了由官方定期举办的有组织、有目的的游艺活动,以苏木(相当于乡)、旗、盟为单位,半年、一年或三年举行一次。此俗沿袭至今,每年蒙古族人民都举行那达慕大会。

今天的那达慕大会,无论是内容还是形式,都更为丰富多彩,并融入了现代元素。诸如在比赛方面,除了传统的摔跤、骑马、射箭项目之外,还增加了马术、步枪、射击、柔道、摩托车表演、蒙古象棋等内容。深秋时节,正是牧草繁盛、牛羊肥壮的丰收季节。牧民们需要出售牲畜和畜产品,购买生活用品和生产资料,于是,那达慕大会很自然地又增加了物资交流这项内容。当然,还少不了歌舞、娱乐等活动。

那达慕大会上的赛马项目包括:快马赛(比马奔跑的速度)、走马赛(比马步伐的稳健和轻快度)、颠马赛(马上竞技表演)。

除了夏季,冬季的内蒙古各地近些年也开始举办那达慕大会,一般会在12月底到1月份的时候举行。如呼伦贝尔市已经连续举办了十八届冰雪那达慕。冰雪那达慕的举办对内蒙古冬季旅游发展、打造冬季旅游节庆品牌都具有推动作用。

2. 马驹节

马驹节,又叫"珠拉格节",是草原牧人庆祝牧业丰收之节日,表达了草原人民对美好生活的向往与追求。多数地方于每年的5月15日左右举行。马驹节类似小型那达慕,一般举行一天。每到5月中旬,空旷苍凉的原野就会披上新装,一片碧绿,天空高远湛蓝,新生的马驹欢跳闹嚷,洁白的乳汁如泉喷涌,在牧野、在包房中流淌。更重要的是有了小马驹后,草原上就会有那神奇的液体食品——策格了。

鄂尔多斯的马驹节一般在夏季举行。在马驹节正式开始之前,首先要由一位德高望重的长者向天地祭酒。长者用一种纯银制成的被称为"楚楚和"的工具舀出纯白的奶汁(挤奶人必须是有儿有女、干净利落的育龄妇女),由正北方开始向四方泼洒,每个方向要泼洒九九八十一杯。马驹节的另一个高潮是赛马,有趣的是,参赛者都是儿童和小马驹。小马驹和小骑手都精神抖擞、英姿飒爽。随着一声号令,小骑手们驾着他们的小马如箭一般飞驰出去,尘土飞扬处,欢呼声同时响起。

3. 马奶节

牧养五畜和挤取乳汁并将其加工成各种奶食品,是蒙古族人民牧业生产和游牧生活的重要内容。奶食品是牧民的主要饮食来源,其中马奶营养最为丰富,用马奶制作的酸马奶有很好的保健作用,对胃、肠、心、肺疾病有一定的疗效,所以蒙古族牧民自古非常重视和喜欢饮用马奶。每年开始挤新奶时都要举行一定的仪式,并通过聚会的形式进行庆祝。

马奶节,以赞颂骏马和喝酸马奶为主要内容,主要流行于内蒙古锡林郭勒盟和鄂尔多斯市的部分牧区。通常在农历八月下旬举行,日期不固定,为期一天。为欢庆丰收、彼此祝福,除准备足够的酸马奶外,牧民还用手把肉款待宾客。马奶节还包括赛马,请民间歌手演唱祝词、向老蒙医献礼等活动及仪式。

4.打马印节(马印节)

打马印节是蒙古族的一个传统节日,一般在清明节或端午节前后举行。据说,蒙古族打马印源于12世纪。相传,成吉思汗为了适应战争的需要,在马身上打印记来代表各部。渐渐地,就演变成了草原上的一个盛会。

在节日这天,骑手们每套住一匹烈马,便由执印者在马的左胯骨的中心部位打一个印记。届时,人们在指定的草场燃起篝火,挑一名德高望重、骑技精湛、烙技娴熟、通晓马性的牧人执印。参加套马的骑手一字排列,然后有人向他们敬献哈达,表示祝福。这时,印横在火中烤红,人们高呼打印开始,众骑手个个横杆立马,把马群团团围住,顿时,人呼马嘶,场面异常壮观。

(二)现代节庆

1.哲里木赛马节(8.18赛马节)

1995年,哲里木盟(今通辽市)将每年的8月18日定为哲里木赛马节。2011年,国家旅游局将哲里木赛马节确定为内蒙古三大旅游节庆活动之一。1995年,在珠日河赛马会的基础上举办了第一届哲里木赛马节,至今已有二十二届,成为集传统体育竞技、民族传统文化展示、休闲旅游等于一体的综合性盛会。

最近一届赛马节设置了以科尔沁马为主要参与对象的1000米、1600米、2200米、3000米、5000米、8000米速度赛和2000米走马赛等比赛项目。除了赛马,还有套马表演、射箭、摔跤、掷布鲁等蒙古族竞技活动。此外,赛马节还设置了国际美食嘉年华、都市摇滚音乐节、篝火晚会、文艺演出等文化娱乐节目。节日不仅吸引了参赛选手,还吸引来赛马爱好者、观众以及游客近5万人。

哲里木赛马节的举办对于推动内蒙古东部地区文化旅游与民族体育融合发展,打造内蒙古少数民族特色国际旅游赛事品牌具有重要作用。

2. 太仆寺旗皇家御马文化节

皇家御马文化节是太仆寺旗的品牌节庆活动,是集马文化展示、赛马运动、旅游观光于一体的盛会。该节始于 2006 年,至 2014 年共举办了四届。

文化节曾举办或承办国家绕桶锦标赛、北京和内蒙古两地马术表演、国家绕桶冠军赛、都市牛仔与马背民族速度赛马、马队歌手表演、大型篝火晚会以及"最佳牧人皇后"评选等活动,气氛相当浓烈。

3. 陈巴尔虎旗万马奔腾旅游文化节(万马奔腾马文化节)

1945 年之前,陈巴尔虎旗的五户牧民均拥有万匹马群的记载,使陈巴尔虎旗有了"万马之乡"的称号,此项节日活动主要是向勤劳勇敢的陈巴尔虎牧民致敬。该文化节自 2011 年到 2018 年共举办了六届,现更名为万马奔腾旅游文化节,每年的 7 月中旬在莫尔格勒夏营地举行。

该文化节在陈巴尔虎旗委、旗政府的大力支持下,在兄弟旗县马业协会及其会员、牧民的鼎力相助下,以赛马、蒙古马选美大赛为亮点,设置祭祀牧马人敖包,搏克,射箭,蒙古象棋,展示苇莲蒙古包、蒙古族服饰和手工艺品、酸马奶制作过程等项目,还有篝火晚会和以"万马之乡"为主题的诗朗诵比赛等活动。游客在节日里可以观赏万马奔腾的宏大场面。

4. 内蒙古国际马术节

在内蒙古自治区党委、政府的大力支持下,借"一带一路"发展机遇,按照内蒙古自治区体育工作"33533"发展思路中着力实施"品牌创建工程"的要求,从 2014 年起,内蒙古自治区体育局通过品牌赛事+民族特色体育活动的模式,同时结合文化、旅游、经济等工作,着力打造了"内蒙古(国际)马术节",使其成为我国乃至世界的顶级马术盛会,并打造了带有民族特征的顶级竞技观赏类体育项目,形成体育产业真正带动新经济增长的局面。

内蒙古国际马术节是展示我国现代马业发展成就,宣传现代马术运动,推广传统马文化的国际化舞台和重要窗口。

5. 西乌珠穆沁旗白马文化节

在蒙古族的马文化中,白马的地位一直都非常高。对于蒙古族人来说,白色一直都象征着美好,因此很多重大的节日里,人们都会敬献白色的哈达,吃白色的食品,穿白色的衣服。因此,白马一直被蒙古族这个马背上的民族视为灵魂的象征。西乌珠穆沁旗白马文化节旨在将草原上血脉传承的白马作为最宝贵的财富,全方位展示给来自区内外的游客,向四方宾朋展示西乌珠穆沁草原文化,让游客感受这里独特的民俗和白马文化的魅力。

6.驭马文化节

驭马文化节规模大、水准高,是国内极具影响力的品牌赛马盛会。该节日举办文艺表演、小马骑乘、纯血马速度赛等活动。该节已在国内举办六届,其中,2013年首届赛事是在呼和浩特市举办的,2016—2018年均在鄂尔多斯市举办。

7.阿拉善左旗马文化节

阿拉善左旗为深入贯彻落实党的十九大及十九届一中、二中、三中全会精神,充分挖掘阿拉善深厚的马文化底蕴,打造了具有地方特色和优势的马文化品牌——阿拉善左旗马文化节。

各盟市都根据各自的马业资源和相应文化资源开展了文化性的马主题节庆活动,节庆旅游地也始终将游客需求置于突出位置,有针对性地开发项目,提高了游客的参与热情,以灵活多样的形式、趣味新颖的内容营造出热闹而欢乐的氛围,在游客与旅游地之间架起情感桥梁。

第二节 马旅游景区

马文化资源是内蒙古草原旅游资源中极具代表性的文化资源,是马旅游景区中的重要吸引物,来内蒙古拍马、骑马、感受草原马文化,是游客们的不二选择。马旅游景区是研究内蒙古马旅游发展现状的极为重要的一个方面。下面就对内蒙古重要的马旅游景区的发展现状逐一进行介绍。

1.中国马都核心区文化生态旅游景区(AAAA级旅游景区)

锡林浩特市中国马都核心区文化生态旅游景区位于锡林浩特市南二环

以南与新旧207国道之间,总占地面积15平方千米。依托当地深厚的马资源优势和优越的马产业发展条件,2013年起,景区围绕马文化展示、马体育竞技、马娱乐体验、马产品销售及草原休闲旅游度假等内容规划建设了室内外赛马场、多功能看台、马术俱乐部、马文化演艺厅、马术学校、马厩、马文化博物馆、马文化商业广场等配套服务设施。该景区是目前我国规模最大、标准最高、功能最完善的马文化旅游区,于2017年被评为国家AAAA级旅游景区。

景区于2013—2017年连续五年成功承办了中国马术大赛,2014—2016年连续三年举办了中国马都大赛马活动,并成功创造了"30秒飞马拾哈达"吉尼斯世界纪录。景区在2014年重磅推出大型马文化全景式演出——《千古马颂》,后又推出剧目《蒙古马》。

在深度挖掘马文化的同时,景区大力发展特色旅游商品,马头琴、马鞍、马镫等传统手工艺品和原汁原味的马奶深受游客喜爱。此外,景区还积极推进马种改良及孕马血、孕马尿等生物制品的开发。

2. 太仆寺旗骁骑马苑旅游区(AAAA级旅游景区)

太仆寺旗骁骑马苑旅游区(原太仆寺御马苑旅游区)位于内蒙古锡林郭勒盟太仆寺旗贡宝拉格苏木,距离北京320千米,是国家AAAA级旅游景区。

旅游景区始建于1996年。目前,旅游景区主要娱乐项目有名马展示、马术技巧表演、马队迎接、篝火晚会等。

2005年,经中国马业协会批准,"中国马业发展基地"落户太仆寺旗,主建设地址选在旅游景区。2006年、2007年,这里成功举办了两届中国草原皇家御马文化节暨全国马术绕桶冠军赛。在2013年举办的第二届全国马术大赛中,创造了"30秒跃马次数最多"和"30秒飞马拾哈达"两项吉尼斯世界纪录。2015年,该旅游区被列为中国耐力马繁育及训练基地(内蒙古)、北京马术运动协会耐力马训练中心和中国金盾网络电视台马术频道暨韩国KBS影视基地。

3.奥威蒙元马文化生态旅游区(AAAA 级旅游景区)

奥威蒙元马文化生态旅游区位于和林格尔县盛乐镇七杆旗村,占地 1542 亩,为国家 AAAA 级景区。

旅游区目前有来自不同国家的纯血马、温血马、半血马、蒙古马、汗血宝马及英国的设特兰矮马、新西兰的走马等不同品种的马匹。园区提供举办赛事、培育马种、马术表演、马术练习、生态旅游、农业采摘、休闲度假等达到国际化标准的专业化、高水准服务。

旅游区自 2014 年营业以来,已承办了国家级及自治区级的一些重大赛事及活动:2017 年 7 月 15 日,成功举办第一届奥威蒙元马文化嘉年华;2017 年 7 月 22 日,承办由国家体育总局马术中心主办的中国速度赛马大奖赛呼和浩特站的比赛,此站比赛赢得了全国各俱乐部及马主的一致好评,并得到了国家体育总局马术中心的高度认可;2017 年 8 月 31 日,与和林格尔县政府共同承办了由中国马业协会主办的 2017 中华民族大赛马和林格尔站的比赛,中国马业协会会长贾幼林出席比赛并讲话,给予此次赛事高度评价;2018 年,开展了"百万学生上马背"的大型公益活动;2018 年 7 月 7 日,承办了由国家体育总局马术协会主办的中国速度赛马经典赛呼和浩特站的比赛;2018 年 7 月 23 日,承办了内蒙古自治区第十四届运动会速度赛马比赛;2018 年 9 月 8 日至 10 月 5 日,主办了第十九届中国·呼和浩特昭君文化节蒙古马常规赛。

规划创建的奥威蒙元马文化运动休闲特色小镇是聚焦蒙元马文化、马产业,融合文化旅游、体育赛事、运动休闲、科研教育、社区等功能而打造的特色小镇。重点建设了马文化博物馆、马主题乐园、马大数据中心、马匹及马产品交易中心,进行了运动马种改良繁育、马饲料原材料种植、马饲草饲料加工、马食品加工、马具加工、马科研、马训练、马赛事、马教育、马旅游、马博览会、马衍生品、马文化创意产品等方面的研究与开发。

此外,内蒙古还有一些地区的企业也在积极开展旅游活动,如:

4.三河马场

三河马场位于呼伦贝尔市额尔古纳市西南部。

马场的原生态旅游景点大力山景区,位于根河桥以西 10 千米。在这里,游客可以体验最原生态的牧民生活,可以挤奶、放牧。2016 年 5 月,三河马场举办了首届三河马竞赛。此外,农场还建有三河马科技博物馆。

目前,农场从事旅游餐饮、住宿和家庭游接待等业务,旅游业总收入突破 2000 万元。下一步,农场将以"三河马的故乡"为主题,逐步构建旅游产业框架,借助马文化、民俗文化的品牌影响力,探索发展原生态商务、休闲产业集群。

5. 莱德马业

内蒙古莱德马业有限责任公司成立于 2006 年,总部及主体设施设在素有"马王之乡"美称的内蒙古兴安盟科尔沁右翼中旗、美丽的科尔沁大草原上,是我国著名的民营马业企业、我国最大的非农耕马繁育公司和马饲料提供商。

内蒙古草原旅游中,大多数旅游景区的马文化资源的应用处于初级开发阶段,以骑马体验和参观展示为主要旅游项目,也有一些草原旅游景区中的马文化资源利用呈现综合性,采取骑马、马上表演、赛马、马文化展览等多种方式展现马文化的魅力。

目前,内蒙古马旅游景区主要问题是:马旅游项目雷同、体验性不强,以骑马及参观赛马、马术表演等为主的马旅游项目已经不能满足旅游者的需求了,旅游者更加注重马旅游项目的深度参与性和体验感。

第三节　马产业博览会

马产业博览会是促进马产业、马旅游等相关领域发展以及提升马文化影响力的重要形式。近些年来,与马有关的博览会在全国异军突起。内蒙古各级政府与团体也逐渐加强了对博览会的重视程度,开始积极举办和筹备马产业博览会。

1. 中国国际马产业博览会(内蒙古)

中国国际马产业博览会(内蒙古)(简称马产业博览会)于 2014 年 5 月 30 日至 6 月 1 日在呼和浩特市内蒙古国际会展中心隆重举行。较 2013 中国国际马产业博览会(广州),本届博览会增加了内蒙古马产业发展高峰论坛、中国蒙古马选美大赛、AQHA 中国牛仔竞技(西部马术)公开赛等活动,新增活动在规模和级别上在我国同类活动中均属最大和最高。博览会以振兴我国马产业为主旨,以推动我国马匹良种繁育、带动马产业链全面提升为重点。

2. 内蒙古国际马文化博览会(筹备中)

内蒙古国际马文化博览会拟定于 2019 年 8 月 18 日至 28 日举行,主要包括:马主题论坛、开闭幕式演出、马文化征集展示活动、马赛事、马主题舞台文化表演与电影展映活动、大型马主题狂欢节、弘扬蒙古马精神惠民演出七大类活动。博览会主会场设在呼和浩特市,分会场设在锡林浩特市等具备条件的盟市和旗县。

该博览会将以"人类和马的故事"为主题,以"弘扬蒙古马精神,共圆伟大中国梦"为主线,以打造国际型、综合型和互动型博览会为宗旨,按照政府主导、市场化运作、社会参与的原则,充分体现国际性、规模性、唯一性、价值性和参与性,确保内蒙古国际马文化博览会办出特色,办成品牌,办成在国内外享有较高知名度和美誉度的集马科研、马产业、马文化、马体育、马旅游等为一体的盛会。

马,既是草原民族精神的化身,也是草原民族文化的摇篮。内蒙古发展现代马业,有最适合牧草生长和马匹生存繁衍的地缘优势、扎实的马产业发展基础、深厚的马文化底蕴和独特的区位优势。马产业博览会是国际马产业领军企业走进中国马都,展示风采,寻求战略合作及我国向世界马界全面展示马业快速发展与实力的机会。马产业博览会的成功举办必将带动我国马产业走向世界。

第四节　马术实景剧

2019 年 3 月 14 日，文化和旅游部印发了《关于促进旅游演艺发展的指导意见》(下称《意见》)，这是我国首个促进旅游演艺发展的文件。《意见》指出，我国旅游演艺处于快速发展期，从 2013 年到 2017 年，我国旅游演艺节目台数从 187 台增加到 268 台，增长了 43%；旅游演艺场次从 53336 场增加到 85753 场，增长了 61%；旅游演艺观众人次从 2789 万人次增加到 6821 万人次，增长了 145%；旅游演艺票房收入从 22.6 亿元增长到 51.5 亿元，增长了 128%。实景剧是旅游演艺形式的一种，它以真实建筑作为舞台场景，再现某特定地域的民俗风情，利用多种影视特技特效再现当地具有典型意义的经典故事情节，基本上以旅游景点为依托，适合常年固定演出，有室内剧和室外剧之分。马术实景剧综合运用蒙古族马术、马背杂技、舞马表演、歌、舞、乐等艺术元素，融合声、光、电等高科技手段，展现蒙古族历史文化及马文化。

文化是旅游的灵魂，二者的结合是提升地方旅游吸引力的主要途径。马术实景剧是旅游与文化艺术深度结合的表现，充分彰显了草原文化优势，展现了蒙古族特有的舞马表演、马术杂技等艺术，金戈铁马驰骋疆场的画面震撼人心，现场体验感极佳。

目前，已经演出的知名剧目有《千古马颂》《永远的成吉思汗》《一代天骄》《天骄传奇》《漠南传奇》《蒙古马》《永远的窝阔台》和《铁骑公主阿努》等。

中国马都核心区文化生态旅游景区在 2014 年重磅推出大型马文化全景式演出——《千古马颂》，填补了自治区马文化全景式演出的空白，为国内首创。全剧参演人员近 150 人，参演马匹 100 余匹。该剧目于 2014 年至 2018 年累计演出 248 场，吸引俄、蒙、美、德、韩、新加坡、印度等国家游客、观众近

28万人次。2017年,该剧目正式在呼和浩特演出。2018年3月22日,《千古马颂》获得了被称为"中国旅游奥斯卡"的中国旅游投资艾蒂亚奖之中国最佳旅游演艺项目金奖。

《千古马颂》分为"序:天降神驹""人马情缘""马背家园""马背传奇""尾声:自由天驹"五个完整的篇章,呈现了蒙古人在马背上出生、成长、相恋的情节,讲述了男儿驰骋疆场,战马与勇士生死相随,战后回到家乡,回归平静生活,放生马儿的故事。该剧以全新艺术形式展现了草原天地的辽阔壮美,蒙古族文化的博大雄浑,草原儿女懂马、爱马、护马、敬马的深厚情怀,令人在如何对待草原、回归自然、保护生灵等方面有所反思。

《千古马颂》不是单纯的马秀、马术、马戏,是以马背民族的历史文化资源为依托,通过文化+科技的手段,以震撼唯美的方式娓娓讲述民族大爱和旷世情怀的实景剧。提档升级后的《千古马颂》演出效果更加震撼,这也为今后文化演艺产品更新、品牌塑造和旅游产业发展提供助力。

2015年7月8日,《永远的成吉思汗》在内蒙古赛马场开幕并首演,在9000多平方米的实景空间内,将马术特技和历史情景相结合,讲述了一代天骄——成吉思汗成长的故事。

《一代天骄》实景剧由60余名演员骑乘蒙古马完成。演出分为六个篇章,再现了成吉思汗从出生、成长、抢亲到征战和成为蒙古部族首领的过程。

2017年4月,包头市希拉穆仁草原红格尔敖包景区推出的《漠南传奇》首次演出。《漠南传奇》共分为六幕,再现了成吉思汗时代,蒙古民族在草原上成长、壮大、驰骋疆场、建功立业的英雄画面。

2017年,在锡林郭勒盟二连浩特市中蒙国际马术演绎基地演出了大型马术实景剧《天骄传奇》。此剧由蒙古国和内蒙古自治区的表演艺术团队合作推出,用九个剧幕再现了成吉思汗的英雄故事。

2017年8月,《蒙古马》大型室内实景剧在锡林浩特市马文化演艺厅首次演出,是内蒙古自治区七十周年大庆献礼之作。该剧共有400名演职人员、120匹蒙古骏马参演,阵容强大。在2017年的首个演出季,该剧在40天内共演出38场,接待游客近4万人次。2018年6月15日晚,全新升级的

《蒙古马》迎来首场演出。《蒙古马》分十四个篇章,以"战争"和"爱情"为主线,生动地讲述了年轻的蒙古族战士兀良哈与爱马在战争中相伴相随、不离不弃的情感历程及男女主角的爱情故事。

2018 年,《永远的窝阔台》在辉腾锡勒草原核心区的国际马术小镇上演,该剧根据成吉思汗第三子窝阔台的故事编成。

2018 年 7 月,《铁骑公主阿努》在呼和浩特市玉泉百坊民俗村上演。该剧主要讲述蒙古族姑娘阿努公主一生的传奇故事。

马术实景剧当立足内蒙古,讲好中国故事,讲好内蒙古故事,讲好蒙古马故事,让游客深刻地感受这片草原厚重的文化遗产。内蒙古的马术实景剧应深入挖掘马文化,呈现更精湛的演艺水平,在文旅深度融合的基础上走出内蒙古特色旅游演艺之路。

第五节　马文化博物馆

随着大众对文化教育的越发重视和免费开放政策的普遍实施,博物馆已成为各地旅游路线中不可缺少的去处。作为文化和旅游产业相融合的产物,博物馆参观游览兼具艺术观赏、历史溯源、科学研究、教育推广等方面的价值与功能,逐渐成为公共文化服务和旅游发展的前沿阵地与有效载体。

目前,内蒙古的马文化博物馆主要有:

1. 太仆寺旗骁骑马苑马文化博物馆

该馆位于锡林郭勒盟太仆寺旗贡宝拉格苏木,建于 2006 年,隶属太仆寺旗骁骑马苑。"寻找御马古迹,体验绿色人生"是其建馆主题。博物馆分上、下两层,馆内陈列着近千件与马文化和蒙古族文化有关的历史文物及展品,其中大部分展品是从当地民间收集而来,还有部分来自其他博物馆。

博物馆一层主要展示的是马文化的起源和发展,其中包含文字展区、马镫展区、马鞍展区、综合展区等。文字展区主要展示的是御马苑马文化博物馆的建馆宗旨,世界、中国和蒙古高原马文化的起源和发展历史。马镫展区展示了多个时期的马镫实物,反映了马镫的诞生和演变史。马鞍展区展示着多个时期的各种材质、各种形态的马鞍真品,大概藏有镏金马鞍、镶银马鞍、珊瑚马鞍、象牙马鞍、景泰蓝马鞍、镶瓷马鞍、红木马鞍等。这些多为清代及民国时期的各种马鞍。综合展区展示有马的标本、勒勒车、蒙古狼标本、驯马设备、马类医书、马类瓷器、马类雕刻、马类书画、马类饰品等。

博物馆二层主要展示的是太仆寺旗御马苑、太仆寺衙门、察哈尔部落、蒙古民族的诞生和发展史。主要展品有蒙古民族头饰(金饰、银饰、珊瑚饰品、蜜蜡琥珀饰品等)、骑兵兵器、蒙古民族生产生活器物、蒙古包、养马驯马器物、旅游区沙盘等。

博物馆配有专业讲解员,以使广大游客能更深入地了解马文化的精髓。该馆的展品曾多次被拿到自治区和锡林郭勒盟展出,受到了广大马文化爱好者的好评。

2. 镶黄旗蒙古马文化博物馆

镶黄旗蒙古马文化博物馆坐落于镶黄旗新宝拉格镇,2008 年 8 月正式开放,隶属镶黄旗文化体育广电旅游局,挂靠镶黄旗文化馆。该馆是经自治区博物馆登记注册的全国首家蒙古马文化博物馆。博物馆建筑面积 1250 平方米,展厅面积 600 平方米,馆藏物品 400 余件,分两层展示。

该馆外顶呈马掌形,馆内展区分为图片文字区和实物区两部分。一层为蒙古马文化文字图片展示区,主要用浮雕壁画、灯箱图片、文字解说、影像资料等方式全面展现了蒙古马文化的内涵。其中,外墙浮雕壁画——《牧马人的四季》,用生动形象的画面展现了牧马人一年四季里与马的生活情景;灯箱图片展示了蒙古马的毛色、马的各部位名称、马的牙齿、马的步伐、马的印章等多种内容;内墙浮雕壁画中包括成吉思汗的两匹骏马、八骏图、万马奔腾和马头琴的传说等内容。二层为蒙古马文化出土文物及民俗实物展示区,陈列了蒙古族人与马息息相关的生活、生产器具,包括骑马器具、御马器具、马的羁绊、驯服的器具、比赛用马的器具、骑马着装、有关马的斗智游艺、生产及食用马奶产品的用具、马的医疗器械和文艺用品,如 1988 年在镶

黄旗出土的金马鞍(仿制),13世纪从今北京到蒙古国的驿站路线沙盘等。

3. 多伦县马具博物馆

多伦县马具博物馆位于锡林郭勒盟多伦县的旧县城,2009年正式开馆,由个人出资筹建,总建筑面积约400平方米,展厅近300平方米。

马具博物馆设在一个具有200多年历史的多伦民间古建筑内,馆藏物品主要为辽、金、元的马具,展现了从元、明、清、民国到现代700余年马具文化的沿革,折射出马背民族粗犷、豪放的文化气息。藏品分为全套马具、马镫系列、多伦马具制作三个专题,数量为3000余件。全套马具专题主要展示古游牧民族的审美艺术和精湛技艺,普通牧民到王公贵族以及男女马具装备的样式、工艺变化等;马镫系列专题主要展示辽、金、元以来马镫的起源、发展、演变过程和制造工艺。多伦马具制作专题主要展示多伦马具制作历史、工艺流程,以实物见证多伦历史上商业鼎盛时期"跑上海马"等商贸活动。

4. 呼和浩特市蒙古风情园马文化博物馆

该马文化博物馆隶属于蒙古风情园,位于呼和浩特市玉泉区昭君路3千米处。蒙古风情园是由鄂尔多斯市东方控股集团投资建设的特大型蒙古族文化旅游景区(AAA级旅游景区)。该馆于2006年建成,展览厅面积为400平方米,内有约300件文物,这些文物来源于世界各地。

展览厅分为序幕、蒙古马的起源、古代北方民族与马、蒙古马的辉煌时代、牧人与马和影视厅六个展区。

5. 额尔古纳市三河马科技博物馆

额尔古纳市三河马科技博物馆坐落于呼伦贝尔市"三河马的故乡"三河回族乡,由额尔古纳市三河马场兴建。该馆于2008年7月6日建成开馆,面积360平方米。

科技馆展示了三河马博览、世界马品种、三河马科技、世界马文化、三河马场史五部分内容,馆藏文物主要由实物、模型、图片、文字资料等组成。其中,三河马博览展厅综合展示三河马的文化和精神内涵;世界马品种展厅重点展示了马的物种起源和演变过程,集中展现了世界名马的风采和神韵;三河马科技展厅主要对三河马品种形成过程及三河马的科学繁育、外血引进等科技成果与三河马的发展规划进行了展示;世界马文化展厅展现了马文化的形成、世界各地马文化的发展等;三河马场史展厅展示了三河马场的过去和现在,并对未来进行了展望。

三河马科技博物馆的建成,让三河马这一优良马种的历史文化遗产得以保存。

此外,苏尼特左旗蒙古族民俗馆也是以马文化为主要展览内容的博物馆。

综上,可以发现内蒙古马旅游产业,从空间上看,覆盖全自治区,从东到西,从呼伦贝尔市到阿拉善盟,各盟市都有业已开发的旅游项目和产品;从时间上看,一年四季,有各种各样的旅游活动,以那达慕为例,除了传统的夏季那达慕,还兴起了冬季那达慕,使得游客可以体验不同季节的草原盛会。

目前,内蒙古的马旅游产业尚处在起步阶段,存在一些问题,比如体验产品缺乏、区域发展不均衡、主题形象不鲜明、市场营销力度不够等等。但从各个方面的表现来看,马旅游产业近些年发展十分迅速,前景广阔。

内蒙古有广阔的草原、悠久的马文化,具有发展马旅游产业得天独厚的资源优势。未来应大力发展马旅游产业,做强马旅游品牌,打造文化和旅游融合的典范,形成发展新优势,推动自治区旅游业进一步发展。

第四章

内蒙古可利用的马文化旅游资源

内蒙古自治区地处祖国北部边疆,内连八个省区,外接俄、蒙,草原和森林面积分别占全国的22%和7%,保留着大面积的原始生态区域,是北方面积最大、种类最全的生态功能区。马在这片土地上的身影十分活跃,博大精深的马文化正在被一步步解读。

文化指人类社会的精神现象,抑或泛指人类所创造的一切物质产品和非物质(或精神)产品的总和。文化是一个非常广泛的概念,其语意非常丰富。据法国人类学家摩尔统计,世界文献中关于"文化"的定义超过250种。

最早把"文化"作为专业术语使用的是英国人类学之父爱德华·伯内特·泰勒,他在1871年出版的《原始文化》一书中对文化作了如此界定:"所谓文化或文明,就其广义人类学意义上看,是由知识、信仰、艺术、伦理道德、法律、习俗以及作为社会成员所获得的任何其他能力与习惯所构成的复杂综合体。"这一概念界定影响最为深远。

泰勒认为,人具有生物性和文化性这两种属性。那么,发乎生物性的探索和发乎文化性的感悟,便构成旅游体验。任何自然旅游资源要转化为旅游产品,都必然引入人的活动,而人的活动就构成文化本身。通过旅游活动,更加广泛深入地感触物质和非物质文化资源,这才是旅游价值的真谛。也就是说,文化是旅游的内核,旅游是文化的承载体之一。

文化和旅游两者关系密切,不可分割。在实践中,文化与旅游两个产业的重合度越来越高,文化产业领域越来越常见的一个词就是"文旅",文化与旅游正成为同一个产业。

2018年3月13日,国务院机构改革方案提请十三届全国人大一次会议审议。根据该方案改革后,国家旅游局与文化部合并,组建文化和旅游部,不再保留原文化部、国家旅游局。国务委员王勇表示,调整旨在"增强和彰显文化自信,统筹文化事业、文化产业发展和旅游资源开发,提高国家文化软实力和中华文化影响力,推动文化事业、文化产业和旅游业融合发展"。从现阶段战略布局看,文化和旅游业是国家发展规划的重头戏。"十三五"期间,文化产业和旅游产业将成为我国支柱产业,"文化+旅游"产业在未来5~10年将达到15万亿规模,占国家经济总量的15%~18%。2018年12月

10 日，文化和旅游部部长雒树刚出席 2018 旅游集团发展论坛。他指出，文化和旅游部组建以来，明确了"宜融则融，能融尽融，以文促旅，以旅彰文"的工作思路，要注重围绕文化和旅游融合发展这一重要工作，以人民美好生活引导文化建设和旅游发展。旅游行业贯彻落实好以人民为中心的发展理念，就是要遵循游客至上、服务至诚的国家旅游业核心价值观，持续提高人民群众的文化和旅游获得感。文化遗产既要保护好，又要活起来，要用文化提升旅游项目和旅游产业的品质内涵，用旅游传播文明，用旅游彰显文化自信。

过去的旅游开发主要是经济层面的开发，但是从现代旅游的发展来看，包括特色小镇的建设、旅游演艺水平的提升、博物馆的创新发展以及旅游目的地的开发等，都需要将更有品位的文化元素融合进去。

文化遗产是文化与旅游融合的关键点，旅游业常利用的文化遗产包括历史文化遗产和非物质文化遗产，近年来出现的农牧业文化遗产也积极融入乡村旅游之中。在文旅融合的发展背景下，文化遗产已成为地方发展文化产业、旅游产业的重要文化资本，成为区域发展的竞争力和品牌优势。

第一节　历史文化遗产

历史文化遗产是旅游业中常用的文化遗产类型。内蒙古自治区出土文物中具有马文化元素的遗物，不仅数量可观，而且种类繁杂，马具、饰品、生产生活用具、乐器、绘画及蒙医、民俗文物皆可涵盖其中。本节主要以内蒙古自治区出土的古代器物为论述对象，以时间为主线，通览历代具有马文化元素的出土物，以期管窥马文化的全貌，从而达到促进马文化旅游发展之目的。

一、马类进化史及内蒙古地区发现的马类化石

马类动物的历史比较久远。最早的马类是始祖马,距今 5600 万年前出现在北美洲和欧洲。从始祖马进化到现在的真马,期间经历了山马、中马、副马、草原古马、上新马和恐马等多个阶段。在第四纪,我国北方地区主要是草原环境或干冷草原环境,因此马化石的分布主要在北方,南方地区较少,主要限于西南部的高原草甸地区。

我国地处亚洲大陆,有广大的农牧区,养马条件优越,马资源丰富,列入《中国马驴品种志》的就达 33 种之多,其中 3/4 的马分布在黄河以北的内蒙古、华北北部、兰州以西的新疆、青海以南的四川和云贵高原。

迄今所知,内蒙古地区发现最原始的马类化石为戈壁安琪马,是中亚考察团于 20 世纪 20 年代在锡林郭勒盟苏尼特左旗通古尔发现的。其后,在内蒙古的大部地区陆续发现了不同时代的马类化石。截至目前,我国发现的安琪马共包含两个属四个种:奥尔良安琪马、戈壁安琪马及齐氏中华马、粗壮中华马,其中内蒙古地区就有三种,分别发现于锡林郭勒盟通古尔、乌兰察布市化德县和四子王旗等地。内蒙古地区发现的多种马化石,表明内蒙古高原自古以来就生息和繁衍着大批的马类动物,这也为内蒙古高原成为我国游牧文化起源与发展中心提供了最基础的条件。

二、考古发掘中的马文化元素

1. 岩画中的马

岩画是远古人类描绘生活、自我表述的一种文化形式,是反映自远古以来物质生产与精神文化的一种形象化或符号化表现。内蒙古地区所发现的岩画,时代跨度从旧石器时代晚期到各个历史时期,反映出内蒙古高原的原始部族及匈奴、鲜卑、突厥、党项和蒙古等少数民族的生活史实。大量反映围猎、骑马、驭马、驯马等题材的岩画,反映了北方草原地区马文化的繁荣,是我们洞悉早期马文化、早期人类生活状态的重要参考资料。

北方系岩画群中，马的图像主要有以下三类：第一类，猎马图。马在被驯服之前，是先民的重要狩猎对象。在阴山岩画、贺兰山岩画都发现过猎取野马的图像。在阴山西段的狼山发现的一幅狩猎岩画，画了多种动物，两个人正拉弓搭箭瞄准中间的一匹野马，旁边还画着协助他们的人。岩画表现了当时人们准备捉野马的情景。第二类：牧马图。狩猎过程中，往往伴随着驯化。仰韶文化的半坡遗址与龙岗文化的历城城子崖、汤阴白营遗址最早出土了家马的骨骼，可见，古野马已被驯化、培育成了原始家马。马被驯化，牧马便成了马岩画表现的主题，主要有混合放牧图和群马放牧图。第三类，人骑图。经过长期的实践与观察，先民认识到了骑乘的重要，骑马图也随之成为岩画表现的主题。

北方系岩画群中造型独特的马形象，记录了诸多游牧民族认识马、猎取马、驯服马、利用马、喜爱马以及崇拜马的历史过程，也巧妙地反映了北方游牧民族的绘画意识、审美观念和思维方式。内蒙古自治区的阴山岩画群、贺兰山岩画群、乌兰察布岩画群、锡林郭勒岩画群以及赤峰岩画群，皆属北方系岩画，它们多用粗犷的线条表现马的轮廓，技法单纯而朴实。

2. 夏家店上层文化时期的马文化

从内蒙古地区考古发现来看，属夏家店上层文化的周家地墓地中就有在木棺顶上随葬马头骨和蹄骨的习俗；小黑石沟遗址墓葬中出土有相当数量的马具，青铜器上的动物纹饰也有许多马的形象，说明早在青铜时代，马就是人类生产生活的忠实伙伴，并作为财富的象征成为死后随葬品的重要组成部分。

小黑石沟遗址位于内蒙古赤峰市宁城县甸子镇小黑石沟村，是一处西周晚期至春秋战国时期属于夏家店上层文化的大遗址。遗址中发现的大型石椁墓中出土丰富的随葬品。编号 M8501 的墓葬中出土随葬器物 400 余件组，大部分为青铜器，包括车马器当卢、衔、轭、蟠首、套管等 70 余件。

辽中京博物馆藏有一套完整的春秋时期的青铜马面饰，就是出自小黑石沟遗址。这套马面饰由人面形当卢、马衔、马镳等组成。当卢是马额带上的饰物,起到防护和装饰作用,马衔和马镳是人类早期驯养烈马和控制马匹行驶方向的工具。可见,先民们在驾驭马的同时,对于马匹的装饰也十分关注。宁城县小城子镇出土的另一件马形金饰件,马呈蹲踞状,回首竖耳,有两个桥梁形穿钮,可系挂佩带,是春秋时期马形饰件的精品之作。

夏家店上层文化中,马的形象也出现在生活用具中。南山根墓葬出土了马钮马耳双连青铜罐,相同形制的两个罐体、器盖由两条横梁连接,盖顶及外腹各饰一立式马钮,草原风格浓郁。因日常生活中多进行畜牧狩猎活动,故青铜刀是生活在夏家店上层文化时期的居民不可或缺的工具,其纹饰就有卷曲成环的猛兽、伫立状群马及马头、牛头、两兽相向成环形等图形。

3.匈奴文物

匈奴是一个勇敢善战的骑马民族,凭借精湛的骑射技术而名传史册。匈奴最初活动于阴山西段、河套地区,强盛之时,势力东至辽河,西及葱岭,北抵贝加尔湖,南达长城地区,成为北方草原上不可忽视的力量。

鸣镝又称"响箭",最早出现于西汉时期的北方民族中。传说匈奴冒顿单于发明了鸣镝,史料中也有匈奴人使用鸣镝的记载。它依靠高速飞行过程中与空气的摩擦而发出声响,兼有攻击和报警的用途。内蒙古额尔古纳右旗拉布达林鲜卑墓曾出土一件骨质鸣镝,赤峰大营子辽代驸马墓也出土过不同形制的鸣镝30枚,可见,鸣镝在北方游牧民族使用十分广泛。

马既是匈奴人主要的交通工具,也是他们生产、生活中的好伙伴,匈奴人的狩猎、游牧、战争、娱乐等均离不开马。《史记》记载,匈奴"畜之所多则马、牛、羊,其奇畜则橐驼、驴、骡……"匈奴人以马随葬,体现对马的敬重,又通过创造各种有关马的艺术造型,表达对马的喜爱和崇拜之情。鄂尔多斯市准格尔旗西沟畔和玉隆太匈奴墓葬中,均发现过马镳。西沟畔2号墓出土的马镳为铁质,锈蚀严重,中部细,两端宽,上部有两个穿孔。玉隆太出土的骨马镳呈圆柱状,略弯曲,并雕成兽头状,中部靠兽头的部分有一长方形穿孔。杭锦旗桃红巴拉墓中发现了青铜马面饰,有三角形和圆形两种形制。匈奴时期,马具最大的进步则是出现低鞒马鞍,对北方草原游牧民族鞍马文化的兴盛和古代骑兵的发展具有重大贡献。

4.鲜卑文物

在鲜卑神话中,"有神兽,其形似马,其声类牛,先行导引",带领鲜卑人走出了茫茫大兴安岭,这种神兽被认为是鹿,并成为鲜卑人精神世界的图腾。在内蒙古鲜卑墓葬中,多有飞马或马形饰件出土,应为引领拓跋鲜卑南迁的神兽。内蒙古博物院藏鎏金飞马纹铜牌饰,四蹄腾空的双翼飞马呈奔跑状,鲜卑墓中常见此类带扣,且多成对使用。通辽市科尔沁左翼中旗六家子鲜卑墓出土的卧马形带链金挂饰,纯金铸造,马呈卧伏状,四肢屈曲,马首及地,耳后和臀部各有一环,内穿金链,十分精美。

另一类子母马形金饰牌在鲜卑文物中也较为常见。整体造型为大马驮小马状,大马呈跪卧状,尾与腿连成底边与后边框,头部饰一圆形冠饰件,马背上驮一站立的小马。这种造型的牌饰是檀石槐鲜卑大联盟时期的特色器物,在内蒙古地区的鲜卑墓中多有发现,通辽市博物馆、赤峰市博物馆均有此类藏品。

5.魏晋南北朝时期的马文化

汉晋十六国时期,马具最大的变革是出现了金属马镫和高鞒马鞍,它们是继马衔、马镳之后又一重大发明。马镫和高鞒马鞍可以维持骑者在马上的纵向和横向平衡,保持身体在马上的稳定性,这不仅有利于马上骑射技能的发挥,也促进了马上武器和马甲的改进和使用,对马背上的游牧民族而言意义重大,极大增强了骑兵的战斗能力。

马镫,是挂在马鞍两侧的脚踏,供骑马人在上马和骑乘时踏脚的马具。马镫发明于我国北方草原地区,考古发现表明,约在公元3世纪中叶到4世纪初的十六国时期,就已出现马镫。我国最早的有明确纪年的马镫出土于辽宁省北票市冯素弗墓,时间为北燕太平七年(415年)。呼和浩特市大学路北魏晚期墓葬中,出土了彩绘牵马灰陶俑,在陶马的马鞍下方有用线条刻画的马镫的形象,说明至少在北魏时期,内蒙古地区就已出现马镫。

马镫出现后,骑兵的双脚有了强劲的支撑点,解放了双手,骑兵可在马背上且骑且攻,最大限度地发挥了骑兵的优势,从而使骑兵与战马成一个整体。可以说,马镫的发明促进了骑兵时代的到来。美国人罗伯特·K·G·

坦普尔说,"如果没有从中国引进马镫,使骑手能安然地坐在马上,中世纪的骑士就不能身披闪闪盔甲,救出处于绝境中的少女,欧洲就不会有骑士时代"。

马鞍的发展大致经历了裸背——鞍垫——低鞍鞒——高鞍鞒四个阶段。春秋《左传》载:"成公二年(公元前589年),齐顷公与晋郤克战于鞍","鞍"字古无他意,以地形为马鞍形而得名,并以此判断春秋时期可能有马鞍的雏形。战国末期是马鞍从无到使用的过渡时期;秦和西汉早期,骑兵俑无前后鞍鞒,利用肚带和马尾尻部的鞧带来固定,缺少胸带,鞍的位置偏后;西汉末年,鞍鞒马鞍出现;晋代,高鞍鞒马鞍普遍流行,出现网状的后鞧带,利于鞍具的固定;北魏晚期,鞍鞒略有变化,前鞍鞒高且直立,后鞍鞒矮而后倾。

6. 隋唐时期文物

隋朝覆灭,改变了骑兵的战术发展。李唐时期,骑兵多效仿突厥,轻骑兵取代重甲骑兵,继而掀开了新的历史篇章。呼和浩特市博物馆藏唐代鎏金铜马镫,脚踏呈环形,上窄下宽,环梁截面呈圆柱形,踏板椭圆形,边缘下折,高鼻穿"圭"形,左、右两边缘凸起,下方有长方形穿带孔,椭圆短柱与镫环固定连接,是唐代突厥族使用马镫的实证。

7. 辽代鞍马与绘画

辽是契丹民族建立的北方游牧民族政权,与中原的五代和北宋并立,形成我国历史上第二次南北对峙局面。内蒙古地区发现了大量的辽代墓葬,在契丹贵族墓葬随葬品中,有大宗马具。契丹的马具在东胡、匈奴、鲜卑、突厥等游牧民族的基础上有一定的继承性发展,并受到唐宋的影响,工艺更加精湛,开始向精美和繁复方向创新发展,契丹鞍与定瓷、蜀锦、端砚并称"天下第一"。赤峰松山区大营子驸马墓中,出土有八套完整的马具,足见契丹人爱马、饰马,以马为贵的习俗。通辽市奈曼旗青龙山镇陈国公主与驸马合葬墓出土了形制精美的马具,包括银镶玉马络头、马衔、马镳、马缰、蹀躞带、鞧带、胸带、银鎏金马鞍、彩绘银障泥、铜鎏金马镫等,不仅工艺复杂、形制精美,钉缀的马形、狻猊形、节约形饰件使用质地优良的和田玉,而且大量使用龙、凤纹,足见墓主人身份之显贵。契丹高度发展的鞍马文化,充分体现出强盛的骑兵武力。

契丹虽为北方游牧民族,但在隋唐时期,即有许多契丹人去长安等地学习先进的汉文化。隋朝人杨契丹,是闻名于京师的契丹画家;五代时期的胡瓌、胡虔父子皆为契丹人,以画马著名,由这些契丹画家组创的"草原画派",在我国绘画史上占有重要的地位。史书中称,胡瓌"工画番马,铺叙巧密,近类烦冗,而用笔清劲。至于穹庐什器,射猎部属,纤悉形容备尽。凡画驼驼及马等,必以狼毫制笔疏染,取其生意,亦善体物者也";胡虔"学父瓌画番马得誉。世以谓虔丹青之学有父风",二人在我国画坛史均有重要影响,并有名作流传于世。

辽代墓葬中多绘制壁画,具有浓郁的地域和民族特色。这些壁画在吸收中原绘画传统的基础上,又注重坚守自身游牧民族的特色,反映了契丹民族"兼容并包"的胸襟。早期墓葬壁画内容多以契丹游牧生活场景和住地自然风光为主题,如二八地辽墓 M1 的《契丹住地生活小景》《契丹人引马出猎图》,娄子店辽墓 M1 的《契丹游牧生活图》,叶茂台辽墓 M7 的《骑猎图》等。中晚期辽墓中大量出现反映契丹游牧生活之"出行""归来"题材的壁画,是辽代贵族"出则为马、入则以驼"生活的真实写照。如关山 M3 的《南壁出行图》和关山 M8 的《南壁出行图》都绘有两匹鞍马并排而立、首尾交错的画面,马的姿势和站位完全相同。高轮大车停置、双驼跪卧等画面,也反复在不同的辽墓出行或归来图中出现,说明可能有类似于"粉本"的画稿在画工中流行。辽墓壁画经过百余年的发展日趋成熟,也暗示着画家创作灵感的日益枯竭。

8. 元代黄金马鞍

蒙古族是马背民族,爱马、饰马的传统一直传承至今。蒙元时期,喜爱黄金的蒙古贵族用黄金制成马具饰件,以恩格尔河墓葬中出土的一套龙凤纹镂雕金马鞍最为珍贵。这套马鞍乌金饰由 8 件物件组成,分别为前鞍鞒饰 1 件、前鞍翅饰 2 件,后鞍鞒中心饰 1 件,后鞍鞒边饰 1 件,后鞍翅饰 2 件,鞍边饰 1 件。其中前鞍鞒饰通体采用镂雕工艺,正中为一件四曲菱形内框,内

饰莲花图案,边缘为联珠纹,内原嵌六颗宝石,惜已佚失;内框两则为升腾的双龙,口吞祥云,神态张扬逼真。整套马鞍用料考究、工艺精湛,对于研究金元时期蒙古贵族的鞍马文化具有重要价值。内蒙古博物院院藏的镶黄旗乌兰沟墓出土的另外一件元代卧鹿纹金马鞍饰,也同样十分精美。

9. 乘马牌:清代盟旗制度的见证

清朝在内蒙古地区建立了许多盟和旗,每旗归札萨克等官员管辖,数旗合为一盟,设盟长和副盟长,乘马牌是清代盟旗制度的产物。乌兰察布市博物馆收藏的“乌兰察布盟(今乌兰察布市)盟长贝子乘马牌”是乌兰察布盟盟长和四子王旗王府卫队在驿站调换坐骑、安排食宿的凭证牌符,做工较为考究,錾刻有四爪正蟒及如意宝形图案。

内蒙古地区拥有十分丰富的文物资源,可移动文物数量达 112.5 万件,包括珍贵文物 16054 件(套),文物总量排名位居全国第六位。

第二节　农牧业文化遗产

受可持续发展理念和绿色生态农业理念的直接影响,近年来,农业文化遗产受到了越来越多的关注。2002 年,联合国粮农组织发起了全球重要农业文化遗产保护项目,旨在“建立全球重要农业文化遗产及其有关的景观、生物多样性、知识和文化保护体系,并在世界范围内得到认可与保护”。截至 2018 年 4 月,全球共有 15 个国家 50 个重要农业文化系统被选入全球重要农业文化遗产名录。联合国粮农组织通过对全球范围内的重要农业文化遗产项目进行评选,极大地促进了相关国家对农业文化遗产的研究,这主要集中在对农业文化遗产的价值分析、保护与利用的方法上,尤其是对各试点的农业文化遗产的保护上。

我国自古以来就是一个农牧业大国,农耕文化和游牧文化底蕴深厚。在全球重要农业文化遗产保护蓬勃发展的背景下,我国的重要农业文化遗产保护工作也受到了社会各界的关注。农业部于 2012 年正式启动我国重要农业文化遗产的发掘与保护工作,这也使我国成为世界上首个开展国家级农业文化遗产评选与保护工作的国家。发掘工作开展至今,已有 4 批共计91 项重要农业文化遗产入选,其中有 15 项农业文化遗产已被评选为全球重要农业文化遗产项目,我国也因此成为国际上入选此项目最多的国家。因此,重要农业文化遗产的保护与利用在我国有着广阔的前景,其保护与发展工作的开展任重而道远。

农业文化遗产不仅包括一般意义上的农业文化和知识技术,还包括那些历史悠久、结构合理的传统农业景观和系统。我国重要农业文化遗产是各族劳动人民长久以来通过生产、生活实践积累的结晶,体现着中华民族的勤劳勇敢以及生命力、创造力。对我国重要农业文化遗产的发掘,既填补了我国遗产保护在农牧业领域的长期空白,同时也促进了我国农牧业传统历史文化的传承和农牧业景观资源的保护。重要农业文化遗产的保护与发展工作对促进农牧业可持续发展和农牧民就业增收具有重要意义。

我国重要农业文化遗产保护与发展工作的持续开展,践行了党的十九大报告中提出的“绿水青山就是金山银山”的理念,响应了党和国家的乡村振兴战略,符合美丽中国、美丽乡村建设的要求,是“质量兴农、绿色兴农、品牌强农”的有效举措。同时,农业文化遗产的保护与发展也能让全国各地的农村牧区因地制宜谋发展,助力中国农民丰收节、文化与旅游融合及产业扶贫、旅游扶贫等具体工作的开展。

我国重要农业文化遗产认定有五个核心标准:一是当地居民的生计保障。二是具有生物多样性和生态系统服务功能。三是传承传统的农牧业技术。四是形成了根植于这项农牧业的文化事项。五是独特的景观和水土资源利用方式。只有符合这五个条件才能列为重要农业文化遗产。

我国的农业文化遗产具有地域多样性、民族多元性、历史传承性、乡土民间性的特点。农业文化是带有很强的生态环境差异性的地域文化。我国重要农业文化遗产以活态性、动态性、复合性等为主要特征,融经济发展、生态保护、文化传承等功能为一体,在增强遗产地产业发展后劲、带动遗产地农牧民就业增收、促进农牧业可持续发展及传承农耕文明、游牧文明和弘扬农耕文化、游牧文化方面发挥了积极作用。因此,成功入选我国重要农业文化遗产,将具有以下重要意义:首先,有助于将当地农业或牧业生态与文化优势转变为经济发展优势,促进相关产业的发展。其次,有助于相关农牧业产品品牌创建和多功能农牧业的拓展,可以明显提高经济发展水平。第三,有助于生态文化型农牧产品的生产基地和休闲农牧业与乡村旅游开展目的地建设。第四,有助于农牧业文化的系统性和生产性保护。第五,有助于催生田园综合体、美丽乡村、特色小镇等后续政策、资金扶植。实践证明,我国重要农业文化遗产的认定对当地农牧业生物多样性和传统农牧业文化的保护与传承、农牧业与农村牧区可持续发展以及精准扶贫、农牧民增收等都起到了较大的促进作用,并具有突出的生态、经济、社会、文化、科研、示范等价值,并已成为乡村振兴的一大引擎。

2018 年 3 月,内蒙古自治区党委、政府正式印发《关于实施乡村振兴战略的意见》,5 月,内蒙古自治区农牧业厅印发《大力实施乡村振兴战略 加快推进农牧业高质量发展 10 大三年行动计划》。内蒙古自治区从草原生态保护与建设、农牧业品牌提升、农畜产品质量安全、农牧业科技支撑等方面着手,要求各盟市聚焦聚力,确保各项工作抓实、抓细、抓出成效。目前,内蒙古自治区入选我国重要农业文化遗产名录的项目有三项,分别为敖汉旱作农业系统、阿鲁科尔沁草原游牧系统、伊金霍洛旗农牧生产系统。其中,敖汉旱作农业系统成功入选全球重要农业文化遗产,阿鲁科尔沁草原游牧系统、伊金霍洛旗农牧生产系统都与马旅游产业直接相关。

蒙古高原生长有羊草、羊茅、冰草等多种禾本科和豆科优良牧草,牧民驯化了牛、马、山羊、绵羊、骆驼为主的家畜。在内蒙古的农牧业文化遗产中,马文化是一个重要的文化元素。比如,在东乌珠穆沁旗游牧生产系统中,马是其游牧生产中的草原五畜之一,既是牧业生产中的交通工具,也在游牧生活中承担骑乘、赛马、套马的娱乐功能,还为牧民提供马奶、马鬃、马肉等必要的生活所需。在伊金霍洛旗农牧生产系统中,蒙古王公及朝拜者精选品质优良的蒙古马、蒙古牛、蒙古羊及炒米等农牧产品进献成吉思汗八

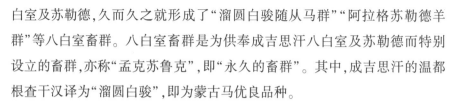

白室及苏勒德,久而久之就形成了"溜圆白骏随从马群""阿拉格苏勒德羊群"等八白室畜群。八白室畜群是为供奉成吉思汗八白室及苏勒德而特别设立的畜群,亦称"孟克苏鲁克",即"永久的畜群"。其中,成吉思汗的温都根查干汉译为"溜圆白骏",即为蒙古马优良品种。

内蒙古有着乌珠穆沁白马、乌审马、百岔铁蹄马和阿巴嘎黑马等蒙古马优良品种和优良的马群,它们自古以来就生活在内蒙古各个区域辽阔的草原生态环境中,从而形成了内蒙古农牧业文化遗产中的马文化。综上所述,内蒙古农牧业文化遗产中的马文化内容丰富多样,且大多数都可以通过旅游层面的策划和包装而成为具有体验价值的旅游产品,对于丰富和完善内蒙古的休闲农牧业、生态旅游业和马旅游产业具有重要意义。

农业文化遗产旅游的核心是"遗产",是旅游者前往农业文化遗产地进行体验、学习和了解农业文化遗产的旅游活动。从原始游牧先民的马崇拜、以马为核心的人类文明创造、马民俗的形成与嬗变、马造型艺术的起源与发展、蒙古族文学中的马形象、马的古代文娱活动六个方面,我们可以看出,内蒙古农牧业文化遗产中的马文化植根于内蒙古各个区域,具有广泛的社会基础和群众基础,可在马旅游体验产品、马旅游演艺产品、马旅游展示项目、马旅游节庆活动和马旅游文创产品等马旅游产品体系开发中成为核心要素和独特亮点,对于内蒙古现有的马旅游项目的丰富和完善也具有较大的参考价值。

第三节　非物质文化遗产

我国非物质文化遗产是指我国各族人民世代相传并视为其文化遗产组成部分的各种传统文化表现形式,以及与传统文化表现形式相关的实物和场所,包括传统口头文学以及作为其载体的语言,传统美术、书法、音乐、舞蹈、戏剧、曲艺和杂技,传统技艺、医药和历法,传统礼仪、节庆等民俗,传统

体育和游艺,其他非物质文化遗产等。

2013 年 12 月 30 日,习近平总书记提出,要系统梳理传统文化资源,让收藏在禁宫里的文物、陈列在广阔大地上的遗产、书写在古籍里的文字都活起来。2015 年 11 月 19 日,文化部提出非物质文化遗产保护要注重三个理念:一是非物质文化遗产走进现代生活的理念,二是提高中保护的理念,三是见人、见物、见生活的理念。在这些重要理念的推动下,越来越多的非物质文化遗产作为重要旅游资源获得关注,随着文旅融合的不断深入,它们日渐变成可参观、可体验、可购买的新型旅游产品,不仅让非物质文化遗产大放异彩,也赋予旅游更蓬勃的生命力。

对于"马文化"这一概念,大多数民俗研究者认为有两个含义:一是指动物民俗中的一类,即本义;二是指尊马人和骑马人的民俗,即引申义。引申义主要涉及与马相关的人类社会行为,就是人们在生产生活实践中所创造的与马有关的物质和精神财富,其在不同的区域、民族中表现出不同的文化形式。在漫长的游牧历史长河中,蒙古族先民继承和发展了北方游牧民族的驯马、养马传统,久而久之创造了富有民族特色的历史文化产物——蒙古族马文化。蒙古族马文化主要以物质文化和非物质文化遗产形式渗透在蒙古族文化当中。本文主要围绕蒙古马文化在非物质文化遗产方面的表现进行论述。

截至 2019 年年初,内蒙古自治区共计公布了 6 批自治区级非物质文化遗产代表性项目名录和 6 批自治区级代表性传承人名录。代表性项目名录中,与马文化直接相关的项目有 5 类 24 项;代表性传承人共计 29 名。

表 4.1　与马文化相关的自治区级非物质文化遗产代表性项目名单

序号	编号	项目名称	类别	批次	申报地区或单位
1	NM II -20	蒙古族马头琴音乐	传统音乐	第一批	内蒙古自治区艺术研究所
2	NM VI -6	蒙古马耐力赛	传统体育、游艺与杂技	第一批	新巴尔虎左旗
3	NM VIII -5	蒙古族马具制作技艺	传统技艺	第一批	科尔沁左翼后旗

续表

序号	编号	项目名称	类别	批次	申报地区或单位
4	NMⅥ-20	走马驯养技艺	传统体育、游艺与杂技	第二批	乌审旗
5	NMⅥ-21	乘马射箭	传统体育、游艺与杂技	第二批	阿拉善左旗
6	NMⅧ-28	乌珠穆沁马鞍具制作技艺	传统技艺	第二批	东乌珠穆沁旗
7	NMⅧ-30	多伦马鞍具制作技艺	传统技艺	第二批	多伦县
8	NMⅧ-41	克什克腾蒙古族马鞍具制作技艺	传统技艺	第二批	克什克腾旗
9	NMⅨ-14	酸马奶疗法	传统医药	第二批	锡林郭勒盟
10	NMⅩ-71	马印文化	民俗	第二批	苏尼特左旗满都拉图镇
11	NMⅩ-72	达尔罕兴畜节	民俗	第二批	克什克腾旗
12	NMⅥ-23	蒙古族射箭——乌珠穆沁射箭	传统体育、游艺与杂技	第三批	西乌珠穆沁旗
13	NMⅩ-81	科尔沁赛马习俗	民俗	第三批	科尔沁右翼中旗
14	NMⅧ-5	鄂尔多斯马具制作技艺	传统技艺	扩展项目	鄂托克前旗
15	NMⅧ-57	蒙古族策格(酸马奶)制作技艺	传统技艺	第四批	阿巴嘎牧民民俗协会
16	NMⅩ-93	达拉拉嘎(五畜纳祥)	民俗	第四批	苏尼特左旗文化馆
17	NMⅧ-5	察哈尔马鞍制作技艺	传统技艺	第四批	正蓝旗民俗协会
18	NMⅩ-105	蒙古马驯养习俗	民俗	第五批	科尔沁右翼中旗文化馆
19	NMⅩ-105	巴林走马驯养	民俗	第五批	巴林右旗文化馆
20	NMⅩ-114	珠拉格乃日(马奶节)	民俗	第六批	杭锦旗马业协会
21	NMⅧ-5	察哈尔马鞍制作技艺	传统技艺	扩展项目	镶黄旗民俗文化协会
22	NMⅧ-5	套马杆制作技艺	传统技艺	扩展项目	锡林郭勒盟乌拉盖管理区文化馆
23	NMⅧ-57	蒙古族策格(酸马奶)制作技艺	传统技艺	扩展项目	锡林浩特市文化馆
24	NMⅩ-71	马印文化(乌拉特打马印习俗)	民俗	扩展项目	乌拉特中旗文化馆

以上数据依据内蒙古自治区人民政府公布文件统计。

按区域分布来看,项目的情况为:锡林郭勒盟 11 项,赤峰市和鄂尔多斯市各 3 项,兴安盟 2 项,阿拉善盟、巴彦淖尔市、通辽市、呼伦贝尔市和区直单位各 1 项,呼和浩特市、乌兰察布市、包头市和乌海市没有。项目基本涉及了当前从事牧业生产的地区。从非物质文化遗产十大类别的分布上看,项目的情况为:传统技艺类项目 10 项,民俗类 8 项,传统体育、游艺与杂技类 4 项,传统音乐和传统医药类各 1 项。此外,在内蒙古的非物质文化遗产中,不直接以"马"命名的非物质文化遗产项目也有很多涉及马文化,比如蒙古族长调民歌、蒙古族呼麦、鄂尔多斯婚礼、巴尔虎婚礼、察哈尔婚礼、乌拉特婚礼、那达慕、成吉思汗祭典等。

近年来,"非遗+旅游"的探索模式具体包括"非遗+研学""非遗+民宿""非遗+文创""非遗+演艺""非遗+节庆"五种典型模式。除此之外,还有正在显效的"非遗+扶贫""非遗+特色小镇""非遗+景点""非遗+会展""非遗+博物馆""非遗+特色街区""非遗+养生"等多种模式。

关于文化遗产与旅游的融合,邹统钎综合借鉴国外经验,指出文化遗产和旅游融合有四种模式:开发型融合、体验型融合、活化型融合、保护型融合。其中,前两种指的是非物质文化遗产与旅游的融合模式,后两种指的是物质文化遗产与旅游的融合模式。这些融合模式并非绝对独立,存在着交叉的现象。

下面就结合内蒙古马文化遗产的现状,探讨马文化遗产与旅游融合的模式。

(一)开发型融合

这种融合模式主要是通过开发特色小镇、建设博物馆等场所,向游客展示非物质文化遗产。

2018 年的文化和自然遗产日,莫尼山非遗小镇在呼和浩特市正式揭牌,这是内蒙古的首家非遗小镇,位于呼和浩特市北 104 省道东侧 7.8 千米处的段家窑村,地处呼武公路中段。小镇对内蒙古的非物质文化遗产项目进行了集中展现,形成以诸多匠人汇集的非遗创作区、非遗展示区及非遗体验区和非遗研习传习基地。尽管莫尼山非遗小镇的展示和体验活动不以马文化为主题内容,但也为马文化特色非遗小镇的开发建设提供了经验。

非遗小镇的建设应以传统技艺为核心,吸引传承人和企业入驻,搭建创意产业平台。马文化在这方面大有文章可做,马奶食品、马具制作工艺等都可以很好地融入其中,游客可观看、可体验、可购买,从而对马文化有充分的感知和体验,既利于马文化遗产的宣传和传承,也推动了旅游业的发展,两者相得益彰。

(二)体验型融合

这种融合模式主要通过开发如节庆活动、演艺和体验类旅游活动,采用市场手段让游客参与其中体验非物质文化遗产,主要是对民间舞蹈、民间音乐和民俗活动等进行开发,形成综合性的旅游体验类活动。这种类型的融合,游客参与性极强。巴西狂欢节是很成功的例子。2018 年巴西狂欢节吸引 600 万人参加,其中游客达 150 万,同比增长近 40%。

目前,内蒙古的马术实景剧、马文化民俗节庆活动就属于此种类型的融合。

马术实景剧是旅游演艺的一种类型。旅游演艺是依托于各地旅游区的文化资源,通过歌舞、音乐、戏剧和曲艺等演出形式创造性地表现特定区域内风土人情、山川地貌以及民族特色的主题性商业演艺活动。旅游演艺是文旅融合新业态迅速发展的典型。蒙古族精湛的马术、蒙古马的精神内涵应在表演中得到充分的展现。另外,体验型的文旅融合产品,应该就游客对马文化的感知和体验进行充分研究,这样才能在旅游演艺提升方面做到有的放矢。

在马文化遗产与旅游的融合过程中,要坚持保护第一、宜融则融的原则。首先要做到始终把文化遗产保护放在第一位,所谓"皮之不存,毛将焉附?"马文化遗产的保护工作做好,才可以促进旅游业的可持续发展,这对内蒙古生态文明建设,对于把内蒙古建成我国北方重要生态安全屏障具有重要意义。其次要把握宜融则融的原则。文化和旅游的内涵和外延都十分丰富,并不是所有的文化遗产都适宜和旅游融合,经过历史涤荡而沉淀下来的

文化遗产是宝贵的、无法复制的,不可滥用。此外,在融合过程中,要充分、切实地关注当地社区居民的利益,加强社区参与力度,助推乡村振兴。

文旅融合并非简单相加,而是深度相融,从而实现以文促旅,以旅彰文。内蒙古的马文化遗产是一座丰富的宝库,加强文旅融合,让文化和旅游相互支撑、相互促进、优势互补,才能实现两大产业转型升级、提质增效,开创优秀文化产品和优质旅游产品持续涌现的新局面。在全域旅游视角下,在文旅融合基础上,内蒙古讲好马的故事,做强马文化品牌,定会谱写出绿色、绚丽的诗和远方的动人华章。

第五章

全域旅游视域下的内蒙古马旅游

　　"全域旅游"的概念自提出以来,得到了社会各界的广泛关注。一夜之间,似乎所有旅游项目、旅游工作者、旅游目的地都在向全域旅游靠拢。经过几年的发展与培育,我们发现,全域旅游在理解上千差万别,在实操中也参差不齐,因此,重新认知全域旅游就显得尤为必要。从概念上看,全域旅游是指在一定区域内,以旅游业为优势产业,通过对区域内经济社会资源,尤其是旅游资源、相关产业、生态环境、公共服务、体制机制、政策法规、文明素质等进行全方位、系统化的优化提升,实现区域资源有机整合、产业融合发展、社会共建共享,以旅游业带动和促进经济社会协调发展的一种新的区域协调发展理念和模式。

　　由此可见,各地在推进全域旅游工作时,需要充分利用当地全部的旅游吸引物要素,引导社会各界积极融入其中,政府各部门通力配合,全民踊跃参与,力求将全时空、全过程的体验产品提供给前来休闲消费的旅游者,并通过以上举措营造浓郁的旅游氛围,从而满足游客的全方位旅游需求。全域旅游要求将更多的元素通过整合利用和品质提升变成"旅游吸引物",而不是完全新建各类旅游场馆;全域旅游要求将"全城居民"通过引导、培训和自省变成"旅游服务者",而不是完全依赖招募全职旅游服务人员;全域旅游要求将"全城环境"通过整治和美化变成舒适迷人的"旅游大环境",而不是一味建设新的景区而让景区内外产生天壤之别。"全域旅游"更多关注旅游者体验质量的提升,而不再只是将眼光停留在当地旅游人次的增长上,在此前提下,才能达到"引得进、留得住、玩得好、花得多"的目的,实现旅游者与目的地的双赢。从另一个角度来看,人生就是一场旅行,旅游作为人生的精彩片段,它与日常生活共同构成了人生的主体部分,丰富多彩的日常生活和旅游体验共同让人生这场旅行变得更加精彩。因此,旅游即生活,生活即旅游,生活常居地与旅游体验地只不过是停留时间长短不同而已,并没有本质的区别。在旅游体验过程中,不同地域的风景,不同人群的习俗,不同心境的感悟,在或长或短的旅程中成为自己人生的一部分,从这个意义上说,旅游体验地也是短暂旅居生活的家园,需要人情味、温馨感、幸福感和归宿感,这与全域旅游的要义不谋而合。

表 5.1　推进全域旅游的"九大转变"目标

推进全域旅游要瞄准"九大转变"目标
一是实现从单一景点景区建设管理到综合目的地统筹发展转变；
二是从门票经济向产业经济转变；
三是从导游必须由旅行社委派的封闭式管理体制向导游自由有序流动的开放式管理体制转变；
四是从粗放低效旅游向精细高效旅游转变；
五是从封闭的旅游自循环向开放的"旅游+"融合发展方式转变；
六是从旅游企业单打独享到社会共建共享转变；
七是从景点景区内部的"民团式"治安管理、社会管理向全域旅游依法治理转变；
八是从部门行为向党政统筹推进转变；
九是从仅是景点景区接待国际游客和狭窄的国际合作向全域接待国际游客及全方位、多层次国际交流合作转变。最终实现从小旅游向大旅游、从低效旅游向高效旅游、从低层次旅游向高层次转变。

　　近年来,全域旅游发展理念在全国各地得到了积极的探索和践行,并成为旅游业高质量发展的新动力。2016 年 3 月,国家旅游局启动首批 262 家国家全域旅游示范区创建工作,并于同年 5 月召开首届全域旅游推进工作会议。随后,各地创建意愿和热情持续高涨促使国家旅游局在还未启动首批验收的情况下,又推出第二批创建工作,并于 9 月在宁夏召开第二次全域旅游推进工作会议。一些未进入名单的地方也积极践行全域旅游发展理念,全域旅游实现了从创建工作到试点示范和推广普及的阶段。在国家全域旅游示范区创建过程中,全国各地探索出多种模式和做法,其中有五种典型模式值得各地借鉴学习,即龙头景区带动型、城市全域辐射型、全域景区发展型、特色资源驱动型和产业深度融合型。

表 5.2　全域旅游典型发展模式

类型	特征	案例
龙头景区带动型	将龙头景区作为吸引核和动力源,按照发展全域旅游的要求,围绕龙头景区部署基础设施和公共服务设施,配置旅游产品和景区,调整各部门服务旅游、优化环境的职责,形成"综合产业综合抓"的工作机制,推进"景城一体化发展"。以龙头景区带动地方旅游业一体化发展,以龙头景区推动旅游业与相关产业融合,以龙头景区带动地方经济社会发展。	湖南张家界、四川都江堰
城市全域辐射型	以城市旅游目的地为主体,依托旅游城市知名旅游品牌、优越的旅游产品、便利的旅游交通、完善的配套服务,以都市旅游辐射和带动全域旅游,推动旅游规划、城乡规划、土地利用规划、环境保护规划等"多规合一",促进城乡旅游互动和城乡一体化发展,形成城乡互补、优势互动的城乡旅游大市场。	辽宁大连、福建厦门
全域景区发展型	把整个区域看作一个大景区来规划、建设、管理和营销。按照全地域覆盖、全资源整合、全领域互动、全社会参与的原则,深入开展全域旅游建设,推进旅游城镇、旅游村落、风景庭院、风景园区、风景厂矿、风景道等建设,形成"处处是景、时时见景"的城乡旅游风貌。	浙江桐庐、河南栾川、宁夏中卫
特色资源驱动型	以区域内普遍存在的高品质的自然及人文旅游资源为基础,特色鲜明的民族、民俗文化为灵魂,以旅游综合开发为路径,推动自然资源与民族文化资源相结合,与大众健康、文化、科技、体育等相关产业共生共荣,谋划一批健康养生、避暑休闲、度假疗养、山地体育、汽车露营等旅游新业态,带动区域旅游业发展,形成特色旅游目的地。	重庆武隆、云南抚仙湖、贵州花溪
产业深度融合型	以"旅游+"和"+旅游"为途径,大力推进旅游业与一、二、三次产业的融合,以及与文化、商贸、科教、体育、宗教、养生、教育、科研等行业的深度融合,规划开发出一批文化休闲、生态观光、商务会展、休闲度假、乡村旅游等跨界产品,推动全域旅游要素深度整合,进一步提升区域旅游业整体实力和竞争力。	南京江宁区、北京昌平区

内蒙古位于我国北部边疆,由东北向西南斜伸,地域狭长,横跨经度28°,纵跨纬度15°,北部与俄罗斯、蒙古国接壤,东、南、西分别与黑、吉、辽、冀、晋、陕、陇、宁为邻,面积118.3万平方千米,下辖12个盟市和2个计划单列市,居住着汉、蒙古、鄂温克、鄂伦春、达斡尔等55个民族。内蒙古独特的区位优势造就了其多样化的旅游资源。春日,万物复苏,生机盎然,大兴安岭,杜鹃红遍,茫茫草原,接羔抹绿,大雁北归,黄河奔涌。夏日,芳草青青,牧歌悠扬,空气清新,凉爽宜人,大漠驼铃,黄河落日,纵马驰骋,牛羊成群。秋日,天高云淡,原上新芽,丛林斑斓,胡杨金黄,骑马射箭,丰收在望。冬日,玉树琼枝,银装素裹,亮丽北疆,冰雪狂欢。内蒙古地域辽阔,四季皆景,十二个盟市各具特色,因此可以通过打造盟市和旗县区的区域性全域旅游品牌,塑造内蒙古全域旅游整体品牌形象。

近年来,在全域旅游大发展的时代背景下,内蒙古也积极开展了全域旅游示范区的创建工作,并进行了积极有效的探索。从内蒙古自治区全域旅游示范区创建名单来看,创建范围囊括了内蒙古的十二个盟市,并结合不同盟市和旗县区的旅游发展现状、区位特点和资源禀赋进行了很好的排兵布阵。

表5.3 内蒙古自治区全域旅游示范区创建名单

内蒙古自治区全域旅游示范区创建名单

国家级全域旅游示范区创建单位:

盟市:鄂尔多斯市、阿拉善盟、满洲里市、二连浩特市

旗县区:包头市达尔罕茂明安联合旗、石拐区、土默特右旗,呼伦贝尔市额尔古纳市,兴安盟乌兰浩特市、阿尔山市,赤峰市宁城县、克什克腾旗,锡林郭勒盟多伦县,鄂尔多斯市康巴什区

自治区级全域旅游示范区创建单位:

呼和浩特市土默特左旗、武川县、清水河县、和林格尔县,包头市固阳县,呼伦贝尔市海拉尔区、陈巴尔虎旗、鄂温克族自治旗、根河市,通辽市库伦旗、奈曼旗,赤峰市喀喇沁旗,锡林郭勒盟锡林浩特市、西乌珠穆沁旗、乌拉盖管理区,乌兰察布市四子王旗、卓资县、凉城县、察哈尔右翼中旗,巴彦淖尔市临河区、磴口县、乌拉特中旗、乌拉特后旗,乌海市海勃湾区

同时,从全域旅游的概念内涵和内蒙古全域旅游的发展思路来看,内蒙古的全域旅游需要将内蒙古作为一个有板块有廊道的网状格局的旅游场,构建一个全新的旅游发展生态圈,从而形成新的竞争力,并从整体上实现内蒙古旅游的提质增效。因此,内蒙古需要结合各个盟市的地域环境、旅游资源和项目现状、市场基础等条件,从全景、全业、全时、全民几个方面全面发展全域旅游。全景方面,内蒙古地域辽阔,东西跨度大,有着草原、沙漠、森林、戈壁等多样的自然风光,有着悠久传奇的历史文化,也有能满足旅游者休闲度假体验需求的生态环境,还有缤纷多彩的民俗文化和游牧文化,这些都可以打造或完善成景观景点和旅游吸引物。全业方面,内蒙古可以加快旅游与文化、工业、农牧业、体育、商贸、交通等产业的融合,开发一批全方位、体验型的旅游产品,推出具有创意的旅游商品,拉长以旅游为基础的产业链。全时方面,内蒙古冬季寒冷、夏季凉爽,冬夏季的草原景观差异也非常之大,因此,可以打造一年四季、全天候、差异化的旅游产品和旅游服务,做足旺季、做旺淡季、缩小淡旺季差距,做到四季有亮点。全民方面,度假旅游中,人们关注的不只是旅游景区的休闲体验项目,更关注旅游目的地整体的旅游氛围,因此,需要调动政府、企业和个体的积极性,支持各类旅游主体和业态参与旅游业发展,提升社会大众的旅游服务意识,全面带动旅游大发展。

内蒙古自治区全域旅游示范区的创建单位覆盖全区的十二个盟市,从全域旅游的概念和创建要求以及实际发展情况来看,它将引领内蒙古的旅游业向着休闲度假型转变,这既是旅游目的地建设和营销的目标,也是人们消费观念转变和消费能力提升的必然要求。然而,全域旅游并不是"眉毛胡子一把抓",也不是"撒胡椒面",在项目建设、产品开发、市场营销和品牌建设过程中,需要围绕一个核心吸引力或核心资源,打造具有号召力的拳头产品,充分发挥其引流功能,从而引领当地旅游业态良性发展,带动整个区域的旅游消费大幅提升。内蒙古是一个有着草原、沙漠、湿地等独特自然景观的民族地区,民族文化和自然美景自然是吸引游客的重要因素,而骑马看草原更是无数外地人梦寐以求的场景,因此,马将是吸引游客来内蒙古旅游的

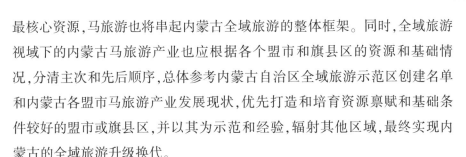

最核心资源,马旅游也将串起内蒙古全域旅游的整体框架。同时,全域旅游视域下的内蒙古马旅游产业也应根据各个盟市和旗县区的资源和基础情况,分清主次和先后顺序,总体参考内蒙古自治区全域旅游示范区创建名单和内蒙古各盟市马旅游产业发展现状,优先打造和培育资源禀赋和基础条件较好的盟市或旗县区,并以其为示范和经验,辐射其他区域,最终实现内蒙古的全域旅游升级换代。

马旅游虽然早已存在于人们以往的旅游消费中,并已成为一个旅游消费亮点,但其作为一个独立的概念却尚未被提出,本书在学界第一次提出了"马旅游"的概念。我们认为,马旅游是指人们离开惯常住地,到异地去体验当地以马为主要体验对象、以马文化及相关文化为主要文化元素的旅游。马旅游的内容主要包括马旅游体验产品、马旅游演艺产品、马旅游展示项目、马旅游节庆活动和马旅游文创产品等。

通过以上分析,结合内蒙古马旅游发展现状和全域旅游发展要求,可以从战略、品牌、产品、市场四个维度提炼出全域旅游视域下的内蒙古马旅游发展的八个键码,包括发展定位、发展策略、核心价值、空间格局、产品体系、服务体系、市场营销和全域融合,其中,发展定位和发展策略属于战略维度,核心价值和空间格局属于品牌维度,产品体系和服务体系属于产品维度,市场营销和全域融合属于市场维度。此外,本书还将对体验产品、演艺产品、展示项目、节庆活动和文创产品五种形态的马旅游内容进行分析和阐述,从而全面构建全域旅游视域下内蒙古马旅游发展的框架思路。

第一节　发展定位与发展策略

一、明确发展定位，从资源禀赋和文化创意上寻找比较优势

（一）内蒙古马旅游发展定位的思考

一个城市或地区吸引旅游者的关键因素和文化旅游发展的前提就是该地区的文化旅游定位。"好客山东""彩云之南""清新福建""老家河南""多彩贵州"等就是通过明确文化旅游定位来促进当地文化旅游快速持续发展的经典案例。此外，诸如"成都，一个来了就不想走的城市""爽爽的贵阳""江西风景独好""大美青海""秦岭最美是商洛"等的城市或区域的宣传口号也是推动文化旅游快速发展的重要因素。国际著名旅游城市也都有着特色鲜明的旅游形象，无人不知的"世界音乐之都"称号属于维也纳，"时尚之都"的美名被巴黎占据，"东方之珠，购物天堂"及"魅力香港，万象之都"的宣传口号也让人们对香港趋之若鹜。

所有这些城市或区域形象口号和文化旅游定位都是基于当地文化、历史、风俗、景观等元素提出的，通过明确定位，把该城市或区域内的所有旅游项目整合在一起，从而提升其传播力和影响力，进而带动当地旅游产业的长足发展，促使当地旅游品牌形象不断提升。城市或区域旅游品牌细分到马旅游这一特定领域，也同样需要品牌形象和口号来统领全局，并形成强有力的宣传效果，不断提升品牌价值，进而拉动旅游消费。内蒙古有历史文化、民族文化、草原文化、马文化、黄河文化、民俗文化、沙漠文化等丰富多彩的文化元素和山、水、林、田、湖、草等独特的生态景观，所以，明确内蒙古马旅游的发展定位将面临很大的挑战，或可从资源禀赋和文化创意上寻找比较优势,并将其作为明确发展定位的突破口。

内蒙古在全域旅游品牌建设方面,应以"壮美内蒙古·亮丽风景线"为总揽,集中打造"祖国正北方、亮丽内蒙古"的形象品牌,"内蒙古旅游,马到成功"的旅游品牌,"草原+风景道"的线路品牌,"豪迈、自然、温馨"的服务品牌,"内蒙古博乐歌"的旅游商品品牌,"自由自在内蒙古"的自驾游品牌以及若干景区品牌,努力构建"643X"品牌体系。

(二)内蒙古马旅游发展定位确立的三大原则

1. 市场化原则

市场是检验马旅游发展的唯一标准。市场认同、游客满意是马旅游发展的目标追求。内蒙古马旅游的发展既要重视游客的需求,也要重视竞争者,力求在游客需求与竞争者之间求得平衡。坚持市场导向,就要求内蒙古马旅游发展定位的确立必须始终立足于市场需求,对市场现状和发展趋势进行精准把握,适度超前,引导消费,致力于把马旅游产品卖出去,促进内蒙古马旅游产品体系的良性发展和有效提升。

2. 差异化原则

内蒙古马旅游发展定位的确立要以塑造内蒙古马旅游品牌为核心,深入分析各个盟市马旅游品牌定位与马旅游产品市场供给情况,立足各盟市的资源特点和区位条件,以差异化原则指导项目建设和形象定位,创意开发具有市场震撼力和吸引力的马旅游产品,塑造独具吸引力的马旅游形象。

3. 可持续原则

旅游发展需要充分考虑生态环境、社会经济等各方面因素,在保护的基础上对自然景观和文化元素进行科学合理、适度有序的规划。马旅游是文化旅游,也是生态旅游,不仅仅与其他旅游形式关系密切,也跟自然环境和文化元素等唇齿相依,因此,发展内蒙古马旅游,就要妥善处理马旅游开发与生态环境保护的关系,尤其要保护好内蒙古马旅游产业赖以发展的草原景观资源、马文化资源和蒙元文化资源等,确保马旅游产业的发展与经济、社会、环境相协调,保障马旅游产业的可持续发展。

(三) 内蒙古马旅游确立发展定位的建议

具有独特文化品格和精神气质的城市或区域,才能在竞争中形成独具一格的城市或区域发展定位。内蒙古马旅游发展定位的确立需要依托成吉思汗文化的世界影响力,利用"蒙古马的故乡"和"马背上的民族"的资源优势,围绕打造"国际马旅游目的地"这一总体目标,注重民族文化、草原文化、马文化和游牧文化等价值的挖掘,坚持旅游与文化、旅游与创意、旅游与体育的互动互进,坚持走适合内蒙古实际的马旅游发展道路。

马既是草原民族精神的化身,也是草原民族文化的摇篮。蒙古族被称为"马背上的民族",马在蒙古族人生活中扮演着重要角色。历史上,蒙古族人骑着蒙古马南征北战,创造了灿烂辉煌的游牧文明。马不仅是蒙古族人狩猎和战斗时的伙伴,也是蒙古族人日常生活中重要的交通工具。在内蒙古传统马业向现代马业的转型过程中,马对人的作用已经初步完成了从运输、牧业、军事向体育休闲、文化娱乐等方面的转化,内蒙古马文化也因此增添了新的文化元素。内蒙古有最适合牧草生长和马匹生存繁衍的地缘优势、扎实的马旅游发展基础、深厚的马文化底蕴和独特的区位优势,马旅游将成为展现内蒙古马文化和促进马产业发展的重要载体。

根据以上分析,我们提出,内蒙古马旅游的总体定位为"国际马文化旅游目的地",形象定位为"马上看内蒙古",核心吸引点是"内蒙古——蒙古马的故乡""蒙古族——马背上的民族"。

因此,我们从产业发展的角度提出内蒙古马旅游发展的具体战略定位。世界层面,内蒙古马旅游应放眼世界,充分发挥内蒙古作为"蒙古马的故乡"和蒙古族作为"马背上的民族"的资源优势,大力发展马旅游,把内蒙古建设成为国际马文化旅游目的地。国家层面,将发展马旅游和提升区域功能及综合实力联系起来,把内蒙古建设成为兼具蒙元文化特色、草原游牧特色和北国大漠特色的马旅游目的地。区域层面,努力构建服务于京津冀、晋陕宁、黑吉辽和五小时经济圈的客源市场,以文化旅游、创意旅游、休闲旅游、生态旅游为特色的马旅游中心区域。

在此基础上,呼和浩特市、包头市、鄂尔多斯市、巴彦淖尔市、乌海市、阿拉善盟、乌兰察布市、锡林郭勒盟、呼伦贝尔市、兴安盟、通辽市、赤峰市十二个盟市需要结合自身实际提出各自的马旅游子品牌,与内蒙古马旅游整体品牌共同构成内蒙古马旅游品牌体系,进而成为基于马旅游视角的内蒙古全域旅游品牌形象。

二、制定发展策略,明晰内蒙古马旅游发展方向

(一)价值提升策略

内蒙古马旅游的价值蕴藏在内蒙古的草原文化、游牧文化、蒙元文化、马文化等各类文化旅游资源之中,需要深入提炼、持续挖掘。

首先,通过资源价值整合形成新的价值。从旅游资源的演化特征看,为满足旅游消费者获得全面的马旅游体验的需求,传统的旅游资源单一价值体系就必须演进为与马旅游资源所依附的环境、时间、空间资源价值结合而成的一个完整的新型复合资源价值系统。由此,内蒙古马旅游就需要进行整合开发。一是要考虑旅游产业系统内资源、城市整体建设发展资源的综合利用,二是要对物质性文化景观、文化设施和氛围性的环境营造以及心理性的旅游形象、联想记忆等进行整体设计、有机结合。这种对马旅游的整体开发是提升马旅游价值,形成视觉震撼力、历史穿透力、文化吸引力、生活浸润力和快乐激荡力的重要途径。

其次,通过品牌塑造,提升形象价值。内蒙古本身已是一个极具吸引力的旅游品牌,但内蒙古马旅游的品牌形象尚未有效确立。因而,需要综合提炼内蒙古马旅游的根本价值,突显内蒙古作为"蒙古马的故乡"和蒙古族作为"马背上的民族"的整体形象,推广"马上看内蒙古"的区域旅游模式,并通过景观建设、功能区打造、氛围营造、信息传递等,打造内蒙古马旅游品牌区域和品牌线路,提升内蒙古马旅游的形象价值。

第三,通过价值选择,强化正面价值。马文化具有鲜明的民俗文化属

性,马文化旅游资源、马文化旅游产品的开发往往需要进行一系列的判断与选择。这一系列的选择与判断既体现为一种文化传播力,更体现为一种价值倾向。内蒙古在漫长的历史进程中积累了丰富多元的马文化资源,对这些资源的选择、再现与重构,始终应具有明确的价值导向。

(二)创新驱动策略

1. 理念创新

发展理念的更新是马旅游产业实现创新发展的首要决定性因素。新的认识范式的确立有助于发现原先被遮蔽了的认识盲点和认识误区。创意引领对于马旅游产业而言,就属于一种新理念、新范式的引入。传统意义上的马旅游更多只是骑马体验和观看赛马,更深层次的资源挖掘和项目策划非常之少,这就直接导致马旅游供给侧不足,游客多元化的体验需求得不到满足,因此,文化创意作为马旅游产业发展的动力与灵魂的认识越来越成为学界和业界的共识,以文化创意引领内蒙古马旅游发展成为必然。文化创意为马旅游产业注入观念、感情和品位等新的要素,可以改善马旅游的体验质量;文化创意有助于挖掘出更多、更深层次的旅游消费需求,有助于提升马旅游产业的时尚形象和创新氛围。

2. 系统创新

内蒙古马旅游产业的系统创新是指发展理念、生产流程、服务链条、产业结构、发展模式、价值体系等多方面的综合创新。尽管内蒙古马文化积淀深厚,民族风情和自然景观独特,但跟国内外其他马旅游发展较快较好的区域相比,马文化资源的挖掘与展现还有待加强。因此,采用创新驱动策略发展内蒙古马旅游是必然要求。

(三)资源整合策略

内蒙古拥有丰富多彩、底蕴深厚的马文化资源和马旅游相关资源,应根据"中心集聚、轴线辐射、特色互补、功能互动、优化组合"的原则,以内蒙古各类马文化旅游资源为基础,以优势资源和主体项目为重点,以蓬勃发展的文化旅游市场需求为导向,遵循整体性、协调性与特色化、互利化的整合思路,结合十二个盟市各自的资源优势和马旅游产业基础情况,对内蒙古各类马文化旅游资源进行整合包装和空间布局。从观念整合、制度整合、空间整合、市场整合等角度入手,不断完善内蒙古马旅游接待服务体系,加快构建特色鲜明、健康有序、内外呼应、功能协调、产业联动的马旅游产品开发体系。要实现马旅游与生态旅游的和谐发展,打破行政区划限制,实现区域联动,构建跨区域的马旅游品牌。在内蒙古区域范围内,利用马旅游资源区带结合、相对集中的空间组合特色,整合各盟市的马旅游资源。

(四)融合发展策略

1. 产业融合

产业融合是产业创新最为重要的实现途径之一,对于内蒙古马旅游产业而言,这一点尤其重要。内蒙古马旅游产品开发过程中,可资利用的资源范围极其宽泛,马旅游产业链跟商业服务业、文化娱乐业、体育产业等有很多耦合环节,马旅游功能区往往需要复合多种其他功能来满足游客的多重消费需求。同时,文化创意的重要功能就是跨越边界,实现新的产业融合,在融合中持续创新,从而于无形中促进马旅游与相关产业的深度融合。因此,内蒙古马旅游的发展只有始终坚持融合共生的策略,才能获得持久的生命力。

2. 产城融合

寻找马旅游发展与区域空间发展的内在结合点,发挥马旅游在城市空间生产、重塑方面的重要作用,为城市文化活力、生命力和创造力的提升贡献独特作用。内蒙古马旅游既要充分依托于城市建设与发展,又要在积极推动城市创新发展的过程中不断获得新的发展动力和发展空间。

3. 主客融合

文化对一个地区的发展产生影响的主要方式之一,是创造对当地居民、造访者和旅游者具有吸引力的环境。马旅游资源的挖掘已不单单是为了满足旅游者的需求,而是还要考虑本地市民日益增长和不断重复的休闲娱乐

需求。马旅游市场的多重需求和消费价值的多维转化已成为内蒙古马旅游资源进一步深化开发的重要挑战。只有在游客与居民的和谐互动中,马旅游才能实现持续发展,旅游者的深层文化体验需求才能较好地得到满足。

(五)区域合作策略

1.跟内蒙古之外区域的合作

加强与国内和国际友好城市的合作,以商务、宗教、教育、体育、文化等为媒介,积极开拓国际、国内马旅游市场。加强与京津冀、晋陕宁等地的合作,以地缘关系、文化为纽带,提升内蒙古马旅游对京津冀、晋陕宁市场的吸引力。加强与国内其他城市尤其是华北、西北城市群之间的区域合作,以大内蒙古旅游圈、晋陕蒙宁经济圈、沿黄文旅走廊、草原丝绸之路和万里茶道等为载体,不断强化内蒙古马旅游的集散整合功能。

2.内蒙古各区域之间的合作

加强内蒙古十二个盟市之间的合作与联动,以区域特质为根本,以价值主线为引领,以功能打造为目的,以交通整合为保障,共享资源,优化线路,通过科学合理的马旅游空间布局来实现内蒙古各盟市马旅游产业的联动发展,进而提升整个内蒙古马旅游的综合功能与影响力。

(六)可持续发展策略

内蒙古马旅游资源包括蒙古马等优良品种、辽阔壮美的草原环境及悠久厚重的历史文化、风情独特的民族文化和神秘多彩的游牧文化等,是优良品种代代遗传、自然环境古今变迁、原生形态的人文环境保存、历史文化深厚积淀的产物,因此,必须坚持在保护基础上进行合理开发。要充分利用现有条件和优势,依托现有的文化和生态环境,因地制宜,顺势而为,实现马旅游资源的永续利用,推动内蒙古马旅游产业可持续发展。

(七)产业化发展策略

在全域旅游视角下,马旅游产业不再是孤立的发展领域,马旅游产品也不应该是孤立的市场个体,体验产品、演艺产品、展示产品、节庆活动和文创产品等马旅游产品之间存在相互依存、互为促进的关系。同一区域内的马旅游产品应该形成马旅游项目集群,共同构建该区域马旅游的核心吸引物,并形成独具特色的马旅游品牌,实现产业化发展的目标。马旅游产业与餐饮、娱乐、休闲、商贸、物流、交通等其他相关产业之间也存在密切关系,故可以在全域旅游的引领之下,以马旅游为核心搭建起该区域的产业链,实现产业之间的多赢互利和协同发展。因此,要加大对马旅游发展的政策支持力度,增强马旅游企业的核心竞争力,增强马旅游发展的内在驱动力和外在吸引力,提升对相关产业的辐射带动力,抓好马文化向马旅游产品的转化工作,强化马旅游与相关产业的链接,从而实现加快内蒙古马旅游产业化发展步伐的目标。

第二节　核心价值与空间格局

一、提炼核心价值,创新资源利用方式,以满足旅游者体验需求

对于内蒙古而言,其本身就是一种马旅游资源,是超大空间的马旅游景观。因而,内蒙古马旅游的吸引力首先在于内蒙古这个区域的整体吸引力。这种区域的整体吸引力绝不是来自于某个或某类景观或活动的吸引力,而是来自于这一区域的某种深层次的价值。这种价值体现着该区域的马文化根基、马文化底蕴和马文化精神,是该区域马旅游的核心魅力所在,构成了马旅游的核心价值。

(一)问题的重要性

对于马旅游价值的探寻是内蒙古马旅游发展的主线与灵魂,统领着每

一个具体的思路与举措。它回答的是展示给世界一个什么样的内蒙古这个根本问题,具体展示什么、表达什么,怎样展示、怎样表达等是另一个层面的问题。如果没有这样一条价值主线贯穿与引领,内蒙古马旅游的发展很难找到正确的方向。

内蒙古马旅游的特点与优势究竟在哪里?内蒙古马旅游的主体性与根本价值是什么?应该向人们展示一个什么样的内蒙古?内蒙古建设国际马旅游目的地能为人们带来什么?这些内蒙古马旅游发展涉及的重大认识问题若不能及时得到解答,内蒙古建设国际马旅游目的地就将缺乏厚实根基、前沿思路与清晰的前进方向,内蒙古马旅游也将很难达到其应该达到的高度,很难在全社会、国内外得到认同,难以形成真正的产业发展合力和有利的发展环境。解决这些问题的关键在于挖掘、提炼内蒙古马旅游的价值根基。

(二)内蒙古马旅游的核心价值

内蒙古马旅游的核心价值在于满足旅游者的需求,只有切实满足了旅游者的需求,马旅游产品才会有价值,而满足了什么样的需求,怎么满足,便是产品的核心价值。内蒙古马旅游是由一个个马旅游产品组成的整体,因而,所有马旅游产品的核心价值综合而成为内蒙古马旅游的核心价值。

从旅游者的马旅游需求来看,无论是体验骑马带来的愉悦,还是观看赛马带来的刺激,抑或是欣赏马旅游演艺带来的乐趣,马旅游的核心吸引力都在于"马"这一旅游元素在与"人"的互动中产生的独特魅力。事实上,马旅游严格意义上可以称为"马背旅游",其注重的是"人"与"马"的互动关系中的旅游体验,而"人"与"马"的互动关系又因不同的互动环境、不同的互动状态而使人产生不同的旅游体验,比如,在呼伦贝尔大草原上骑马,"人"与"马"均置身于草原这一自然环境,马处于自由驰骋的状态,人也处于放飞自我的状态;而在赛马场观看赛马时,旅游者是旁观者,这期间的"人"与"马"的互动是骑手跟赛马的互动,旅游者只是在观看过程中随着比赛的状况而情绪波动,从而产生紧张刺激的旅游体验。由此可见,内蒙古马旅游的核心价值在于"马"与"人"在不同环境和文化背景下的互动关系,因此,马、人、环境、文化成为其中的重要元素,这些元素的独特性和元素组合之后的吸引力就决定了马旅游的核心价值。内蒙古的马主要有蒙古马、三河马等,蒙古马中又有乌珠穆沁白马、乌审马、百岔铁蹄马和阿巴嘎黑马等优良品种,而这些马种均有自己的主要生活区域。乌珠穆沁白马主要产于锡林郭勒盟的西乌珠穆沁旗,乌审马主要产于鄂尔多斯市乌审旗,百岔铁蹄马主要产于赤峰市克什克腾旗,阿巴嘎黑马主要产于锡林郭勒盟阿巴嘎旗,三河马主要产于呼伦贝尔市海拉尔区。因此,根据优良马种的区域分布情况,也可将不同区域的马旅游资源进行差异化细分,在此基础上,再根据人、环境和文化等因素的不同搭配,形成形式多样的马旅游产品。其中,"人"包括骑马体验的旅游者、赛手、马术表演者、牧民等,环境涉及草原、赛马场、半封闭式舞台等,文化涵盖了民俗文化、历史文化、民族文化等。

二、优化空间格局,理顺文化脉络,促进项目协同发展

根据内蒙古的地形地貌、交通区位因素和旅游产业的实际发展情况,可将内蒙古的马旅游空间格局归纳为一个区域、三大片区、三条脉络、十二个项目集群。

1. 一个区域

内蒙古是一个历史文化悠久、民族风情浓郁、自然景观独特的北方省区,也是一个具有较强影响力的区域旅游品牌。内蒙古在发展马旅游产业的过程中,可通过文化创意来实现马旅游品牌的价值,并以其独特的吸引力和较高综合价值在我国乃至世界的马旅游舞台上占据一席之地。

2. 三大片区

内蒙古马旅游区域总体可分为东北部区、中东部区和中西部区。东北部区包括呼伦贝尔市、兴安盟、通辽市三个盟市,中东部区包括锡林郭勒盟、赤峰市、乌兰察布市三个盟市,中西部区包括呼和浩特市、包头市、鄂尔多斯市、巴彦淖尔市、乌海市、阿拉善盟六个盟市。东北部区连接黑、吉、辽,中东

部区连接京、津、冀,中西部区连接晋、陕、宁,每个片区可独自形成一个马旅游品牌,后文将对此进行详细阐述。东北部区、中东部区和中西部区通过内蒙古旅游大通道实现衔接和贯通,从而整体构筑内蒙古全域旅游大格局。

3. 三条脉络

内蒙古自古以来就是草原丝绸之路和万里茶道上的重要节点,同时,黄河流经内蒙古西部区的六个盟市,内蒙古旅游由此生出三条脉络,即草原丝绸之路脉络、万里茶道脉络和黄河沿线脉络。三条脉络凭借区域大交通和黄河水域连接为一体,从而形成内蒙古马旅游大格局,并通过高速公路、国道、省道的合理利用与规划,使旅游交通更加便捷和通畅。草原丝绸之路、万里茶道和黄河沿线可将内蒙古与国内的诸多城市和欧亚的众多国家紧密联系起来,通过区域旅游合作,进行跨地区、跨国界、跨文化的交流与互通,从而为内蒙古马旅游的良好发展创造更多可能性。

4. 十二个项目集群

内蒙古有呼和浩特市、包头市、鄂尔多斯市、巴彦淖尔市、乌海市、阿拉善盟、乌兰察布市、赤峰市、通辽市、兴安盟、呼伦贝尔市、锡林郭勒盟十二个盟市,基于全域旅游发展要求和城际旅游合作需要,按城市子品牌和行政区划将内蒙古马旅游分为十二个项目集群,各个盟市以其优势资源和突出特色为核心,策划和打造内蒙古马旅游城市子品牌,各城市子品牌相互独立又互为补充,通过整合资源、产业赋能、互补共享和协同发展,共同打造内蒙古马旅游整体品牌。

综上所述,全域旅游视域下的内蒙古马旅游不是平面单调的,而是立体丰富的,既有核心价值上的资源整合与体验升级,又有空间格局上的纵横交错与协同发展。

第三节 产品体系与服务体系

一、打造产品体系,增强内蒙古马旅游产品竞争力

文化创意产品在消费传播的过程中具有价值循环累积效应。在全域旅游发展的利好形势和优良环境下,内蒙古马旅游产品的有效供给离不开文化创意的参与和体验经济理论的支撑。实现马旅游从产品、商品或服务向体验的升级换代,既可从质的层面提升内蒙古马旅游产品供给质量,提高内蒙古马旅游在全国的竞争力,满足游客深度体验的马旅游消费需求,又可从量的层面形成马旅游项目的溢价,提升内蒙古马旅游的经济效益。

内蒙古目前主要有马旅游体验产品、马旅游演艺产品、马旅游节庆活动、马旅游展示项目、马旅游文创产品五大类马旅游产品,这五大类马旅游产品并不是完全独立的,而是交叉重叠的,这既是马旅游产业融合的一大特征,也让内蒙古马旅游成为一个不可分割的整体,从而有利于内蒙古全域旅游持续深入发展。

(一)马旅游体验产品

在此所称的马旅游景区包括马旅游景区、马业综合体、马旅游特色小镇以及草原旅游景区等。原生态的自然景观资源和人文景观资源往往过于直观化和表面化,旅游者在游览和体验时产生的印象容易趋于扁平化,从而限制了马旅游项目的价值增值。如今,人们的旅游消费已经趋于多元化,注重体验和参与,不再满足于走马观花式的走走看看,这便要求马旅游加强文化创意,引入体验经济理论,将与马旅游相关的自然景观资源和人文景观资源结合市场需要进行创意包装和文化植入,丰富项目或产品的内涵,增强体验

经济理论所关注的娱乐体验、教育体验、审美体验和逃避体验的实践可能性。

在马旅游景区的打造过程中，文化创意的参与度会受到多种因素的影响和制约，在尊重这些因素的前提下，可以从教育体验和审美体验的角度对产品进行深度开发。马旅游景区是以马文化体验为核心要素的旅游景区，在项目打造过程中，需要充分挖掘当地的马文化资源以及相关的旅游资源，使之成为一个有核心卖点、可赚取利润的优质马旅游景区。马业综合体和马旅游特色小镇是综合性极强的大型旅游区，在其打造和运营过程中，需要在以特色马旅游产品为核心吸引物的前提下，实现最大限度的引流，并充分考虑产业发展的综合效益，让大量游客在项目地通过多重消费，全方位提升经济效益。内蒙古拥有呼伦贝尔草原、锡林郭勒草原、乌珠穆沁草原、辉腾锡勒草原、葛根塔拉草原、希拉穆仁草原、鄂尔多斯草原等辽阔迷人的草原资源，在这些草原中，已经开发了大大小小的草原旅游景区，马旅游项目在这些景区中不可或缺。然而，如今的草原景区中的马旅游产品往往都是以简单的骑马体验为主，深度体验或富于创意的产品极少，因此，在内蒙古马旅游产品的打造过程中，应对草原景区的马旅游产品进行全面提升，因地制宜地实现草原景区质的飞跃，完成马旅游产品的完善与升级，为内蒙古马旅游整体品牌的打造打下基础。

（二）马旅游演艺产品

我国旅游演艺经历了从舞台演出到实景演出的演变发展过程。旅游演艺是旅游者消费方式转变的产物，其是通过演艺这一形式对尘封的、历史的、抽象的文化现象进行演绎，从而深化旅游体验和认识。也可以说，旅游演艺是旅游者对文化的一种独特解读方式。1982年，陕西省歌舞剧院古典艺术团在西安推出《仿唐乐舞》，旅游演艺初露端倪。1995年，中国民俗文化村在深圳推出《中华百艺盛会》，成为我国第一个旅游演艺项目。2004年，投资2个亿、近千名演员和两百匹战马参演的大型实景演出《印象·刘三姐》正式公演，并于2004年后半年获得了7900万元的票房收入，接待游客30万人次;到了 2005 年,接待游客突破 50 万人次,票房收入 1.3 亿元;2006 年接待游客 70 万人次;2015 年接待游客 150 万人次。《印象·刘三姐》从一炮打响到长演不衰,不仅为地方带来了可观的经济收益,更是成为广西一张亮丽的旅游名片,名播四海。《印象·刘三姐》做出成功示范后,国内形成了一股旅游演艺投资演出热潮,随后,旅游演艺市场的"火"越烧越旺,《功夫传奇》《禅宗少林·音乐大典》《长恨歌》《宋城千古情》《金面王朝》《天门狐仙》《大宋·东京梦华》《藏谜》《唱享山西》《梦幻九歌》《徽韵》《神奇赣鄱》《天地吉祥》《烟雨春秋》等相继问世,极大激活了旅游市场。由此可见,旅游演艺作为文化旅游的一个大类,具有极强的号召力,能够成为一个地区或城市文化旅游的生力军。

所有旅游演艺产品的打造都有当地文化做基础,其具有极强的地缘性和文化性,是通过文化创意对文化资源进行的升华再创造,也是文化创意作用于文化旅游产业的重要体现。鄂尔多斯市位于内蒙古西部区,近年来,文化旅游发展迅猛,通观其发展历程,可明晰其发展脉络,了解其经验模式,也可管窥内蒙古旅游演艺的发展现状和存在的问题。鄂尔多斯的旅游演艺始于 21 世纪初在响沙湾演出的《鄂尔多斯婚礼》,之后在一些景区也上演过,包括成吉思汗陵、鄂尔多斯草原、碧海阳光温泉度假区等景区。苏泊罕大草原景区还推出了小型的情景式《鄂尔多斯婚礼》表演;九城宫旅游区的旅游演艺以民族歌舞和地方戏曲为主;鄂尔多斯草原景区近几年编排了马战表演和诈马宴宫廷歌舞表演;响沙湾旅游景区的旅游演艺项目非常多,品类也丰富,包括民族歌舞、异域风情演艺、杂技、特技表演、情景表演等。从效果来看,旅游演艺会为旅游景区带来较大的关注度和游客量。然而,多年来,鄂尔多斯旅游演艺却一直处于不温不火的状态,没能形成旅游演艺品牌。

1988 年 1 月 25 日,应文化部和国家民委邀请,内蒙古鄂尔多斯歌舞团编排的大型民族舞剧《森吉德玛》在北京民族文化宫剧场演出,深受欢迎。2015 年,由鄂尔多斯歌舞剧团重新编排创作的大型民族舞剧《森吉德玛》在鄂尔多斯大剧院演出,并在之后的几年在全国各地巡演,夏季旅游旺季时也在鄂尔多斯大剧院进行驻场演出,但几年来效果一般。总体而言,《森吉德

玛》编排艺术性较强,舞台表现力和故事性都较好,但作为旅游演艺项目,存在以下几个问题:第一,时长100分钟左右,演出时间过长;第二,虽然故事性和艺术性较强,但舞台效果较差,无法给人震撼、独特、新奇的观感体验,演出效果大打折扣;第三,宣传营销不力。

内蒙古的马旅游演艺可以围绕马文化、蒙古马、成吉思汗文化、蒙元文化、草原文化、草原丝绸之路、万里茶道等文化资源进行创作,通过高科技技术手段的运用及文化创意的植入,提升《千古马颂》《蒙古马》《漠南传奇》《那达慕马术实景剧》和《一代天骄》等现有的马旅游演艺产品的质量和新的马旅游演艺产品的创作水平,并通过马旅游演艺品牌的打造、宣传、营销,带动内蒙古马旅游产业整体提档升级。

(三)马旅游节庆活动

如今,内蒙古马旅游节庆活动遍地开花,但存在的问题也不少,比如节庆活动内容单一,基本都是骑马、赛马等常规项目或活动;主题不鲜明,差异化不明显,缺乏文化内涵,没能充分挖掘当地独特资源,未能提炼出独一无二的活动主题;宣传力度不够、互动参与度低,使得市场反响不佳;等等。然而,文化创意产业的兴起给马旅游节庆活动注入了新的活力。

主题是节庆活动的内核。鲜明的主题能使节庆活动项目的策划设计和施行如行云流水般一气呵成。对于内蒙古马旅游而言也是如此,办好马旅游节庆活动的关键一环是策划好活动的主题,但节庆活动的主题策划也不可一味跟风,要结合资源禀赋、区域特色和市场情况进行策划。

节庆活动要办好,关键要有特色。同时,在策划活动构成环节时,往往还需要考虑活动的可持续发展以及所创造的效益。

马文化虽然是马旅游节庆活动的灵魂要素,但要使马文化在马旅游节庆活动中展现强大的生命力,还需与市场相结合,加强市场化运作,使得马旅游节庆活动长久化、规模化。

(四)马旅游文创产品

发达国家旅游购物占旅游收入的比例为60%~70%,而目前我国旅游购物占旅游收入的比重还不到40%,内蒙古旅游购物的比重更低。旅游过程中不缺购买力,缺的是具有独创性和吸引力的文创产品。同样,旅游纪念品或文创商品的开发也是内蒙古马旅游中的弱项,各个景区或旅游活动的旅游纪念品千篇一律、大同小异、创意缺位,这与内蒙古丰富的马文化资源极不相称。旅游纪念品在马旅游中作为"购"的重要一环,是能够创造较大经济价值的板块。

想要避免旅游纪念品的同质化、低端化,甚至地摊化,就应特别注重文化创意旅游纪念品的设计、开发生产和销售推广。文创产品以"文"当先,要让旅游与文化深度融合,让马文化、蒙元文化、草原文化、游牧文化、成吉思汗文化等与马相关的文化资源和其他非物质文化遗产资源,在马旅游文创产品中得到充分体现;同时,教育、审美等方面进行文化创意的差异化设计。加大人才培养力度,将现代创意和传统工艺结合。与高校的设计类、艺术类专业人才以及民间非物质文化遗产传承人合作,形成企业、高校、社会全方位参与的产学研良性循环发展机制。同时,探索与全国各地知名文创企业合作的模式,通过"走出去、请进来"的方式,让这些企业以多种方式参与到内蒙古马文化的挖掘和文创产品的研发中来,从而为市场提供更多符合需求的马旅游文创产品。

二、完善服务体系,提升内蒙古马旅游服务质量

(一)区域交通一体化建设继续完善

内蒙古虽然交通基础设施较好,但是相对于该区域内日益成熟的全域旅游和精品旅游线路来说,综合交通体系建设仍然需要进一步加强。一是区域内部连通不够便捷。公路的升级改造还需不断加强,高铁、动车等铁路交通网络还不够完善,通用航空尚未普及。呼包鄂榆高铁系统等交通建设需要有序推进。内蒙古外部综合旅游交通网尚需完善,对外陆路交通通道需要提升畅通度。此外,还需进一步打造综合航空运输体系,优化航线网

络,增加航班密度,拓展各类航空业务。需要进一步缩短内蒙古主要城市间的交通时间,合理引导城市和区域空间结构的发展,通过区域交通一体化实现区域马旅游一体化,进而促进内蒙古全域旅游的长足发展。二是区域外交通设施有待完善。旅游业是关于旅游者吃、住、行、游、购、娱的产业。单从"行"来说,旅游者从出发地到旅游目的地一般需要经过一些城市或区域,中途有着大量的时间需要支配,如何支配时间,如何让旅途处处是风景、时时有惊喜,这就体现出了区域协同发展的重要性。让相关城市或区域相互关联,通过旅游联盟、联合营销等方式开展区域合作,而做好这些工作的前提是交通的便捷。

(二)综合旅游配套服务设施持续完善

内蒙古十二个盟市的旅游集散中心等城市旅游集散体系可以进一步结合全域旅游的需要,规划更多旅游者和旅游企业都需要的服务项目,增加有价值的服务内容,提升服务水平。公交车、观光巴士、旅游专线和停车位等交通设施无缝对接的旅游交通服务体系的构建也是马旅游发展的迫切需要。同时,骑马也可以作为一种旅游交通方式设置在最有吸引力的地段,一方面可增添全域旅游氛围,另一方面也可将旅游者带至下一个旅游体验地,从而增加旅游消费的可能性。此外,在内蒙古马旅游品牌的打造过程中,旅游信息咨询中心、旅游咨询点等分布合理的城市旅游信息咨询网络体系也有待完善。提供餐饮、休闲、购物等功能的旅游驿站体系需要健全。道路交通标志、道路名牌、旅游导向图、灯箱站牌、旅游景区导视牌、旅游标示牌等旅游标识系统有待完善。星级饭店、旅游景区、旅行社的智慧旅游服务能力尚需提升,以便进一步提升内蒙古马旅游的智能化服务水平。

(三)景区配套设施品质进一步提高

而今,人们的旅游方式已经从观光游向体验游、度假游转变,配套设施完善程度和旅游服务水平直接影响游客的消费感受。然而,由于淡旺季交错、游客量不足、景区体量较大、运营管理不力等因素影响,很多景区游客中心功能不全、旅游服务配套设施短缺、环境卫生状况差、旅游厕所设施陈旧、停车场建设不规范、标识标牌信息不统一、消防安全存在隐患、导游服务质量差等问题层出不穷,这些都需要进行提高和完善。

第四节 市场营销与全域融合

一、加强市场营销,围绕目标消费者群体精准出击

"大众传播时代,由于媒介资源的稀缺性和消费者媒介接触习惯的确定性,在具体的营销活动中怎样传播、传播什么、对谁传播等以传播为中心的关键词是营销传播人员所关注的重点,'传播'是品牌建构的关键因素。"随着大众旅游时代的到来,马旅游的市场营销也需要与时俱进,要紧紧围绕内蒙古马旅游的发展目标和品牌定位,创新工作思路,加大市场开发力度,提升市场营销水平;要以市场营销策划为先导,以景区建设为基础,以品牌打造为重点,将马旅游宣传推介与经贸、会展、体育、演艺、招商引资等有机结合起来,不断强化"蒙古马的故乡"及"马背上的民族"的内蒙古马旅游资源优势,不断扩大"马上看内蒙古"的内蒙古马旅游品牌的知名度和影响力,做强做大内蒙古马旅游品牌,为内蒙古全域旅游发展推波助澜。

(一)创新旅游营销模式,打造成熟旅游品牌

以打造国际马旅游目的地为首要目标,以节假日、寒暑期、周末等旅游节点为着力点,精准推出"马上看内蒙古"一日游、二日游、三日游和度假游系列线路和产品。在继续做好传统媒体营销的同时,根据新媒体的特点,综合利用多种平台与载体开展线上线下联合营销,使投入产出达到最大化。一是组织开展营销宣传活动。在国内重要媒体宣传推介"马上看内蒙古"内

蒙古马旅游品牌,在北京、西安、太原、上海等重点客源地城市的重要区位和路段的电子屏推介形象产品,扩大内蒙古马旅游品牌的知名度和影响力。二是加强与本地主流媒体的联系。通过在报纸、电视台、电台开设马旅游专版和专题节目等形式,宣传马旅游品牌形象,介绍内蒙古马旅游产品。利用媒体随时报道内蒙古马旅游的最新消息,方便市民及时接收最新的信息,更好地参与马旅游。三是重点加强网络宣传工作。充分发挥各类网络媒体的宣传作用,及时更新、维护网站信息,保证信息的合法性、时效性与新颖性。四是通过文化演出活动走出去的方式,以极具号召力和感染力的马文化演出吸引外地民众,在演出前、演出中和演出后巧妙策划人们愿意接受的宣传营销活动,即将马旅游的宣传营销活动植入文化演出中,力求产生最佳的效果。

(二)举办马旅游推介会,增强市场影响力

一是形象创造性营销。每年选择合适的时段去全国各地的主要客源城市开展马旅游推介会,通过文化演出、互动体验等新颖形式,为外地市民全方位展示内蒙古的马旅游资源和项目。二是组织整合营销。机关与企业加强沟通协作,组织马旅游景区或项目在全国各地举办内蒙古马旅游推介会,重点推出游客喜闻乐见的独特产品,推动马旅游更好、更快的发展。三是重视合作营销。充分利用兄弟省区或联盟城市的文化旅游部门和企业来内蒙古举办推介会的良好机会,推介好内蒙古的马旅游产品,稳固合作关系,实现多赢。

(三)积极组织节庆活动,培育市民旅游意识

继续开展丰富多彩的马旅游节庆活动,突出体验性和互动性,并于其间对内蒙古马旅游进行广泛宣传,进一步提升内蒙古马旅游品牌的社会知名度和影响力,实现市民关注度提升、旅游收入提升、品牌价值提升等目标。

(四)全方位开展市场营销工作

一是采取"政府引导、政企联动、社会参与"的营销模式,宣传推介"马上

看内蒙古"马旅游品牌。一方面,继续做好传统媒体的营销,另一方面重点依托各级文化旅游主管部门的官方微博、微信等平台,增加媒体营销内容的阅读量和转发量。二是在对重点客源市场进行深入分析的基础上,对境内外重点客源市场的游客及潜在客源人群特征、消费需求、消费能力、出游时间及其他旅游信息获取渠道的选择进行分析,形成充分的市场数据,制定有针对性的营销方案。

二、深化全域融合,促进区域与产业多方创新发展

全域旅游强调"全景、全时、全民、全业"的多元融合和多方参与,内蒙古马旅游也需要依照全域旅游的要求,在资源整合、产业类别、驱动机制、参与主体和创新模式等方面多方发力,从而让内蒙古马旅游遍地开花、处处结果。

(一)尊重文化内涵,促进文化资源整合原则

内蒙古马旅游资源是多方面的,可以通过文化创意对这些资源进行有机整合和充分利用。在此过程中,需要充分调研内蒙古当前的马旅游资源拥有状况,结合当前大众旅游和全域旅游时代的旅游市场需求,以多种转化手段提升内蒙古马旅游资源的开发层次和使用效率,充分发挥文化在马旅游发展中的价值。

(二)打破产业界限,秉持多行业融合发展原则

马旅游是个综合性的产业。一次马旅游活动的完成不仅需要马旅游景区和旅行社等旅游中介机构提供服务,还需要交通运输业、物流业、娱乐业、餐饮业、商业及相关政府部门的多方协作。因此,内蒙古马旅游产业的融合发展应以满足旅游者需求为目的,打破产业界限,进行跨行业融合和资源共享;同时,创新马旅游产品形式,形成与完善马旅游产业链条,在全域旅游的"全业"层面上实现内蒙古马旅游的持续快速发展。

（三）政府和市场"双驱动"原则

内蒙古马旅游产业在发展过程中会涉及政府部门和不同行业、不同利益主体等，市场在其中起到的是基于旅游产业发展的调节作用；政府则应对行业之间、不同利益主体之间以及经济效益与社会效益、生态效益进行积极的宏观调控和统筹。政府与市场缺一不可，政府的参与，能够促进建立健全产业健康发展的支撑和保障体系，而市场的行业推动和整合作用的积极发挥，能够与政府的协调统筹工作形成互补，从而促进内蒙古马旅游产业融合发展。

（四）龙头企业带动原则

全域旅游囊括的旅游品类更多，范围也更大，既有传统的旅游景区，也有休闲娱乐、特色民宿等新兴的旅游业态，然而，业态的增多和旅游服务主体的增多并不代表市场的平均化和零散化，重点旅游项目依然在其中发挥着重要的作用，对于内蒙古马旅游而言，也是如此。首先，龙头或重点马旅游项目能够成为当地亮点项目和核心吸引力，旅游者往往是奔着龙头或重点旅游项目去选择旅游目的地的，也只有这样，才能因为一个地区游客量的整体增加，提升各类旅游业态的消费水平，从而带动一个地区的旅游大发展、大繁荣。其次，龙头或重点马旅游项目能对一个地区的旅游行业起到示范带头作用，带动其他相关旅游项目不断提升质量，力求卓越，从而促进整个地区的马旅游高质量发展。第三，龙头或重点马旅游企业能够带动一个地区旅游产业链的上下游企业实现联动成长。因此，要想促进马旅游产业融合发展，就必须培植出拥有核心竞争优势的马旅游龙头企业。

（五）持续创新原则

旅游产业属眼球经济范畴，而旅游者的消费需求随时都在变化，因此，内蒙古马旅游产业在融合发展中，也需要常变常新。一方面要创新融合发展模式，联合政府、马旅游企业、民间组织、高校和牧民等多个主体，在不断解决产业融合发展中的诸多问题的基础上,推动马旅游产业升级换代。另一方面要在马旅游产品的创新上走融合发展道路,通过行业之间、区域之间和群体之间的协同合作来打造内蒙古马旅游精品,助力全域旅游高质量发展,并促成内蒙古与国内和国际的通力合作,打响内蒙古马旅游品牌。

第六章

马道旅游：马主题旅游线路研究

从古至今，"马"在内蒙古的经济、社会、文化发展中都扮演着重要的角色，而随着时代的变迁，角色发挥的作用也在不断变换。在古代，马是蒙古族人民最重要的交通工具，茫茫无际的草原上，随处可见驰骋的蒙古马。社会生活方面，人们的交往互动主要靠马来实现。在经贸交流方面，从南往北的万里茶道由武夷山始，经安徽、湖北、河南、河北、内蒙古一直到俄罗斯和中亚、欧洲各地，将以茶为主的货物运销到世界各地，其中，马起到了重要的作用。古代的草原丝绸之路上，马和骆驼也是重要的交通工具，而草原丝绸之路也将内蒙古与蒙古国、俄罗斯、中亚、欧洲等地连接在一起，创造了独特的草原丝路文化。

内蒙古地处古代草原丝绸之路和万里茶道的重要位置，草原丝路文化和万里茶道文化在内蒙古璀璨交融，在国际经贸发展史上留下了浓墨重彩的一笔，也留下无数的故事、事迹和传说，然而也可以这样说，马和骆驼走出了草原丝绸之路和万里茶道的一段段历史，曾经的马道、驼道成了草原上、沙漠里尘封的"史记"。同时，内蒙古拥有呼伦贝尔大草原、锡林郭勒大草原、科尔沁大草原、辉腾锡勒草原、葛根塔拉草原、希拉穆仁草原、鄂尔多斯草原等草原景观，有着放牧马群的天然牧场和策马奔腾的广阔天地。

因此，内蒙古马旅游可以发展"马道旅游"这一特色品牌，从旅游产品和线路的角度，也从文化旅游区域融合发展的角度，将马道旅游打造成内蒙古文化旅游区域融合发展的引擎，内蒙古与全国各地文化旅游区域融合发展的平台，我国与草原丝绸之路和万里茶道上的其他国家文化旅游区域融合发展的纽带。综合以上分析，我们认为，在马道旅游这一品牌体系之下，内蒙古可以发展"两都马道""沿黄马道""天边马道""丝路马道"和"万里茶道"五个马道旅游子品牌，从而形成内蒙古马旅游的发展主干和脉络。

两都马道将中国马都核心区锡林浩特市和元上都遗址所在地正蓝旗进行区域性连接和联合，在锡林郭勒大草原中形成一个内蒙古中东部地区的马道旅游核心区，辐射锡林郭勒盟、乌兰察布市和赤峰市。

沿黄马道将内蒙古沿黄经济带上的呼和浩特市、包头市、鄂尔多斯市、乌海市、巴彦淖尔市、阿拉善盟等内蒙古中西部地区的城市进行有机整合，充分利用黄河这一优质文化旅游资源,挖掘各个城市各具特色的文化旅游资源,在黄河"几"字弯处打造一个内蒙古中西部地区的马道旅游核心区,辐射呼和浩特市、包头市、鄂尔多斯市、乌海市、巴彦淖尔市和阿拉善盟。

天边马道将内蒙古东北部地区的呼伦贝尔市、满洲里市、通辽市等城市进行有机整合,充分利用呼伦贝尔大草原、科尔沁大草原等优质草原资源,打造我国最美草原马道,形成内蒙古东北部地区的马道旅游核心区,辐射呼伦贝尔市、满洲里市和通辽市。

丝路马道以马为媒,将历史上草原丝绸之路上的城市和国家进行串联和互动,形成一条具有时代特色的横贯东西的马道旅游发展带。

万里茶道将多伦县、集宁区、呼和浩特市、包头市、二连浩特市等地进行整合,形成一条以马为媒、纵贯南北的马道旅游发展带。

马道旅游的五个子品牌的打造促使内蒙古的马旅游形成"东—西—南—北—中"全方位网络式布局,并与外界形成有机互动,助力全面打造内蒙古马道旅游大品牌,形成内蒙古全域旅游大格局。

第一节　两都马道

一、历史文化溯源

(一)元上都

元上都遗址位于内蒙古锡林郭勒盟正蓝旗境内,是元朝辉煌历史的见证,对于研究元朝历史及蒙元文化有独特的价值。元上都遗址是我国草原城市遗址中规模最大、级别最高、保存最好的一座城市遗址,1988 年被确定为全国重点文物保护单位;2012 年 6 月在第 36 届世界遗产大会上被列入

世界文化遗产名录,成为我国第30项世界文化遗产。

元上都在元朝政治史上具有重要地位。元朝实行两都制度,以大都(今北京)为首都,上都为夏都。从忽必烈时期开始,皇帝一般于每年夏历二、三月从大都出发,北巡上都,八、九月返回大都。元顺帝时期,皇帝每年于夏历四月从大都出发,九月回到大都,每年在上都居留近半年之久。皇帝巡幸上都时,扈从人员有后妃、太子和蒙古诸王,还有宰相大臣、百司庶府,各以其职分官扈从,只留中书平章政事、右丞(或左丞)数人居守大都。元朝时期,元上都还是北方驿道的重要枢纽。上都至大都共有四条路,包括西路、驿路、辇路和东路,元朝皇帝赴上都多走辇路,由西路返回大都。为了管理上都各项事务和为元朝皇帝巡幸上都服务,上都城内建有许多公廨官署,设有庞大的封建官僚统治机构。中统四年(1263年),设立上都路总管府。至元十八年(1281年)设立上都留守司,兼本路都总官府。上都留守司及下属20多个直属机构主要负责管理宫廷事务和皇帝巡幸时的一切杂务。为辅佐皇帝在上都议办朝政,上都专门设有重要衙门的分支机构,如中书省上都分省、御史台上都分台、翰林国史院上都分院等,这样的分支机构共有数十个。

上都是元朝一座新兴城市,建筑兼具汉式宫殿楼阁和草原毡帐风格。"终抵一城,名曰上都,现在位大汗所建也。内有大理石宫殿,甚美!其房舍皆涂金,绘有种种鸟兽花木,工巧之极,技术之佳,见之足以娱人心目。"这是意大利著名旅行家马可·波罗在《马可·波罗行纪》中对元上都繁荣景象的描述,而这座令马可·波罗惊叹的东方城市几百年来在欧洲也享有盛名,可见其影响之大。时至今日,元上都遗址的城墙基本完好,城内外建筑遗迹和街道布局依稀可见。山冈在遗址北面连绵起伏,滦河在南边缓缓流过,辽阔迷人的草原则分布在遗址的东、西两边及滦河之南。每年夏天,美丽的金莲花在草原上蔓延开来,远远望去,宛如金色海洋。

(二)中国马都

内蒙古的锡林郭勒草原是世界最著名的草原之一,有草甸草原、典型草原、荒漠草原等丰富多样的草原类型,是我国最具代表性和典型性的温带草原。得天独厚的生态环境让锡林郭勒草原成为蒙古马的主要产地之一,自周朝、秦时以来,源源不断传入中原的马匹就有很大部分来自于这片草原。唐、宋时期,在河北、山西北部靠近塞外草原南部边缘一带设有马市,贡马多来源于此。元代,蒙古马则直接来源于这片草原。明朝、清朝的宣化、大同等边塞重镇每年向塞外市马定额达三四万匹,也多出于此。从辽、金、元时期到清代,锡林郭勒草原南部的察哈尔草原逐步成为主要养马地。清政府在察哈尔草原建立了养马机关——太仆寺,马匹品种主要以蒙古马、锡林郭勒马为主,这里的乌珠穆沁白马、乌珠穆沁黄骠马、上都河马等都是蒙古马的杰出代表,全国军马大多来源于此。现今锡林郭勒盟的太仆寺旗和北京西单附近的太仆寺街就是作为"马政机关"所在地而留存下来的历史见证,也是历史上锡林郭勒马业辉煌的见证。

锡林郭勒盟具有马文化的历史渊源和文化底蕴,马业发展历史悠久,马匹品种优良,马文化的传承、马产品的开发十分活跃。通过举办以马为主题的各种大型文化活动、建设马文化景区和开发马旅游专项产品等,锡林郭勒盟的马文化品牌已经逐步构建起来,以马为核心的旅游业也正在快速崛起。目前,锡林郭勒盟马匹数量已有 15 万之多。2000 年以来,锡林郭勒盟各旗县(市)纷纷举办各种形式、各具特色的大型马文化节庆活动和赛事——每年一届的西乌珠穆沁旗白马文化节,阿巴嘎旗的"阿日哈都"黑马文化节,太仆寺旗的御马苑绕桶赛,白音锡勒的野马文化节,正蓝旗浑善达克四季那达慕,东乌珠穆沁旗的四季乌珠穆沁马文化旅游活动,锡林浩特市的马都文化节,推动了锡林郭勒盟的马旅游发展。2010 年 4 月 25 日,"中国马都"规划建设新闻发布会在人民大会堂举行,锡林郭勒盟被中国马业协会正式授予"中国马都"称号。

近年来,锡林郭勒盟以"中国马都"为平台,围绕建设马竞技之都、马文化旅游之都、马繁育之都、马交易之都、马产品生产之都,着力打造马文化产业园区,不断提升"中国马都"的知名度和影响力;同时,充分发挥马文化资源和地区特色优势,精心打造了大型马文化全景式演出《千古马颂》、大型室内实景剧《蒙古马》等剧目,深刻诠释了蒙古马精神。锡林浩特市作为"中国

马都"核心区,2013—2017 年连续五年成功承办了中国马术大赛,2014—2016 年连续三年举办了中国马都大赛马活动,成功创造"飞马 30 秒拾哈达"吉尼斯世界纪录。"中国马都"锡林郭勒盟正在探索一条以"马"为核心要素的文化与旅游融合发展之路。

二、总体布局

两都马道以世界文化遗产——元上都遗址为起点,向北至中国马都核心区锡林浩特市,全程建设宽 100 米、长 280 余千米的草原马道,并以此为基础和脉络串联起沿线的草原、河流、湖泊、沙地及其他各类具有独特吸引力的人文景观和自然景观,形成一个内蒙古中东部区的马旅游核心区,辐射锡林郭勒盟、乌兰察布市和赤峰市的所有马文化和草原旅游资源,总体构建起内蒙古中东部马旅游视角下的全域旅游网络。

因此,两都马道既是一条由南向北的旅游大通道,也是连接元上都遗址和中国马都核心区锡林浩特市的草原马道风情旅游带,作为锡林郭勒盟、乌兰察布市和赤峰市三个盟市的马旅游核心区,它也将内蒙古与京津冀地区的旅游资源和旅游市场进行有效衔接,形成内蒙古中东部与外界连接互动的马旅游核心圈。

两都马道是以元上都遗址和中国马都核心区锡林浩特市为基础而形成的内蒙古马旅游主题概念和项目集群,具有文化性、历史性和地域性,因此,结合其文化内涵可以将两都马道的品牌形象提炼为"穿越古今,骑马看草原"。

从体验经济理论的视角来看,两都马道的魅力在于锡林郭勒盟独特迷人的草原景观和深厚的历史文化、民族文化、马文化等文化内涵的交融碰撞,其给游客呈现了兼具娱乐体验、教育体验、逃避现实体验和审美体验的最丰富的旅游体验,符合大众旅游时代游客的消费心理和消费需求。从地缘因素来看,两都马道地处北京的正北方,距离较近,交通便利,背靠拥有庞大目标客源群体的北京、天津和石家庄等周边城市,具有较大的市场潜力。

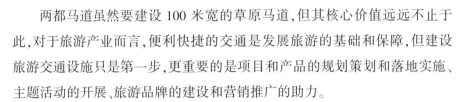

两都马道虽然要建设 100 米宽的草原马道,但其核心价值远远不止于此,对于旅游产业而言,便利快捷的交通是发展旅游的基础和保障,但建设旅游交通设施只是第一步,更重要的是项目和产品的规划策划和落地实施、主题活动的开展、旅游品牌的建设和营销推广的助力。

在两都马道的打造过程中,草原马道之外应该在沿途辅以"马道驿站""草原客栈""牧人之家""旅游厕所""自驾车露营地"等配套旅游服务设施和项目,丰富游客旅途中的旅游体验,让人们在这 280 多千米的旅途中时时有小惊喜、处处有新发现,自由体验、自在停留。在此基础上,再融合沿途的特色旅游项目,形成旅游项目组团、特色旅游线路和主题旅游产品。

三、旅游要素分析

两都马道由南至北途经锡林郭勒盟 280 多千米,途中景观多样。在如今文化与旅游深度融合的背景下,文化与景观往往互相交融、不可分割,文化旅游给游客带来多种多样的旅游体验。

(一)旅游要素类型

1. 草原文化

两都马道与交通主干道并行向北,穿越了美丽辽阔的锡林郭勒大草原腹地,一路都是一望无际、壮美迷人的草原风光,还有密布在草原中的河流、湖泊和散落在绿色草地上的羊群、马群,骑马或开车穿行其间,无形中给人一种独特的审美体验。

从严格意义上的文化视角来看,草原文化是以草原景观为基础并包含着诸多文化内涵的一种文化,是世世代代生活在草原上的部落、民族在岁月长河中创造并逐渐形成的一种文化。这种文化与草原生态环境融合互生,包括草原民族的生产方式、生活方式,还有与之相适应的风俗习惯、生活理念、社会制度、价值观念、宗教信仰和文学艺术等,从而使草原文化成为一种具有浓厚地域特色和民族特征的复合性文化。就大众旅游的层面而言,两

都马道上的草原文化与锡林郭勒盟独特的游牧文化、蒙元文化等文化元素有很多重叠之处,草原文化在旅游中主要体现在草原景观、骑马射箭、祭敖包、游牧生产、牧民生活、歌舞服饰、婚礼饮食、篝火晚会等方面。

2. 蒙元文化

蒙元文化是中华文化的一个重要组成部分。元代地域辽阔,游牧文化与中原文化、西域文化等文化元素在历史的进程中相互融合,农耕文明与草原文明实现了真正意义上的结合,从而形成了以展现蒙元时期蒙古族文化为主要内容并融合了农耕文化和西域文化等多种文化元素的蒙元文化。蒙元文化的内涵极其丰富,既体现着开拓进取、热爱自然、崇尚自然、务实包容等精神内涵,也包括历史文化、宗教文化、民俗风情、古代传说、宫廷歌舞、民族图案、蒙元饮食等非物质文化内涵,还包括建筑、遗址、乐器、器具等物质形态层面的内容。

元代时期,上都是元朝重要的政治、经济、文化中心之一。其时,锡林郭勒盟所在区域的南部地区分别由中书行省兴和路宝昌州、上都路桓州和应昌府所辖,北部地区分别为上都省院官署、岭北行省和宁路及济南王部的封地。由此可见,元代时期蒙元文化在锡林郭勒草原上得到了最全面的发展和最完整的呈现,元上都遗址就是最重要的印证。再者,两都马道又是以元上都遗址为起点,因此,蒙元文化在两都马道这一内蒙古中东部区的马道旅游核心区中应该得到充分的展现,让游客获得真正、全面的蒙元文化体验。

3. 游牧文化

内蒙古地区在不同的历史时段生活过诸多游牧民族,由此也产生了独具特色且丰富多彩的游牧文化,创造了辉煌夺目的游牧文明。早在商周时期,锡林郭勒盟所在区域就出现了游猎和养畜的氏族部落。春秋战国以来直至辽、宋、金时期,锡林郭勒盟地区陆续成为澹襜、东胡、匈奴、乌桓、鲜卑、柔然、契丹、突厥、女真等部族的游牧之所。元朝时期,正蓝旗境内的元上都作为元朝重要的政治、经济、文化中心之一,也使锡林郭勒盟地区的游牧文化得到了很好的保存和进一步完善、发展。

4.马文化

锡林郭勒盟被誉为"中国马都",自古以来,这里的牧民以养马为业,且育有乌珠穆沁白马、乌珠穆沁黄骠马、阿巴嘎黑马等优质马。相应的,牧民们世世代代与马为伴,策马草原,自然而然形成了丰富多彩的马文化,包括驯马、套马、赛马、马术、相马、打马印等,这些马文化都能够通过策划、包装而成为具有吸引力的旅游项目,成为两都马道上独特的马旅游产品。

(二)核心区马旅游资源梳理

正如前文所述,两都马道是一个"以点串线、以线带面"的马道旅游复合体和马道旅游集聚区,其中,"点"是马,"线"是草原马道,"面"是以草原马道为中心的旅游区域。因此,两都马道拥有丰富多样的旅游资源,能够为游客提供各具特色的旅游体验,这也是它能够成为内蒙古中东部区马道旅游核心区的重要原因。两都马道沿线的主要旅游资源情况如表6.1所示。

表6.1 两都马道旅游资源梳理

序号	名称	简介
1	元上都遗址	元上都遗址位于正蓝旗上都镇东北约20千米处的金莲川草原上,是元朝的夏都,与元大都(今北京市)共同构成元朝两大首都。山冈在遗址北部连绵起伏,滦河从遗址南边流过,辽阔无垠的草原蔓延在遗址的东、西两侧及滦河之南。元上都遗址是我国第30项世界文化遗产。
2	金莲川草原	金莲川草原地处正蓝旗的闪电河沿岸,川中长满金黄色的金莲花,6月盛开之时,景观独特迷人。金莲川草原在辽代是桓州辖地,辽代皇帝和契丹达官贵族们常常在此游猎避暑。金朝时,历代皇帝也把金莲川草原作为避暑胜地。元代时,金莲川还是避暑狩猎的蒙古王室成员行宫所在地。
3	上都湖原生态旅游牧场景区	景区分生态牧场、草原生态环境论坛中心、蒙元文化游牧部落游客体验营地、自驾车营地、度假馆舍五部分。目前已建成环湖公路、环湖栈道、牧民就业培训中心、餐饮中心、度假别墅、房车营地、网球场、多功能厅。

续表

序号	名称	简介
4	元上都民族特色产业园区	园区分为生产厂房、产品质量检测中心和蒙古包群。目前已建成21栋现代化标准厂房、110顶住宿蒙古包、5顶餐饮蒙古包、16顶民族工艺品销售蒙古包、直径40米的大型蒙古包演艺厅,已有15家民族文化企业入驻。园区举办元上都民族文化旅游风情节,开展阿萨尔传统乐器表演、察哈尔服装展示、蒙古乐队演出等活动,展销风干肉、奶食品、工艺品及柳编、根雕、奇石等特色产品,并提供骑马、射箭等体验项目。
5	元上天地蒙元文化旅游景区	景区是展示上都河畔元上都大使馆区的精品文化旅游区,目前已建成查干苏力德16座、蒙古包39顶、元朝历史人物雕像底座16个、蒙古文化凉亭5个及接待餐厅、篝火看台、瞭望岗楼。景区建成后,将成为集展示元上都大使馆区文化、旅游度假、餐饮娱乐、休闲避暑、商务会议接待及影视剧拍摄于一体的高端文化旅游景区。
6	忽必烈影视城	忽必烈影视城占地370亩,包括3个影视基地。其中,蒙古大营基地建有亚洲最大的金顶毡包以及古宅、角楼、投石机、战车等;金莲川幕府和开平城影视城建有城墙、岗楼、瓮城、街道、王府、酒肆、茶楼等仿古建筑。大型电视连续剧《忽必烈》在影视城拍摄完成。
7	元上都遗址博物馆	元上都遗址博物馆位于元上都遗址南5千米处,总建筑面积6991平方米,由展示区、文物库区、设备控制区、档案管理与研究区和多功能报告厅等部分组成。博物馆掩映在山体间,与元上都遗址有着理想的视角和轴线关联,从而保持了元上都遗址原有的自然风貌。
8	黑风河风景区	黑风河风景区位于正蓝旗上都镇东北20千米处,不仅有秀丽的自然风光,夏季还是游牧的好地方,白色的羊群、赤色的马群、黄色的牛群、金色的驼群蠕动在黑风河两岸。在河的沿岸,有许多与河水相连的草原"淖尔"。淖尔里芦苇茂密,鱼虫丰富,引来群群水鸟在这里筑巢做窝,繁殖后代。
9	忽必烈夏宫旅游度假区	忽必烈夏宫旅游度假区位于正蓝旗敦达浩特镇东15千米处,东北距元上都遗址2千米,以5个大型蒙古包为主体,周围遍布各种木制蒙古包,为游客提供娱乐、餐饮、察哈尔民俗风情展示、牧人生活体验等活动项目。

续表

序号	名称	简介
10	小扎格斯台淖尔	有着"沙地明珠"之称的小扎格斯台淖尔距元上都遗址 35 千米。小扎格斯台淖尔周围是蒙古族牧民的夏营地，在领略湖光水色的同时，还可体验骑马、唱歌、摔跤的乐趣和品味手把肉、奶酒的香甜。
11	金四郎城古城遗址	金四郎城古城遗址位于锡林郭勒盟正蓝旗敦达浩特镇北 2 千米处。遗城为乌桓游牧故地，始建于金代。古城呈方形，城中有建筑台基遗迹，为当时州府官衙所在地。2013 年，金四郎城古城遗址被评为第七批全国重点文物保护单位。
12	浑善达克沙地	浑善达克沙地位于锡林郭勒草原南端，距北京直线距离 180 千米，是我国十大沙漠沙地之一，也是内蒙古中部和东部的四大沙地之一。浑善达克沙地是有水沙地，众多的小湖、水泡子和沙泉在沙地中星罗分布，景观独特。
13	浑善达克风情小镇	浑善达克风情小镇依托独特的浑善达克沙地风光，将闲置房改造成牧人家庭旅馆，新建了接待餐厅，开发了牛肉、奶制品、手工艺品等特色旅游产品，开展了民族风情体验、亲子游、暑期夏令营、风情小镇观光游等旅游项目。
14	乌和尔沁敖包	乌和尔沁敖包位于上都镇东北约 30 千米处，是正蓝旗的最高峰，海拔 1794 米。据记载，元朝时庶民百姓称此山为万寿山，是皇家狩猎场所，忽必烈皇帝经常在此狩猎。到了清朝，该敖包才被划为察哈尔正白牛群苏鲁克祭祀敖包。
15	锡林郭勒草原自然保护区	锡林郭勒草原自然保护区位于锡林浩特市境内，面积 107.86 万公顷，草原上的自然风光壮美瑰丽，蒙古族风情古朴浓郁。
16	锡林郭勒草原火山地质公园	锡林郭勒草原火山地质公园位于锡林浩特市城区南侧，分为贝力克牧场多阶熔岩台地和鸽子山复合火山锥、喷气锥两个核心景观区，包括火山地质遗迹景点及自然景观 10 余处。地质遗迹景观区有多阶熔岩台地、火山喷气锥、火山渣堆、火山口等火山地貌景观，自然生态区有平台奇观等草原美景。

续表

序号	名称	简介
17	锡日塔拉草原旅游区	锡日塔拉草原旅游区位于锡林浩特市东南 15 千米处,在锡林河畔的九曲湾左南侧,占地面积 9 平方千米,目前已建成项目有王爷包、中型蒙古包、微型蒙古包等,还设有露天舞场、篝火台。游客可在此品尝蒙古风味(手把肉、烤全羊),欣赏蒙古歌舞表演,坐勒勒车,骑马等。
18	锡林郭勒赛马场	锡林郭勒赛马场位于锡林浩特市。赛马场呈半敞开式,占地面积 26 万平方米,可同时容纳 7000 人,可举办马文化博物馆展览、速度赛马、竞技比赛、马术表演、草原歌舞表演、自由骑乘、民族服装摄影、篝火表演等活动。锡林郭勒赛马场马术俱乐部有国内著名的专业马术教练,可为会员提供专业的场地及马术指导与培训。
19	蒙元文化苑	蒙元文化苑位于锡林浩特市,是一个全面反映蒙元历史文化的景区,共分为大漠沧桑景区、马背驼铃景区、元朝盛世景区、塞上文明景区四个部分。
20	中国马都核心区文化生态旅游景区	中国马都核心区文化生态旅游景区位于锡林浩特市南二环以南与新旧 207 国道之间,是一个集马文化展示、承办或举办赛事活动、骑乘体验、休闲度假等功能为一体的马文化主题旅游区。该景区于 2016 年被授予"内蒙古自治区级服务集聚区"称号;2017 年入选全国优选旅游项目名录,并被评为国家 AAAA 级旅游景区。

以上所罗列的是两都马道上的部分旅游资源,有些已经打造成为成熟的旅游项目,有些还处于开发建设或初步运营阶段。中国马都核心区锡林浩特市经过多年的打造,已经建成多个马旅游项目,加之酒店、餐饮、休闲娱乐等城市配套服务项目,锡林浩特市已经成为一个马旅游目的地和马旅游品牌。正蓝旗也以世界文化遗产元上都遗址和美丽无垠的金莲川草原而具有独特吸引力。在未来内蒙古中东部马旅游核心区两都马道的打造过程中,需要将现有的旅游资源进行充分的整合,并将每个旅游项目进行合理规划与完善,使其成为两都马道上的特色旅游产品,为两都马道增添魅力,从而整体提升两都马道的品牌价值。

（三）辐射区马旅游资源梳理

两都马道辐射区包括锡林郭勒盟、乌兰察布市和赤峰市,这三个盟市拥有丰富的马文化资源和草原旅游资源。

锡林郭勒盟有乌珠穆沁白马、乌珠穆沁黄骠马、阿巴嘎黑马等优良的蒙古马品种资源,有锡林郭勒大草原、乌珠穆沁草原等优质的草原资源,从这片土地上衍生出来的游牧文化保留较为完整,从而构成了丰富的游牧文化资源、马文化资源和草原旅游资源。

乌兰察布市有乌兰察布草原、辉腾锡勒草原和葛根塔拉草原。乌兰察布市交通发达,京包、沪兰、集二、集通、丰准五条铁路贯穿全市,集张高速铁路正在紧张建当中。公路建设以集宁区为中心,以 110 国道、208 国道和京藏高速、二广高速、呼满大通道为主干,形成了便捷的公路交通网络。

赤峰市地域辽阔,资源丰富,是具有多样性生物和地质的天然博物馆,拥有蒙古马"四大名马"之一的百岔铁蹄马,还有水草丰美的乌兰布统草原,具备发展马旅游的良好基础。乌兰布统景区位于赤峰市克什克腾旗西南部,曾是清朝皇家木兰围场区,景区有草原、湖泊、沙地、湿地、林地、林木花卉、野生动物等自然旅游资源,还有蒙古民族风情展示、古战场遗址遗迹、特色饮食、特色旅游商品等人文旅游资源,是开展文化旅游、民俗旅游、宗教旅游、观光旅游和休闲度假的胜地。

四、新项目的设置

两都马道全程 280 千米,纵贯锡林郭勒盟的正蓝旗和锡林浩特市,与锡张高速公路的一段基本平行。通过研究线路的走向和马道的建设,掌握线路的路况、沿线资源分布、可开发利用资源等事宜,最终确定两都马道全长280 千米,标宽 100 米,沿途设有多个用于休息的驿站和其他配套旅游设施和项目。

因此,在两都马道项目集群上,除了 100 米宽的新建马道和现有的沿线旅游项目之外,还应布局和打造马道驿站、牧人之家、自驾车露营地、敖包、草原特色景点、马文化体验馆等项目或设施。两都马道处在锡林郭勒盟风光旅游廊道的核心地段,以马道驿站为节点,将中国马都核心区、元上都遗址串联成一条集赛马、骑乘体验、领略草原景观、参与民族民俗展演等为一体的双向草原旅游马道。

(一) 马道驿站

两都马道全长 280 千米,根据自驾游的旅游体验及车程时间等因素,可设置 5 个驿站。马道驿站是集旅游服务基地、特色旅游产品、区域整合平台功能为一体的综合型旅游服务设施。

马道驿站是马道旅游区的重点配套项目之一,在两都马道、沿黄马道、天边马道、丝路马道和万里茶道上都应该设置,而内蒙古作为有着天然草原等迷人自然景观和深厚民族文化之地,马道驿站的建设也应有其独特性。因此,今后也需要制定一套"内蒙古马道驿站建设标准",引导内蒙古地区马道旅游驿站的规划发展,对马道驿站的选址、标识、设施设备、服务规范等进行规定。马道驿站根据其使用功能可分为一星级驿站、二星级驿站和三星级驿站三个级别。

在马道驿站的规划设计方面,内蒙古将紧密结合全区马道旅游区建设、国际马旅游目的地建设需求,严格按照相关规范规定,坚持远近兼顾、经济适用、突出地方特色等原则,根据不同区域特点确定驿站的功能定位,同时为每个驿站选择有文化底蕴或地域特色的名称。如在两都马道的马道驿站建设中,将充分发掘与展现锡林郭勒盟美丽的草原风光、沙地景观以及自然水域等优质景观,并融合锡林郭勒盟的马文化和其他文化特色,同步规划建设贯穿南北的绿色骑行道和节点区域的游步道、木栈道、玻璃栈道等,完善沿线景点设施建设,优化提升传统马旅游和草原旅游景点设施建设水平,融合并带动当地旅游及相关产业的发展。此外,由于两都马道上的自助游和自驾游游客较多,建设马道驿站时,需要提升其自动化水平和动态监控能力,逐步实现公路交通运输实况、马道旅游体验实况和信息发布联网管理,通过网站、微博、微信、抖音等网络平台对公路路况、公路气象、马道现状、旅游活动等大众出行信息进行实时传播，以马道驿站为节点构建和完善两都马道的旅游服务体系。

（二）牧人之家

锡林郭勒大草原地域辽阔，景观迷人，游牧文化传统而富集。在锡林郭勒盟的很多牧区，至今仍保留着最传统的游牧生产生活方式。外地游客能够从点缀在草原中的牧人之家看到甚至体验到牧人传统的生产生活方式。

牧人之家有如我国南方地区的农家乐，为游客提供的是原生态的乡村牧区生活体验和文化体验。如今，自驾游越来越盛行，深度体验游也让很多游客不再满足于大型旅游景区统一化的旅游产品和体验感受，而是更加偏爱个性化、差异化、私密化和定制化的旅游产品，牧人之家就能够满足人们的这一旅游消费需求。两都马道的旅游产品体系中，牧人之家将是重点项目，应该得到广泛重视。

当然，牧人之家的品质也良莠不齐，服务不周、卫生不干净、项目太粗放等问题多有存在，因此，全力推进牧人之家标准化建设将是两都马道旅游发展工作的重点之一。要抓紧完善牧人之家发展规划，加强乡村牧区旅游基础设施建设，加快牧人之家标准化建设步伐，不断丰富乡村牧区旅游内容，提升产品品质，强化乡村牧区旅游人才培育，将牧人之家标准化建设作为发展乡村牧区旅游、带领农牧民脱贫致富、优化环境、创新发展的主要抓手。

（三）马文化体验馆

1. 概念

在研究内蒙古马旅游的过程中，我们发现，每个盟市的马文化都各有特色，但却很少有全面、系统展示和体验的专业场所。在此背景下，我们认为，内蒙古十二个盟市都至少应该建设一个马文化体验馆。马文化体验馆是一个综合性的马文化旅游场馆，包括马文化静态展示、马文化动态展示、马文化互动体验、马旅游迷你体验、马文创产品展销等项目。整体可分为室内板块和室外板块。马文化体验馆应作为每个盟市马旅游的引擎项目和开篇项目或每个盟市马旅游的第一站或终点站,为游客提供综合性的展示、体验、休闲、娱乐、购物等服务,进而打造成每个盟市或旗县区马旅游的综合服务中心、游客集散中心和体验营销中心。

2. 特征

(1)文化性:马文化体验馆是基于内蒙古和盟市的马文化而开设的场馆,文化是其基本要素。几千年来,内蒙古地区的游牧民族留下了丰富的马文化及其资源。在文化与旅游大融合的时代,"文化是旅游的灵魂"这一论述得到了更大程度的诠释。马文化体验馆的功能包括展示、体验、购物、咨询和服务等,它不是文化的直接展现,而是文化的再创造,并通过市场化手段来进行有效保护。马文化在此需要从书本、历史和传说中走出来,活化为产品,这是一个马文化物态化、活态化和业态化的过程。如果没有文化创意的介入和量身定制的产品转化方式,马文化就成不了马旅游产品。马文化体验馆要将文化元素进行最大程度的创意化、市场化和产品化,让游客在体验的过程中,欣赏马文化,了解马文化,向往马旅游。

(2)体验性:马文化体验馆在陈列展示的基础上,更注重游客的参与、体验。体验馆在设置和布局时,可利用 VR 技术、全息投影技术、虚拟技术、仿真技术、三维技术等高科技技术对马文化资源和马旅游资源进行再创作,并建设马旅游各类项目的室内体验场馆,营造小空间、集中式的体验场景,让游客在应接不暇的体验中获得独特感受,并以此吸引游客走向大自然去感受草原马旅游的魅力。

(3)展示性:展示与体验是马文化体验馆的两个主要功能,马文化体验馆从根本上说,是一个文化旅游项目,因此,展示的方式不能是简单的陈列,而应植入文化创意元素,并利用影像、手工、仿真等各种技术,让人们在参观的过程中获得愉悦感。

(4)教育性:2013 年,国务院办公厅印发了《国民旅游休闲纲要(2013—2020 年)》,纲要中提出"逐步推行中小学生研学旅行"的设想。研学旅行继承和发扬了我国传统游学、"读万卷书,行万里路"的教育理念和人文精神,是素质教育的新内容和新形式,有助于提升中小学生的自理能力和实践能力。马文化体验馆从规划设计之初就需要重点考虑教育价值:一方面,响应国家号召,为开展研学旅行提供专业化、系统化的教学场所。另一方面,为外地游客提供马旅游方面的教育和指导。事实上,绝大多数外地游客对于如何玩转内蒙古没有清晰的思路与规划,而马文化体验馆一般建在一个盟市的游客停留集散的重点城市中,能够让游客第一时间了解当地的马文化、熟悉当地的马旅游,并在此基础上规划好旅行线路。第三方面,对于当地居民、牧民而言,也可以通过亲子体验、周末休闲等方式达到寓教于乐的效果。

(5)独特性:内蒙古地域辽阔,蒙古马品种也因各地自然气候条件的不同及选育和历史因素而不同,比如乌珠穆沁白马、乌珠穆沁黄骠马、乌审马等蒙古马就有显著差异,因此,每个地区的马文化体验馆都应该在统一共性的基础上体现各自的独特性。

3. 内容

(1)静态展示:通过展架、展柜、展台展示实物、模型、仿真物等,让游客了解马的品种、马的历史、马的价值、马的用途等马文化与马旅游资源。

(2)动态展示:通过 VR、全息投影等现代化声光电技术,动态展示蒙古马精神、马头琴的传说以及当地马文化和马旅游资源等。

(3)娱乐体验:赋予马文化娱乐性,设置模拟套马、疯狂的马、策马奔腾、打马印游戏、创意影视等娱乐体验项目。

(4)健身运动:规划小型室内或半室内骑乘场地,提供骑马服务。

(5)教育益智:马术教学、马的知识、马的拼图、马的歌曲、马的舞蹈等。

(6)文创天地:在场馆内游客必经的区域设置文创天地,展销文创产品等。

(7)综合服务:提供旅游咨询、休闲、娱乐、购物等服务。

4. 标准

(1)场地标准:马文化体验馆的主体建筑面积应不低于 10000 平方米。其中,静态展示和动态展示区要能同时容纳 300 人,娱乐体验区要能同时容纳 100 人,健身运动区要能够同时为 10 人提供骑乘服务。内蒙古的很多城

市都有赛马场或城中草原,马文化体验馆也可以与赛马场、城中草原结合,充分体现资源共享的理念,或与赛马场、城中草原进行整合,成为城市马旅游核心区。

(2)设计标准:内蒙古是民族地区,蒙古马是内蒙古马文化的基础,草原是马文化的载体,马文化是马旅游的灵魂,因此,在马文化体验馆的创意设计中,需要突出蒙元文化、游牧文化、蒙古马、马文化、草原等主要元素。

(3)服务标准:马文化体验馆是一个文化项目,更是一个旅游项目,因此,其服务标准也应参照旅游项目来设定。为了提升地区旅游品牌形象,提升马文化体验馆的品质,建议参照 AAAAA 级景区的标准来完善服务功能。

(4)管理标准:马文化体验馆不只是一个简单的场馆,它是本地区马旅游的窗口和起点,具备多方面的功能。马文化体验馆应与当地其他马旅游项目形成紧密合作关系,作为其他马旅游项目的引流入口和营销大本营。因此,在管理层面,马文化体验馆需要在政府的指导下,以企业化运作或合作运营的模式,设置综合管理、运营、维护、服务、咨询、企划、营销、财务等业务板块。

第二节　沿黄马道

一、历史文化溯源

黄河是华夏文明的摇篮,是中华民族的母亲河。黄河全长 5464 千米,为我国仅次于长江的第二大河,也是世界长河之一。黄河自西向东分别流经青海、四川、甘肃、宁夏、内蒙古、陕西、山西、河南及山东九个省区,入渤海。自古以来,黄河吸纳、融合了沿河各地区的文化精华,孕育了大地湾文化、仰韶文化、中原龙山文化、大汶口文化、山东龙山文化等代表性文化,成为中华文明最主要的发源地。"君不见黄河之水天上来,奔流到海不复回""黄河远上白云间,一片孤城万仞山""白日依山尽,黄河入海流"等脍炙人口的优美诗句,将黄河文明的大气磅礴、质朴厚重展现无遗。

自古以来,人们跨越黄河或找寻新的商机,或迁往新的家园,在历史上留下了很多著名的古渡口。黄河上游段有甘肃的莲花古渡,宁夏的横城古渡、石嘴山古渡,内蒙古的君子津,黄河中游段有晋陕交界地带的山西碛口渡,黄河下游段有晋陕豫交界地带的风陵渡、大禹渡、茅津渡,这些古渡口曾经繁华一世,如今很多成了历史遗迹,也有一些被开发成旅游景点。

黄河流经内蒙古 830 千米,其间,穿越蒙古高原的万千沟壑,形成了雄浑奇绝的黄河大峡谷、沃野千里的河套平原、水草丰美的黄河湿地。游客沿着黄河内蒙古段一路北上、东进、南下,可以欣赏滔滔河水、纵横溪流、草场丰茂的黄河"几"字弯美景,领略黄河奔腾而来、咆哮而去的大河气度,参观历史悠久的三盛公水利工程,饱览高峡平湖、绝壁万仞的壮观景色,感受黄河大峡谷的壮美奇绝;还可体验黄河中上游独特的乡风民俗,探究中华民族文明之源,体验羊皮筏子、黄河水车等独具特色的旅游项目。

黄河在内蒙古自治区境内主要流经乌海市、阿拉善盟、巴彦淖尔市、包头市、鄂尔多斯市、呼和浩特市六个盟市。这六个盟市的文化资源厚重丰富,旅游资源多样,旅游项目基础较好。乌海是黄河穿城而过的塞北小城;阿拉善的大漠胡杨久负盛名;巴彦淖尔是"天赋河套"之地;包头是有着"天苍苍,野茫茫,风吹草低见牛羊"美景的草原钢城;鄂尔多斯是"天骄圣地"及文化旅游名城;呼和浩特是内蒙古的首府,综合服务功能较为完善。

近年来,这六个盟市依托独特的资源优势和产业转型的契机,不断加强重点旅游景区建设,积极整合旅游资源,培育热点旅游线路,创新旅游套餐,提升旅游业发展水平,重点打造了蒙元文化、西口文化、河套文化三条特色文化旅游产业带。

二、总体布局

表 6.2　沿黄马道城市群的区域划分

所在盟市	核心区	辐射带动区
呼和浩特市	托克托县、清水河县	武川县、和林县、土默特左旗、新城区、赛罕区、回民区、玉泉区
包头市	东河区、九原区、昆都仑区、青山区、土默特右旗	石拐区、白云矿区、达尔罕茂明安联合旗、固阳县
鄂尔多斯市	准格尔旗、达拉特旗、杭锦旗、鄂托克旗	伊金霍洛旗、乌审旗、鄂托克前旗、东胜区、康巴什区
巴彦淖尔市	磴口县、临河区、杭锦后旗、五原县、乌拉特前旗	乌拉特中旗、乌拉特后旗
乌海市	海勃湾区、海南区、乌达区	无
阿拉善盟	阿拉善左旗	阿拉善右旗、额济纳旗

　　沿黄马道的核心资源是马和黄河,也可以说沿黄马道的核心吸引力在于"马+黄河",即将草原文化与黄河文化相融合,并将游牧民族与农耕民族守望相助作为文化核心,打造独具魅力的旅游体验项目。然而,黄河在内蒙古过境达 830 千米,沿着黄河修建一条完整的马道显然不现实,一方面是距离太长,投资过大,经济效益和社会效益均欠佳;另一方面是黄河内蒙古段沿岸的地形地貌复杂多样,有滩涂,也有峭壁,施工建设难度极大;第三方面是黄河流经区域广,沿黄一带的自然景观有的迷人壮观,有的则旅游价值小,故有整体建设马道的必要。基于以上因素,沿黄马道应在呼和浩特、包头、鄂尔多斯、乌海、巴彦淖尔、阿拉善六个盟市中选择最适合的位置建设节点,从而串联形成内蒙古中西部区的沿黄马道核心区,并以此为基础,通过沿黄马道节点将各个城市的其他马旅游资源有效衔接起来,统一形成内蒙古中西部区的马旅游网络。沿黄马道核心区将通过品牌打造和推广形成影响力和吸引力,辐射带动太原、大同、西安、银川等周边客源市场。

沿黄马道作为一个内蒙古马道旅游的子品牌,可以提炼出类似于"纵马千里,一览黄河"的品牌形象。基于沿黄马道总体布局,各个城市打造具有各自特色的沿黄马道节点,并充分考虑自身现有马旅游资源与沿黄马道节点之间的互动融合关系,提炼出既有地方特色又有吸引力的主题形象。其中,呼和浩特需要依托首府城市的独特优势,突显其马旅游综合服务和集散中心的功能;包头需要依托草原文化与工业文化的有机融合,打造"双翼的神马"——爱国奋斗马旅游品牌;鄂尔多斯需要依托蒙元文化和成吉思汗文化,进一步巩固"天骄圣地"的文旅品牌;巴彦淖尔需要依托河套文化和戈壁草原景观,探索构建马旅游产业和产品体系;乌海需要依托"一边是黄河,一边是沙漠"的独特景观和草原丝绸之路节点城市的优势,进一步打造"黄河明珠"旅游品牌;阿拉善需要依托胡杨林和沙漠的独特资源,同时结合草原丝绸之路节点城市的优势,开发具有阿拉善特色的马旅游形象,助力打造"苍天般的阿拉善"文旅品牌。

三、旅游要素分析

(一)旅游要素类型

1.黄河文化

黄河自宁夏横城流经内蒙古,又折而向陕西、山西的河段,因呈现一个大"几"字形,故有"套"之称,自明代起,始称"河套"。今天的河套地区主要指贺兰山以东、阴山以南、吕梁山以西、长城以北的区域。该区域内有内蒙古中西部区的六个盟市,因此,黄河文化对这些城市的影响十分深远。

2.成吉思汗文化

成吉思汗文化内容丰富、内涵深刻,是中华文化的组成部分,包括成吉思汗八白室、成吉思汗苏勒德、成吉思汗骏马、成吉思汗祭典、成吉思汗传说故事等。

沿黄马道旅游核心区内的鄂尔多斯市伊金霍洛旗是成吉思汗陵寝所在

地。作为蒙古民族历史文化圣地的成吉思汗陵，珍藏着诸多成吉思汗圣物，保留着古老神圣的成吉思汗祭典仪式。成吉思汗祭典是蒙古民族最高规格的祭礼。2006年5月，被列入第一批国家级非物质文化遗产名录。

3. 马文化

乌审马是蒙古马的"四大名马"之一，是乘挽兼用型良驹，由于其性格温顺、耐力强、善走沙地，走对侧快步极为平稳，被誉为"天生走马"。乌审旗是乌审马的故乡，也是"乌审走马"的发源地。元朝时，曾在今乌审旗所在地设置官办牧场——察汗淖尔牧场，牧马业空前繁荣，竞技走马蔚然成风。时至今日，乌审旗草原上仍有不少牧人醉心马文化研究及走马驯养技艺，成立了切磋技艺的"马文化独贵龙"等民间组织，走马文化在全国独树一帜。每逢草肥马壮之时，牧民都要举办马奶节、打马鬃节、赛马节等跟马相关的节庆活动。乌审旗也因"走马"而成功入选2018—2020年度"中国民间文化艺术之乡"。

有着4000年悠久历史的乌审赛马，由牧人驯师们世代传承和发展，并已形成了独特的竞技规则和习俗。走马赛原为蒙古族贵族举办的一种赛事，后来成为典型的地方性群众活动。走马赛道一般长150~200米，每50米设一名评委，每位评委评一匹马。每组设定3~5匹马竞赛，初选获胜的马抽签进入下一轮比赛，需要经过五轮比赛才能决出最后的名次。走马赛以马的步伐稳健、姿态优美为主要评判标准，并兼顾走马的装扮、骑手的穿戴、马与人的配合度、整体美观等因素。马在比赛过程中走步或奔跑，都不能记录成绩。因此，走马要经过一段时间的特殊训练后才能参加比赛。走马赛与其他赛马活动不同，它不是单纯比赛马的速度，而是一种以观赏马的独特步伐为主的比赛项目。

4. 河套文化

河套地区位于黄河"几"字弯处，是黄河流域的重要组织部分。"河套"的称谓由来已久，"大河三面环之，河以套名，故称河套也"。阴山南北和河套地区历史悠久，原始社会时期，人类祖先就已在此居住；旧石器和新石器时代，北方草原自然经济形态就已在此萌芽；夏、商、周、秦时期，以河套文化为主的古代文明就已形成。河套文化是中华文化体系的一部分，也是黄河文化的重要组成部分，其发展历史在中华文明发展史上的意义也极为重大。

5.西口文化

"走西口"是我国近代史上最著名的五次人口迁徙事件之一。"走西口"中的"西口"一般是指山西省朔州市右玉县的杀虎口。"走西口"移民运动极大地加强了"口外"边地与内地的联系，加强了蒙古、汉民族间的文化交流。在晋陕蒙毗连带，由于相近的地域条件、相似的社会环境和自然环境，使蒙古、汉等各民族在长期的文化交融中，形成了具有共同方言、相近生活习俗的文化圈。

（二）马旅游资源梳理

沿黄马道串联的六个盟市中，草原景观、大漠风光、民族风情等旅游资源丰富多彩。以下，我们主要梳理跟马旅游直接相关的城中草原、城郊草原、草原景区、赛马场和特色马旅游景区等资源。

1.呼和浩特市

呼和浩特是内蒙古的首府，是内蒙古的政治、经济、文化中心。呼和塔拉草原位于呼和浩特市保合少镇野马图村，是内蒙古自治区成立70周年大庆的主会场。呼和塔拉，蒙古语翻译为"青色的草原"。这里不仅有碧草如茵的草原，全国最大的"蒙古包"——呼和塔拉会议中心也坐落于此。呼和塔拉草原占地面积10389亩，以种植天然牧草为主，通过生态修复建设，正在打造体现草原文化、独具北疆特色的自然草原观光区，是距呼和浩特市区最近的观赏草原景观之地。

敕勒川草原文化旅游景区位于土默特左旗，总面积100平方千米，分为两大区域：一大区域以展示和体验蒙元文化为核心，依托《敕勒歌》诗中所描绘的古代游牧生活的壮丽图景，通过退耕还草，恢复万亩敕勒川草原美景，形成以蒙元文化为核心主题的景观区。这一区域的主要景观有景区大门、敕勒川草原、圣主广场、呼和敖包、中国草原自驾车营地等。另一大区域以观光旅游、休闲度假为核心，依托哈素海国家湿地公园资源优势，打造集休闲度假、文化体验、商务会议、观光娱乐、康体养生为一体的综合性旅游区。这一区域的主要景观有哈素海国家湿地公园、天鹅堡温泉、戏水乐园、天鹅堡温泉度假酒店等。敕勒川草原文化旅游景区地理位置优势突出,地处呼包鄂黄金三角州的位置,东距呼和浩特 65 千米,西距包头 85 千米,南距鄂尔多斯 115 千米。

内蒙古赛马场位于呼和浩特市北郊,占地面积为 32 万平方米,建筑面积8329 平方米,是 1959 年为庆祝中华人民共和国成立 10 周年与迎接内蒙古自治区第一届运动会而建。比赛场地内,分别设有障碍马术场、技巧表演场、标准环形速度赛马跑道等,可同时进行多项比赛活动。整个赛马场可供10 万人观看比赛,另附设 12 个贵宾休息室、2 个健身房、45 间运动员宿舍及会议室、游艺厅、展览厅等。1959 年第一届全国运动会的赛马、马球比赛等在这里举行;1982 年全国少数民族运动会的赛马、赛驼等也在这里举行。如今,内蒙古赛马场经常举办各类体育赛事或节庆活动,还可以观赏到各类与马相关的蒙古族传统体育项目或娱乐项目。

2.包头市

希拉穆仁草原是内蒙古最早开辟的草原旅游区,其中有很多大大小小的草原旅游景区,景区中又包含蒙古包旅游部落和特色牧家乐等项目。希拉穆仁草原每年都要举行盛大的那达慕大会,其中的赛马、摔跤和射箭三个竞技项目是蒙古族"男儿三艺"。希拉穆仁草原的旅游项目众多,游客不仅可以观赏草原美景,体验草原游牧民族的生活,还可以参与隆重的祭敖包仪式,观赏大型马术表演《漠南传奇》,享用草原上纯正的蒙古族美食,体会独特浓郁的蒙古族文化风情。

赛汗塔拉生态园位于包头五个城区之间,总面积 770 公顷,是全国最大的城中草原。"赛汗塔拉"蒙古语意为"美丽的草原",园区内有着迷人的草原湿地景观,野生动物随处可见,迁徙来去的候鸟种类繁多,草树相映成趣,构成了独特的城中疏林草地景观。赛汗塔拉生态园内除了草原景观和休闲游步道、有氧骑行道之外,还有蒙古大营、圣鹿园、蒙高列艳风情园等多个休闲旅游项目,可提供蒙古族餐饮及民族服饰展示、休闲游乐、民族歌舞表演、民族婚礼展演等综合性服务。此外，园区内的敖包、玛尼宏神台、跑马场、射箭场、摔跤场及牛、马、骆驼、羊、鹿等动物，构成了一个近似原生态的草原景观，能满足本地市民和外地游客基本的草原旅游需求。

内蒙古包头黄河国家湿地公园规划总面积 122.22 平方千米，由昭君岛、小白河、南海湖、共中海和敕勒川五个片区组成，自西向东分为滩、水、园、林、岛五个主题片区，是沿黄高纬度寒冷干旱地区大型国家湿地公园。

3. 鄂尔多斯市

鄂尔多斯有天骄圣地、大漠风光、民族风情和休闲避暑四大产品体系，正在创建国家全域旅游示范区。到 2018 年底，鄂尔多斯市有国家 A 级旅游景区 46 家，其中 AAAAA 级旅游景区 2 家，AAAA 级旅游景区 27 家，AAA 级旅游景区 12 家。鄂尔多斯的马旅游资源富集，既有鄂尔多斯草原、苏泊罕大草原、马兰花草原等草原景区，又有"四大名马"之乌审马，还有成吉思汗的温都根查干——溜圆白骏蒙古马优良品种，因此，具备发展马旅游的天然优势。

鄂尔多斯草原旅游区位于杭锦旗锡尼镇西南 9 千米处，景区核心区是由 1 个蒙古大营和 300 多个蒙古包组成的蒙古包群，包括综合服务区、汽车营地、民俗文化体验区、草原休闲娱乐区、草原休闲度假区、草原生态观光区六个功能区及那达慕实景马术剧、诈马宴、草原之夜篝火晚会、飞天草原以及鄂尔多斯婚礼表演五大特色旅游产品。

苏泊罕大草原以 13 世纪游牧草原文化为背景，以鄂尔多斯 300 多年历史为记忆，以"激情苏泊罕、浪漫大草原"为主题，以游牧集镇和草原爱情为突破点，形成七旗会盟区、游牧时代区、宗教信仰区、那达慕娱乐区四大旅游区域，集畅游草原、激情娱乐、实景演艺、穹庐住宿、游牧大餐、马背纵情、牧人养生、草原狂夜、民俗艺术等旅游项目于一体。

马兰花草原旅游景区位于鄂尔多斯上海庙镇以北，以打造综合性草原文化旅游景区为目标，以自然景观、人文景观为依托，以演艺业、马产业等为引擎，兼具旅游观光、休闲度假等功能，致力于发展包括食、住、行、游、购、娱、体、学、疗、悟等在内的旅游产业链，让游客在这个蒙元草原文化的重要

平台上获得丰富的游玩体验,力争成为全球马文化展示胜地、休闲度假养生胜地、草原运动康体平台及我国西北地区独具特色的文化娱乐及休闲度假胜地。

4. 巴彦淖尔市

乌拉特草原北与蒙古国接壤,南靠阴山,西连阿拉善盟,东临包头市,主要分布于乌拉特前旗、乌拉特中旗、乌拉特后旗和磴口县境内,草原地势从西北向东南倾斜。乌拉特草原面积 509 万公顷,可利用面积 413.9 万公顷,其中 86.6%属于荒漠半荒漠草场。乌拉特草原是内蒙古自治区九大集中分布的天然草场之一,孕育了匈奴、鲜卑、突厥、蒙古等草原民族,留下了悠久灿烂的游牧文化。

乌拉特草原的那达慕大会是当地传统的群众集会,每年举行一次,主要包括摔跤、赛马、套马、赛骆驼、舞蹈等活动。那达慕大会一般于 7、8 月份举行,届时,旅客可以观看传统的民族体育表演,还可以参与其中,与牧民们共享欢乐。

内蒙古临河黄河国家湿地公园位于黄河"几"字弯北岸,地处河套平原南缘,规划总面积 4637.6 公顷,是西部干旱、半干旱区典型的黄河河滩芦苇沼泽湿地类型,是我国中温带候鸟迁徙、繁衍生息的理想场所。黄河湿地公园旅游景区总占地面积 196 万平方米,公园以生态保护、文化传播、休闲游览和自然野趣为主要内容,共分为蒙元文化展示区、都市文化休闲区、黄河文化展示区、农耕文明观赏区、生态渔业体验区、生态休闲娱乐区、水上活动娱乐区七个功能区。

5. 乌海市

黄河流经乌海75.5千米,沿途散落着十多个大大小小的岛屿和夹心滩,犹如点缀在黄河锦带上的粒粒翡翠。岛滩上绿草如茵,树木参天,自然风景十分秀丽,是乌海发展旅游业得天独厚的资源优势。

6. 阿拉善盟

阿拉善荒漠草原位于内蒙古的最西端,虽然黄沙遍地,但也有少数绿色植被,是一处兼有沙漠、绿洲、荒原、草原、河流、湖泊的戈壁滩。"大漠孤烟直,长河落日圆"的苍凉景象在这里展露得淋漓尽致。阿拉善荒漠草原依托巴丹吉林沙漠的探险活动吸引游客,可参观延福寺、访草原牧户、烤全羊、烧驼峰、骑马漫游和乘骆驼进入沙漠观赏沙山、绿洲和湖泊等。

通湖草原旅游区位于内蒙古腾格里沙漠南缘、阿拉善左旗腾格里苏木境内,是自然景观独特的沙漠湖盆地。旅游区被沙丘环抱,内有4平方千米的湿地,绿草茵茵,空气清新,牛羊成群,候鸟翩翩,白色的蒙古包群、五彩的野营帐篷、休闲茶座与飘飘营旗,也为这里增添了另一番风情。

四、旅游发展模式探讨

沿黄马道中有着丰富的马旅游资源,因此在马旅游发展过程中,一方面需要通过挖掘马文化、草原文化、游牧文化、蒙元文化,进一步提升马旅游内涵;另一方面,需要通过创意策划马旅游体验产品、马旅游演艺产品、马旅游展示项目、马旅游节庆活动和马旅游文创产品,全面提升马旅游体验品质;此外,还需要通过资源整合打造"乌审走马"等精品马道旅游线路,并以成吉思汗陵"溜圆白骏"精品旅游项目为引领,在成吉思汗陵周边打造以成吉思汗文化为核心,集骑马、赛马、套马、马术、驯马、养马、优良蒙古马培育与出售、马旅游产品研发与展销、传统蒙古族生活体验等特色马旅游项目于一体的马业综合体或马旅游特色小镇。

(一)城市辐射带动模式

沿黄马道作为内蒙古中西部区的马道旅游核心区,可依托六个盟市的旅游发展现状和发展思路,并结合各个区域内沿黄旅游资源,打造各具特色的沿黄马道旅游节点;以沿黄马道旅游节点为枢纽或窗口,链接本盟市的其他马旅游相关项目,从而构建起以沿黄马道旅游节点为枢纽的城市马旅游板块或线路。

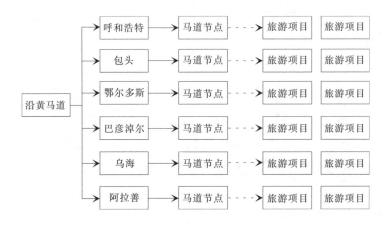

图 6.1　城市辐射带动模式

（二）区域单一合作模式

沿黄马道的区域单一合作模式是指内蒙古沿黄城市带的六个盟市以沿黄马道为核心吸引物开展合作，开发区域市场，促进客源流动，实现区域马旅游一体化的模式。如图 6.2 所示。

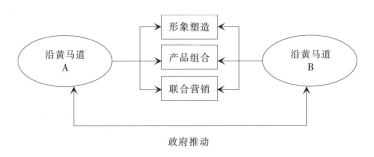

图 6.2　区域单一合作模式

联合营销。在政府的积极推动下，不同行政区域的沿黄马旅游企业携手合作，通过主题活动、联合推介和营销网络构建等形式，采取联合营销措施，吸引区域内的居民和外地游客自由高频流动，调动游客消费积极性。

产品组合。将彼此有影响力的马旅游项目整合打造成一条特色鲜明的马旅游线路，并加以推广，其合作效果取决于旅行社的规划设计、游客认可度及政府推广力度。

形象塑造。根据沿黄马道上不同城市的旅游资源特点以及文化元素,总结凝练出能够概括沿黄马道整体旅游形象的广告语,并加以推广,以塑造良好旅游形象。

(三)区域综合合作模式

沿黄马道的区域综合合作模式是指在政府推动下,以企业为主体,推动内蒙古中西部区马旅游各要素在区域内的全面合作的模式。这一模式的合作主体不再只局限于政府和旅游景区,而是扩展到马旅游产业的各类上下游企业。双方或多方的合作目标不再局限于吸引临近客源市场;合作方式也不再是现有马旅游资源的简单组合,而是要进一步制定统一的规划,制定相关的促进和保障措施;合作内容为基于沿黄马道的旅游项目、餐饮、住宿、娱乐、购物等各个旅游产业链的要素,通过横向联合和纵向联合实现内蒙古中西部区马旅游的区域一体化。

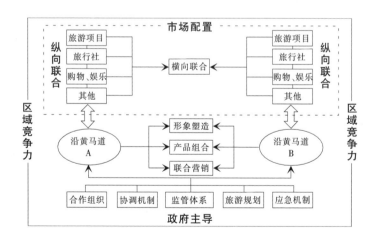

图 6.3 区域综合合作模式

（四）区域无障碍旅游模式

沿黄马道的区域无障碍旅游模式是指在内蒙古中西部区内，以促进区域马旅游发展、方便马旅游要素自由流动为目的，通过政府、行业及企业互动，打破地域界限及行业壁垒，在区域内实现旅游交通、旅游服务及旅游信息等共享无障碍的模式。区域无障碍旅游模式是全域旅游发展的高级阶段，通过消除一切阻碍区域内马旅游良性发展的不利因素和不良做法，以市场开放、资源共享、平台共赢、管理协同等方式实现马旅游效益的最大化。在原有的合作基础上，进一步拓展深度和广度，让资源、资金、客流、人才等要素在区域内实现畅通流动，并通过兼并、重组或成立联盟、联合体、集团公司等形式，实现马旅游发展的横向一体化，最终构建起高效、高质的马旅游产业链。

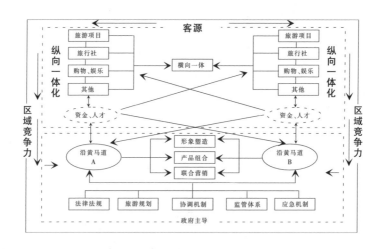

图 6.4 区域无障碍旅游模式

第三节　天边马道

一、历史文化溯源

（一）呼伦贝尔草原

呼伦贝尔草原位于大兴安岭以西，是新巴尔虎右旗、新巴尔虎左旗、陈巴尔虎旗、鄂温克族自治旗和海拉尔区、满洲里市及额尔古纳市南部、牙克石市西部草原的总称，总面积约为 10 万平方千米，3000 多条河流纵横交错，500 多个湖泊星罗棋布。呼伦贝尔草原是世界著名的天然牧场，是世界四大草原之一，被称为世界上最好的草原，是全国旅游二十胜景之一。历史学家翦伯赞认为，呼伦贝尔草原是"游牧民族的历史摇篮"。早在两三万年前，扎赉诺尔人就繁衍生息在呼伦湖畔，创造了这里最早的原始文化。呼伦贝尔草原以其丰饶的自然资源滋养了我国北方许多游牧民族，东胡、匈奴、鲜卑、室韦、突厥、回纥、契丹、女真、蒙古等十几个渔猎民族和游牧民族，都曾驰骋于这个历史大舞台。

（二）科尔沁草原

科尔沁草原处于西拉木伦河西岸和老哈河之间的三角地带，西高东低，绵亘 400 余千米，面积约 4.23 万平方千米。科尔沁草原水利资源非常丰富，有绰尔河、洮儿河、归流河、霍林河等 240 条大小河流和莫力庙、翰嘎利、察尔森等 20 多座大中型水库。科尔沁草原历史悠久，文化源远流长。目前尚存的名胜古迹有辽代古城、金代界壕、科尔沁十旗会盟地旧址和庙宇、佛塔。科尔沁草原上有大青沟、汗山、科尔沁草原湿地自然保护区等国家和地区保

护区。

科尔沁草原地域辽阔,地貌多样,自然景观及人文景观多姿多彩,一年四季均为摄影创作提供了良好的空间。历史上的科尔沁草原水草丰美,是蒙古民族逐水草而居的天然牧场,如今,在科尔沁草原北部仍然有一处保留得十分完整的原始草原,是当地牧民的夏营地。

通辽有两个自然保护区,即位于科尔沁左翼后旗境内的大青沟国家级自然保护区和位于扎鲁特旗境内的特金罕山自然保护区。大青沟深林里的原始生态环境保存十分完好,不仅是避暑观光的旅游胜地,更是摄影爱好者的好去处。在扎鲁特旗境内的特金罕山自然保护区,既能观赏到大兴安岭迷人的秋林色彩,又能看到金秋时节几十万牲畜大迁徙的壮观场景。冬季大雪覆盖大地时,仍有牧羊人放牧羊群的场景,偶尔也能见到未迁走的蒙古包。

二、总体布局

天边马道设置在海拉尔区到满洲里市之间,全程 250 千米,与海满一级公路平行,一路都可以看到呼伦贝尔草原的美景。天边马道在进行总体布局时,要有机整合沿线的马旅游资源,形成内蒙古东北部地区的马道旅游核心区,并辐射呼伦贝尔市、兴安盟和通辽市,同时充分利用呼伦贝尔草原、科尔沁草原等优质草原资源,从而打造一条我国最美的草原马道。

三、旅游要素分析

(一)旅游要素类型

1. 蒙元文化

蒙古族起源于古老的东胡系蒙兀室韦,在 7 世纪时,其名字已出现于唐代文献,当时活动在额尔古纳河下游的大兴安岭北端,过着半狩猎、半游牧的生活。额尔古纳河的滋润让呼伦贝尔草原水草丰美,勤劳勇敢的蒙古族在此繁衍生息、成长壮大,因此,额尔古纳河被蒙古族人视为神圣的母亲河。

2. 多元文化

呼伦贝尔境内,多种民族文化共存共生,其中,蒙古族、鄂温克族、达斡尔族、鄂伦春族和俄罗斯族等少数民族的民俗风情极其浓郁。

(1)游牧民族——蒙古族。生活在呼伦贝尔的蒙古族主要有三个不同的部族:巴尔虎部落——分布在莫日格勒河、海拉尔河、额尔古纳河流域的巴尔虎部族,分布在克鲁伦河、呼伦湖、贝尔湖流域的新巴尔虎(右)部族,分布在乌尔逊河、哈拉哈河、贝尔湖流域的新巴尔虎(左)部族;布里亚特部族——分布在锡尼河流域、伊敏河流域;厄鲁特部族——分布在伊敏河流域的伊敏苏木。当地蒙古族的节庆活动丰富、风俗习惯独特。主要民族节庆活动有春季的丰收节、夏季的那达慕大会和祭敖包活动;民族舞蹈有安代舞、盅碗舞、筷子舞等;民族体育活动有"男儿三艺",即摔跤、射箭、赛马;民族食品主要分"红食"和"白食"两种,"红食"指肉制品,"白食"指奶制品。

(2)驯鹿背上的民族——鄂温克族。鄂温克是鄂温克族的民族自称,其意思是"住在大山林中的人们"。鄂温克族的传统文化极为丰富,最为突出的是服饰文化和饮食文化。鄂温克族人以狩猎为生,有着悠久的饲养驯鹿的历史,他们将驯鹿视为吉祥、幸福和进取的象征,男女老少都喜爱和保护驯鹿。

(3)猎鹰民族——达斡尔族。鹰猎是狩猎方式的一种。达斡尔族人一般在雪后清晨骑马出门,左臂托举猎鹰,在雪野山林中寻找猎物,发现野鸡、野兔等动物后,立即命令猎鹰出击,猎取猎物。鹰猎既是一项生产劳动,又是一项趣味十足的体育娱乐活动,深受达斡尔族人喜爱,达斡尔族人也会因为拥有一只聪明伶俐、敏捷强悍的猎鹰而骄傲与自豪。莫力达瓦达斡尔族自治旗在1989年被国家体委命名为"曲棍球之乡"。

(4)狩猎民族——鄂伦春族。相传,鄂伦春族人的祖先从贝加尔湖迁徙而来,世代居住于大兴安岭腹地,以驯鹿为生,信奉萨满教,以万物有灵为念,敬畏自然之神。狩猎是鄂伦春族人生存所需,一年四季他们都在茫茫林

海中游猎,因此,猎马和猎狗是鄂伦春族人不可或缺的帮手和伙伴。鄂伦春族的传统节日众多,有篝火节、拜火神、抹黑节等,分别于每年的 6 月 18 日、腊月二十三、正月十六举行。

（5）华俄后裔——俄罗斯族。在呼伦贝尔旅游北线上,有几座安静的小城,坐落在美丽的额尔古纳河畔,这里没有城市的喧闹,给人的第一个感觉就是静。小城街道呈"十"字形,中央的主街是新修的水泥路,另一条街道由沙石铺就。街上有几家卖俄罗斯旅游用品的小店和日杂小商店。白皮肤、黄头发、蓝眼睛的俄罗斯族青年从相貌上看,与汉族人大有区别。他们有着白人的面孔,却说着流利的普通话。这些一眼就可以看到头的小城,俄罗斯风格的建筑林立其中,多是用原木搭建的"木刻楞"。

3. 马文化

三河马主产于呼伦贝尔三河地区,与河曲马、伊犁马并称为"中国三大名马"。三河马由俄罗斯后贝加尔马、蒙古马及英国纯种马等杂交改良而来,已有上百年的驯养历史。三河马以外貌俊秀、体质结实、体型匀称、具有较强的持久力而著称,是农业生产、交通运输的首选品种,同时也是骑乘型品种,属挽乘兼用型,遗传性稳定,用于改良蒙古马效果良好。在我国可查的赛马纪录中,三河马是唯一能与外国马争雄的国产马。

（二）核心区马旅游资源梳理

1. 呼伦贝尔草原

呼伦贝尔草原位于大兴安岭以西,是世界四大草原之一,是全国旅游二十胜景之一。呼伦贝尔草原地域辽阔,水草丰美,毡包、羊群、马群点缀在起伏连绵的绿海中,其中的巴尔虎草原、鄂温克草原、白音胡硕草原是草甸草原中最具代表性的大面积连片草原,绿草如毯,祥云飞舞,蒙古包星星点点,成群的牛羊密密麻麻,景观独特,魅力无限。

2. 呼伦湖

呼伦湖位于呼伦贝尔草原西部的新巴尔虎右旗、新巴尔虎左旗和扎赉诺尔区之间,呈不规则斜长方形,是内蒙古第一大湖、东北地区第一大湖、我国第五大湖及第四大淡水湖、亚洲中部干旱地区最大淡水湖。呼伦湖地处呼伦贝尔大草原腹地,素有"草原明珠""草原之肾"之称,在区域生态环境保护中具有特殊地位。虎啸呼伦、水上日出、石桩恋马、湖天蜃楼、玉滩淘浪、芦荡栖鸟、象山望月、鸥岛听琴是呼伦湖的八个著名景区,沿湖有多处旅游点,活动项目丰富多彩。旅游者可以穿上蒙古袍骑着骏马奔驰,也可以骑着双峰驼漫步或乘坐原始的勒勒车漫游,还可划着小船在呼伦湖中垂钓。

3. 海拉尔河

海拉尔河蒙古语意为"雪水之河",位于呼伦贝尔市境内,是额尔古纳河的上游河段。海拉尔河发源于大兴安岭西侧吉勒老奇山西坡,由东向西流,其源流为大雁河,与库都尔河于乌尔旗汉林场汇合后始称海拉尔河。

4. 满洲里套娃广场

套娃广场又叫套娃景区,是国家 AAAAA 级旅游景区,也是中俄边境旅游区的重要组成部分。景区以俄罗斯传统工艺品——套娃为主题,建筑、装饰等极具俄罗斯风情,吃、住、行、游、购、娱等项目丰富多彩。

5. 满洲里国门景区

满洲里国门是位于满洲里市西部中俄边境处我国一侧的乳白色建筑。国门庄严肃穆,乳白色的门体上方嵌着"中华人民共和国"七个大字,上面悬挂着国徽,国际铁路从下面通过。现在的满洲里国门是第五代国门,国门景区占地面积 13 平方千米,包括 41 号界碑、国门、红色国际秘密交通线遗址、和平之门主体雕塑和满洲里历史浮雕、红色旅游展厅、火车头广场等景点。

(三)辐射区马旅游资源梳理

1. 呼伦贝尔市

呼伦贝尔市有呼伦贝尔大草原、呼伦湖、贝尔湖、额尔古纳河、中俄边境旅游区、室韦俄罗斯族民族乡、敖鲁古雅、黑山头城址、金帐汗蒙古部落、白音胡硕草原、牙克石凤凰山庄、达斡尔民族园、莫日格勒河、成吉思汗拴马桩、汗马国家级自然保护区等旅游景区。其中,满洲里市、额尔古纳市是国家级全域旅游示范区创建单位。

2. 兴安盟

兴安盟有阿尔山白狼峰景区、阿尔山海神圣泉旅游度假区、成吉思汗庙、哲里木十旗会盟地、索伦河谷、察尔森水库、阿尔山火山温泉地质公园等旅游景区,其中,阿尔山市和乌兰浩特市是国家级全域旅游示范区创建单位。

3. 通辽市

通辽市有科尔沁草原、珠日河草原、阿古拉草原、可汗山、孝庄园、库伦三大寺、大青沟、塔敏查干沙漠、奈曼王府、大乐林寺、鸿雁湖、阿日昆都冷草原等旅游景区。科尔沁500千米风景大道是一条汇集通辽市最优质文化旅游资源的自驾旅行路线,以国道304线为主轴,以科尔沁文化为内核,包括沙漠、森林、草原、湿地、农田、人文、民俗等自然景观和80余处民族文化景观。2018年12月,科尔沁500千米风景大道获评"中国最受欢迎的十大自驾路线"。

四、核心区项目设置

天边马道与两都马道一样,都是以马旅游为核心吸引物,通过旅游交通主干道将两个重要旅游节点进行衔接,并有机整合沿途的马旅游及相关旅游资源而形成的一个自成体系的旅游项目集群和精品旅游线路,其可带动核心区内的旅游发展,并通过品牌效应辐射带动周边区域的马旅游发展。比如与兴安盟的阿尔山市和乌兰浩特市、通辽市的科尔沁500千米风景大道等重点区域和优势项目进行联动,实现以马旅游为基础的区域协作共赢。天边马道将海拉尔区和满洲里市之间相关的旅游项目和文化资源进行有机融合,并通过打造马道驿站、牧人之家、自驾车露营地、马文化体验馆等特色项目,进一步丰富了旅游产品体系,有助于打造天边马道马旅游品牌。

(一)马道驿站

天边马道全长250千米,考虑自驾游的旅游体验及车程时间等因素,可设置 3 个驿站。马道驿站是集旅游服务基地、特色旅游产品、区域整合平台功能于一体的综合型旅游服务设施。

天边马道在马道驿站建设中,将充分发掘与展现呼伦贝尔市美丽的草原风光、湖泊景观以及国门景观等优质资源,结合呼伦贝尔市的马文化和其他文化特色,同步规划建设横贯东西的绿色骑行道和节点区域的游步道、木栈道、玻璃栈道等,完善沿线景点设施建设,优化完善传统马旅游和草原旅游景点设施,使其成为镶嵌在呼伦贝尔大草原上的"珍珠项链",进而带动地方经济发展。

(二)牧人之家

呼伦贝尔草原是游牧民族的历史摇篮,历史上,匈奴、拓跋鲜卑、回纥、突厥、黠戛斯、契丹、女真、蒙古等游牧民族在这里生活过。如今,呼伦贝尔境内生活着蒙古、汉、回、满、达斡尔、鄂温克、鄂伦春、俄罗斯、朝鲜等 42 个民族,少数民族人口 50.61 万人,占人口总数的 18.62%,其中蒙古族人口 24.24 万人,占总人口 8.92%。内蒙古自治区 3 个少数民族自治旗都在呼伦贝尔市,即莫力达瓦达斡尔族自治旗、鄂温克族自治旗、鄂伦春自治旗。在全自治区 19 个民族乡(苏木)中,呼伦贝尔市占 14 个。因此,而今的呼伦贝尔草原上依然生活着诸多游牧民族,保留着传统的原生态的游牧文化。牧人之家作为天边马道上重要的旅游体验项目,可让游客在旅游观光或马道驰骋时,随时停下来体验传统的游牧生活。由于呼伦贝尔市的少数民族众多,民族风情浓郁,所以可以在天边马道沿途合理设置不同民族的民族风情体验旅游点,进而形成全面展示呼伦贝尔市少数民族风情的旅游项目集群,打造呼伦贝尔市少数民族风情旅游带。

(三)自驾车露营地

呼伦贝尔大草原本身就是极具吸引力的生态旅游目的地。天边马道所在地满洲里市、海拉尔区拥有丰富的人文景观、自然景观和主题旅游项目,如今已经具有较强的品牌影响力。大众旅游时代,自驾游越来越时兴,而天

边马道上的草原、湖泊、民族风情等旅游资源非常适合自驾车"慢游",因此,自驾车露营地的建设也应作为天边马道旅游重点配套项目给予重视。

根据《休闲露营地建设与服务规范》中对自驾车露营地的要求,在自驾车露营地的选址上,城市或城镇到露营地的车程时间宜为 3 小时以内,露营地 50 千米车程范围以内宜有加油站,露营地周边 1 小时车程范围内应有提供必要救助的设施或条件。在规划要求方面,应充分衔接所在地的土地利用规划、城乡规划等上位规划,充分结合所在地的气候及地理环境、文化习俗及乡土建筑风格等因素,形成有特色主题的总体风格,与周边自然环境协调,达到优化景观的效果,做到总体布局合理,功能区分科学,交通顺畅,以满足集约型管理服务和露营活动需要。在功能区设置方面,露营地的基础功能区应包括出入口、服务中心、停车场、自驾车露营区、房车宿营区、服务保障区、废弃物收纳与处理区,特色功能区应包括木屋住宿区、帐篷露营区、儿童游乐区、户外运动区、露天活动区、商务活动区、宠物活动区等。具体到天边马道的自驾车露营地建设,应该在充分考虑当地文化、景观和旅游项目等因素的基础上进行规划建设。天边马道是以马为核心的旅游项目,在自驾车露营地的设置方面,应该有以马为主题的体验项目或配套项目;草原上应有与草原景观和游牧文化元素相匹配的住宿区和露营区,但总体而言,在项目设计和元素使用上要考虑整体协调性。

（四）马文化体验馆

天边马道上的马文化体验馆应设置在主要旅游节点城市中,如海拉尔区、满洲里市、额尔古纳市、牙克石市、根河市、扎兰屯市、阿尔山市、乌兰浩特市、科尔沁区、霍林郭勒市等。

第四节　丝路马道

一、历史文化溯源

草原丝绸之路是指蒙古草原地带沟通欧亚大陆的商贸大通道,是丝绸之路的重要组成部分。其主体路线是由中原地区向北越过古阴山(今大青山)、燕山一带长城沿线,再向西北穿越蒙古高原、中西亚北部,直达地中海北陆的欧洲地区。草原丝绸之路沿线经过的主要古代城市有辽上京(今巴林左旗辽上京遗址)、元上都(今正蓝旗元上都遗址)、集宁路(今集宁路古城遗址)、天德军(今丰州古城遗址)、德宁路(今敖伦苏木古城遗址)、哈喇浩特(今额济纳旗黑城遗址)、哈拉和林(今蒙古国前杭爱省哈拉和林遗址)、讹答剌(哈萨克斯坦奇姆肯特市)、托克马克(今吉尔吉斯斯坦托克马克市)等地。

草原丝绸之路在蒙元时期发展到顶峰。窝阔台汗时期,正式建立驿站制度,以上都、大都为中心,设置了帖里干、木怜、纳怜三条主要驿路,构筑了连通漠北至西伯利亚、西经中亚达欧洲、东抵东北、南通中原的发达交通网络。草原丝绸之路既是政令、军令上传下达的重要通道,也是对外进行商贸往来的主要线路。这三条通往欧洲的驿路,是元代草原丝绸之路最为重要的组成部分。帖里干道属东道,起点站为元大都,北上经元上都、应昌路(今克什克腾旗达里湖西岸)至翁陆连河(今克鲁伦河)河谷,再西行溯土拉河至鄂而浑河上游的哈剌和林地区。木怜道属西道,在元上都附近,西行经兴和路(今河北省张北县)、集宁路(今乌兰察布市集宁区)、丰州(今呼和浩特市白塔子古城)、净州路(今四子王旗净州路古城),再北溯汪吉河谷(今蒙古国南戈壁翁金河)至哈剌和林。纳怜道又称"甘肃纳怜驿",自元大都西行,经

大同路东胜州(今托克托县大荒城)溯黄河,经云内州至甘肃行省北部亦集乃路北上,绕杭爱山东麓至哈剌和林。由于哈剌和林地区地处蒙古高原的腹地,草原丝绸之路的三条主干线都通过这里再向西北经中亚直至欧洲。

由此可见,内蒙古是草原丝绸之路的核心地带。历史上的草原丝绸之路经过的今内蒙古自治区的城市和遗址主要有:正蓝旗、克什克腾旗、巴林左旗、集宁区、四子王旗、托克托县、额济纳旗以及达尔罕茂明安联合旗敖伦苏木古城遗址、呼和浩特市白塔子古城遗址等,所跨区域极广。这几个城市大多还保留有草原丝绸之路的历史遗迹,但这并不代表草原丝绸之路没有经过其他城市,因为古代的交通都是陆路和水路,途中必然要经过城市才能到达外省区,然后再进入中亚和欧洲。由此可见,自古以来,内蒙古就是我国与中亚和欧洲连接的重要通道,草原丝绸之路在历史上的经贸往来中发挥着重要的作用。草原丝绸之路的经贸往来必然需要交通和运输工具,古代蒙古高原上主要的交通工具就是马和骆驼,因此,草原丝绸之路上少不了马的足迹。草原丝绸之路也是一条跨越千年的马道,我们称之为"丝路马道"。相比于古代的交通贸易功能,丝路马道因其迷人的自然风光和独特的旅游价值,正在成为当下人们生态旅游、文化旅游的智慧之选。

当今世界,由于经济的高速发展和人们生活水平的不断提高,休闲旅游已经成为人们的生活必需品,空间距离也因交通的便利和信息的畅通而在无形中拉近。异域风情一直是人们出行旅游的一大吸引点,草原丝绸之路途经的俄罗斯和中亚、西亚、欧洲等国家和地区对于国人具有极大的旅游吸引力,再结合草原丝绸之路这一享誉世界的历史文化元素,这条旅游路线自然就有了更大的魅力。

二、总体布局

丝路马道是一条在内蒙古境内横贯东西的旅游大通道,它将沿线的主要城市和景观串联在一起,形成一个具有文化性、历史性、景观性和融合性的马道旅游产品子品牌。

　　丝路马道从总体上分为两个集群：一个是内蒙古的丝路马道旅游产品集群，另一个是国际性的丝路马道区域合作集群。其中，丝路马道旅游产品集群是将历史上的草原丝绸之路所途经的内蒙古节点城市和独特的自然景观进行串联，形成一条横贯东西的丝路马道旅游发展带。丝路马道区域合作集群是将内蒙古境内的丝路马道旅游发展带作为内蒙古马道旅游子品牌与历史上草原丝绸之路上的其他区域和国家进行对接互动，形成以丝路马道为媒的国内国际旅游合作平台和机制，在丝路马道旅游品牌传播、市场开拓、产业协同等方面展开深度合作，从而助推内蒙古马旅游的长足发展。

　　丝路马道旅游产品集群将正蓝旗、克什克腾旗、巴林左旗、集宁区、四子王旗、托克托县、额济纳旗以及达尔罕茂明安联合旗敖伦苏木古城遗址、呼和浩特市白塔子古城遗址等历史上草原丝绸之路的节点城市进行连接，全面整合其中的马旅游资源以及其他核心旅游资源，形成一条横贯东西、各具特色的文化旅游线路。首先，将每个节点城市的草原丝绸之路历史遗迹或留存进行打造或整理，使其成为具有当地特色的丝路马道主题旅游产品，再将所有节点城市的主题旅游产品串联起来，形成丝路马道的核心产品体系；在此基础上，以每个节点城市的丝路马道主题旅游产品为中心，辐射相关的马旅游、草原旅游、文化旅游、沙漠旅游等重点旅游产品，为游客构建一个当地"一日游""两日游""度假游"的旅游产品体系，从而形成以丝路马道为核心吸引物辐射带动整体旅游项目的旅游发展模式。

　　丝路马道区域合作集群是一个虚拟化的旅游合作模式，相比于实体旅游项目和产品，它更偏向于旅游品牌合作与区域融合发展。历史上，草原丝绸之路以内蒙古为起点，经过国内的多个省区和国际的多个国家和地区，草原丝绸之路具有极强的文化多元性，这是文化旅游发展的基础和优势，因此，以"丝路马道"这一文化品牌为媒，把不同文化地区的马旅游及相关旅游项目进行连接，能够最大限度地促进地区之间的合作共赢及互助发展，能够整体构建一个跨文化、跨地域、跨时空的旅游联盟，能够更好地促进城市合作和国际合作。在这个全民旅游和环球旅游蓬勃兴起的时代，人们的旅游消费半径越来越大，消费需求越来越多样化，不同地域的旅游项目之间也更

趋于协同发展,能够通过联合营销和品牌共建开展多方合作,实现共赢。

三、旅游产品体系构建

(一)理念

历史上的草原丝绸之路呈东西向连接起内蒙古的大部分区域,我们所提出的丝路马道旅游发展带也是沿着草原丝绸之路的节点城市,将内蒙古从东到西进行大串联,其核心文化要素在于"草原丝绸之路"和"马",通过在每个节点城市中设置围绕"草原丝路文化"和"马文化"的马道旅游核心项目,并以这些核心项目为基础辐射带动区域内的马旅游相关项目或产品,从而构建起基于丝路马道的内蒙古马旅游产品体系。

(二)原则

1. 系统性原则

丝路马道旅游产品是一个宽泛的概念,包括草原丝绸之路内蒙古段上节点城市的马旅游资源、马旅游项目和草原旅游项目等相关内容,在此基础上,进行资源利用、项目整合和产品开发,从而形成各具卖点又相互关联的丝路马道旅游产品体系。在马旅游产品打造中,马旅游资源、马旅游项目与马旅游产品之间既密切联系,又相互独立。马旅游资源需要通过挖掘、整合才能成为马旅游项目,马旅游项目需要通过结合市场需求的创意策划才能成为有吸引力的马旅游产品,这三者之间是一个有机关联的系统。同时,丝路马道上的马旅游产品在面对目标市场和消费群体时应作为一个有机统一的整体出现,从而实现相互联动、整合营销和品牌共建的目标。

2. 主题性原则

马旅游产品的灵魂是主题特色,同时,主题特色也是马旅游市场竞争力的核心和吸引力的源泉。丝路马道旅游产品体系需要结合丝路马道的文化元素、资源优势和市场需求,根据丝路马道的旅游形象定位提取马旅游产品

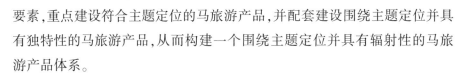

要素,重点建设符合主题定位的马旅游产品,并配套建设围绕主题定位并具有独特性的马旅游产品,从而构建一个围绕主题定位并具有辐射性的马旅游产品体系。

3. 多样化原则

在大众旅游时代,游客的旅游需求趋向多样化、个性化和自主化,游客对旅游产品的选择性越来越强,要求也越来越高。因此,在突出和服从主题的前提下,马旅游产品体系的构建还必须遵循多样化原则。在重点开发丝路马道旅游产品的同时,还要综合发展多种类别、多种形式的马旅游相关产品,从而形成主次结合、内容丰富、形式多样的丝路马道旅游产品系统。

(三)内容

丝路马道旅游产品体系涵盖内蒙古从东到西的大部分盟市,哪些文化资源、旅游资源和旅游项目应纳入丝路马道旅游产品体系,以及如何构建丝路马道旅游产品体系,都是我们需要重点研究的课题。

从马旅游的概念界定和相关文化元素来看,纳入丝路马道旅游产品体系中的资源和项目应该与马、草原丝绸之路相关,与草原文化、游牧文化相关、蒙元文化相关。因此,丝路马道旅游产品体系主要包括与马文化、草原丝路文化、草原文化、游牧文化、蒙元文化相关的旅游产品。在此基础上,按照马旅游体验产品、马旅游演艺产品、马旅游展示产品、马旅游节庆活动和马旅游文创产品的框架构建起丝路马道旅游产品体系。

由于丝路马道横跨整个内蒙古,范围极大,涉及大部分盟市,从游客的旅游体验出发,应该结合每个产品、每个盟市和每个区域的各自特点,策划设置多个丝路马道旅游产品线路组合,从而形成基于丝路马道视角的内蒙古马旅游线路集群,为游客深入体验内蒙古马旅游提供便利和指引,并通过长期的旅游实践,最终形成内蒙古马旅游经典线路品牌。

四、旅游发展模式探讨

丝路马道是内蒙古马旅游的一种文化旅游整合模式,通过草原丝路文

化和马文化与内蒙古旅游产业的融合,形成具有内蒙古特色的马旅游产品体系,它是在全域旅游的视角下对马旅游资源和项目的整合、提升,实现区域旅游一体化、资源共享和协同发展,并在此基础上形成多种旅游线路组合,从而构建起丝路马道层面的内蒙古马旅游品牌。

丝路马道包括区域内马旅游产品集群和跨区域马旅游合作联盟两个板块。区域内马旅游产品集群即内蒙古区域内丝路马道上的马旅游产品系列;而跨区域马旅游合作联盟则是指通过丝路马道这一载体和平台,利用草原丝绸之路和马文化两种文化元素,串联起内蒙古与区外的草原丝绸之路上的节点城市和主要国家,开展全方位的跨区域马旅游合作。

因此,在丝路马道的打造过程中,可以探讨以下发展模式。

(一)文旅融合模式

如今,人们的文化消费需求日益增长,在旅游体验中,文化元素的植入让旅游产品更具吸引力。同时,文化和旅游产业融合对于保护文化遗产、促进经济增长、推动旅游多元化发展和增强文化传播力都有积极意义。在文化旅游消费中,学习、发现、体验和消费旅游目的地的文化元素是旅游者的基本动机,文化在旅游中的体现形式包括历史文化景区、民俗文化景区、文化旅游演艺、文化旅游节庆活动和旅游文创产品等。

在丝路马道旅游发展中,文化与旅游融合的基础包括与马和草原丝绸之路等元素相关的非物质文化遗产、物质文化遗产与当代文化,而它们的主要融合模式有开发型融合、体验型融合、活化型融合、保护型融合、创意型融合、重组型融合和延伸型融合。开发型融合主要是指通过融合现有的资源,开发马文化博物馆、草原丝路文化博物馆等场所,向游客展示与马文化和草原丝路文化相关的非物质文化遗产。体验型融合主要通过开发如马文化节庆活动、赛马运动、马术表演和体验类马旅游活动,通过市场手段让游客参与其中,感受非物质文化遗产的魅力。活化型融合是指对现有的物质文化遗产进行延续利用与活化改造来发展丝路马道马旅游。保护型融合以丝路马道旅游线路为主要对象,通过对文化的保护和马旅游的开发利用实现文旅融合。丝绸之路等多处线性遗产被列入世界文化遗产,万里茶道也于2019 年 3 月被列入《中国世界文化遗产预备名单》,文化线路不仅能为旅游和文化的交流提供平台,还可以促进区域旅游合作,利用路、带、轴、中心等形式将文化遗产串起来,实现保护和开发并举。创意型融合是指通过创意设计将文化与马旅游结合起来,形成新的文化创意产业,促进内蒙古马旅游产业的创新发展。重组型融合是指打破原有的马旅游和文化产业之间的界限,将马旅游产业和文化产业重组,打造新的产业链。延伸型融合是指马旅游业与文化产业互相延伸从而实现文化与马旅游的交叉融合,如马文化影视基地、马文化主题乐园、马文化创意园区等旅游项目。

(二)产品引领模式

内蒙古是蒙古马的故乡,蒙古族是马背上的民族,良好的马旅游资源和丰厚的马文化资源是内蒙古发展马旅游的天然优势。近年来,随着人们旅游热情的高涨,旅游产业在内蒙古蓬勃发展起来,旅游项目建设越来越多,旅游投资越来越大,为下一步的旅游发展做了充足的准备。不过,从旅游产业的实际发展来看,文化资源、旅游资源、旅游项目、旅游产品这四者之间既密切相关,又有很大不同。文化资源和旅游资源是旅游项目建设和旅游产品开发的前提,旅游项目建设又是旅游产品开发的基础,但旅游项目不等同于旅游产品,它需要经过创意策划、合理运营才能变成有市场吸引力的旅游产品。因此,马旅游产品的开发在内蒙古马旅游发展中具有举足轻重的地位。马旅游产品主要包括马旅游体验产品、马旅游演艺产品、马旅游展示产品、马旅游节庆活动、马旅游文创产品五大类。

1. 马旅游体验产品

马旅游体验产品主要有骑乘、赛马等常态化体验项目,打马印、相马、马球等特色体验项目还有待开发。此外,将马旅游体验项目与文化创意和现代科技结合建成的马旅游体验馆,也将成为一项重要的马旅游体验产品。

骑乘体验是一项以马为体验对象或交通工具的全民健身体育旅游项目。骑乘体验既是一项旅游活动,又是一项全民健身运动。骑马能够让骑

手的全身肌肉得到有效锻炼,同时,在骑马的过程中欣赏草原等自然景观会让人产生新的体验,有助于身心健康。

赛马是马旅游中的一个体验项目,也是体育赛事的一种。内蒙古的那达慕大会中,赛马是一个必不可少的传统项目。很多国家通过赛马产业的繁荣发展带来大量的客流,极大地带动了当地旅游业的发展。因此,赛马作为马旅游的一大产品,也应该得到充分展现和全面提升。

在研究内蒙古马旅游的过程中我们发现,每个盟市的马文化都各有特色,但却很少有全面、系统展示和体验的专业场所,在此背景下,我们认为,内蒙古十二个盟市都至少应该建设一个马文化体验馆。马文化体验馆是一个综合性的马文化旅游项目,包括马文化静态展示、马文化动态展示、马文化互动体验、马旅游迷你体验、马文创产品展销等项目,利用高科技技术展现原生态马文化元素,并形成独具创意又有趣的体验项目,整体可分为室内板块和室外板块。同时,马文化体验馆也将是每个盟市马旅游的引擎项目和开篇项目,作为每个盟市马旅游的第一站或终点站,为游客提供综合性的展示、体验、休闲、娱乐、购物等功能,成为每个盟市马旅游的综合服务中心和游客集散中心。马文化体验馆的内容主要有静态展示、动态展示、娱乐体验、健身运动、教育益智、文创天地和综合服务等几大类。其中,静态展示包括马文化百科、马的品种、马的历史、马的价值、马的用途等,动态展示包括VR技术(虚拟现实技术)、影视、马头琴的传说、马上看内蒙古、天边的蒙古马等,娱乐体验包括模拟套马、疯狂的马、策马奔腾、打马印游戏、创意影视等,健身运动包括骑马体验等,教育益智包括马术教学、马的知识、马的拼图、马的歌曲、马的舞蹈等,文创天地包括文创展示、休闲购物等,综合服务包括咨询、休闲等。

2. 马旅游演艺产品

马旅游演艺是旅游演艺的一个分支,是演艺业与旅游业融合后催生的新产物。由于马元素的介入,马旅游演艺相比于其他旅游演艺而言,具有更强的观赏性、刺激性,因而,在各类旅游景区中,马旅游演艺往往作为景区吸引游客的核心亮点项目。随着内蒙古旅游市场的日益繁盛,马旅游演艺产品的市场需求也不断增大。在此背景下,内蒙古各个盟市都在开展马旅游演艺,但规模不一,良莠不齐。为了满足游客的体验需求,从日渐变为红海市场的马旅游演艺市场中杀出重围,独树一帜,马旅游演艺产品端的价值也越来越突出。好的产品是成功的一半,何况在这个越来越注重消费品质的时代,马旅游演艺产品的品质是否优良、内容是否新颖、形式是否超前、场面是否刺激等因素是人们考虑是否观看的主要原因。因此,马旅游演艺的产品开发应该在各类旅游景区或马旅游项目中得到更高的重视。

随着人们消费水平的提高和对旅游体验需求的变化,传统的山水观景旅游模式已经无法满足人们旅游消费的需要。从体验经济的角度来看,人们的旅游消费有娱乐体验、教育体验、逃避现实体验和审美体验等几类,如何最大限度地调动人们的体验欲望,是留住游客的关键。马旅游演艺的惊险刺激和强烈的视觉冲击,让它具有极强的吸引力,能够让游客获得极大的旅游满足感。从马旅游产品体系构建的角度来看,马旅游演艺产品对于马旅游目的地的打造具有重要意义。人们在旅游消费过程中,需要丰富多彩、高水准的旅游活动和项目来进行差异化消费,从而满足其各种需求。在丝路马道旅游产品体系的构建中,打造高品质的马旅游演艺产品具有重要意义。第一,延长游客逗留时间,繁荣旅游地休闲娱乐市场;第二,提高旅游地经济收益,增加当地居民收入;第三,加速旅游产品更新,延长产品生命周期;第四,深度挖掘旅游文化,提升旅游目的地形象。

3. 马旅游展示产品

马旅游展示产品主要包括马文化博览会、马文化艺术馆、草原丝路文化艺术馆等。内蒙古从东到西有着丰富的草原丝路文化遗存,在斑驳的遗迹和久远的古籍文献中,隐藏着几千年来草原丝绸之路上的岁月痕迹,通过马旅游展示产品揭开历史的面纱,让人们在旅游过程中感受文化的魅力,在文化之旅中获得不一样的旅游体验。

4. 马旅游节庆活动

节庆活动是马旅游发展的催化剂。各地通过结合自身资源条件和目标市场需求策划不同的旅游主题活动,打造"四季马旅游"节庆活动产品,以活

动促宣传,以活动引关注,以活动增客流。在丝路马道旅游产品体系中,马旅游节庆活动可以根据内蒙古各个盟市的马品种资源、马文化资源及游牧文化、草原文化、蒙元文化、草原丝路文化的优势和特色来进行活动策划,设计具有极强吸引力的节庆活动旅游路线。

5. 马旅游文创产品

文化创意产品(简称"文创产品")是艺术衍生品的一种,通过设计者自己对文化的理解,将原生艺术品的文化元素与产品本身的创意相结合,形成的一种新型文化创意产品。简而言之,文创产品就是一个创意通过赋予其价值使之产品化。文化旅游纪念品、办公用品、家居日用品、科技日用造型设计、工艺品等都属于文创产品。在关于丝路马道旅游产品体系的探讨中,我们主要关注马旅游文创产品。

在旅游领域,文创产品是丰富旅游体验和提升旅游档次的主要途径。独特的文创产品不仅能够提升景区的品牌形象,而且在某种程度上也能扩大景区知名度的传播范围。特别是现在,随着互联网流量红利逐渐消失,获客成本不断增加,中小城市的旅游项目更是面临着渠道短缺的困扰,因此,发展文创产业应是旅游业发展过程中的一大趋势。

目前,国内旅游地的文创产品存在几个主要问题:第一,成百上千个景区贩卖一样的旅游产品,产品的同质化不仅会让游客产生审美疲劳,且不利于推广各个景区的独特旅游价值;第二,没有具有当地文化特色和创意理念的产品;第三,文化创意产品的复制成本太低,从业人员构成比较复杂。为解决上述问题,应从以下几点入手。

首先,差异化定位,确定区域价值观,打造独特旅游 IP。每个马旅游项目或旅游区域都具有独特的旅游资源和文化资源,这是进行马旅游文创产品开发的资源库。根据旅游区域的差异性找准定位,这样才能明确文创产品的发展方向,从而在市场竞争中找到合适的位置。只有精准把握住本区域的特有价值,在繁多的业态品类中筛选出契合定位的品牌,打造本区域独特的 IP,才能产生极强的市场销售力。

其次,根植文化,培育丝路马道马旅游文创产品。丝路马道马旅游文创产品本身就有着深厚的文化基因，能够开发出根植于当地特色文化的文创旅游产品。第一，以大众需求为导向，深挖现有的文化资源，把其中一些已经形成大众观念、人们喜闻乐见的文化元素转化为优质的马旅游文创产品。例如，故宫文创产品的"朕知道了"胶带、朝珠耳机、故宫猫系列手机壳等就取得了较大的成功。第二，既要有创意，又要有工匠精神。游客的消费品质要求越来越高，粗制滥造或创意缺位的旅游纪念品已经无法得到游客的青睐，马旅游文创产品唯有做好质量，才能经得住市场考验。第三，增强马旅游文创产品的实用性，真正让文创产品买得走，留得住。一味追求历史性和知识性的马旅游文创产品，对新一代年轻群体已缺乏吸引力，必须在注重产品文化属性的同时，强调创意性和功能性，才能最大限度地提升游客的购买力。第四，将马旅游文创产品与旅游本身相融合。让游客在旅途结束后，仍有一样物品会让他回忆起这段美好的体验，起到长期、反复、自动传播当地旅游品牌的作用。

最后，实现马旅游文创产品可持续的创造力。马旅游文创产品需要以文化为根，以创意为动力，以经营为发展保障。随着旅游市场日新月异，旅游需求千变万化，旅游产品需要有可持续的创造力。同时，旅游景区独特的环境和持续的经营活动，能够为马旅游文创产品提供新的创意和创作灵感，进而孵化出具有市场吸引力的马旅游文创产品品牌。

（三）品牌共建模式

旅游品牌是一个地区的旅游业能够持续快速发展的重要因素。在马旅游领域，内蒙古需要结合当地的特色文化、自然景观等创建内蒙古马旅游区域品牌。在丝路马道的产品打造与区域合作过程中，可通过跨区域旅游品牌共建模式，组建丝路马道旅游联盟，孵化一个统一的丝路马道旅游品牌，从而实现内蒙古与草原丝绸之路上的城市和国家的资源整合与品牌加持，共同促进文化旅游领域的多方共赢以及相关产业的协同发展。

第五节　万里茶道

一、历史文化溯源

　　万里茶道是继丝绸之路后,在欧亚大陆兴起的又一条重要的国际商道,是古丝绸之路的延伸,也是当前"一带一路"倡议的重要组成部分。万里茶道自我国福建省武夷山市起,途经江西、湖南、湖北、河南、山西、河北、内蒙古等省区,从伊林(现二连浩特市)进入现蒙古国境内,沿阿尔泰军台,穿越沙漠戈壁,经库伦(现蒙古国乌兰巴托市)到达中俄边境通商口岸恰克图,全程 4760 千米,其中水路 1480 千米、陆路 3280 千米。茶道在俄罗斯境内不断延伸,从恰克图经伊尔库茨克、新西伯利亚、秋明、莫斯科、圣彼得堡等地,又转入中亚和欧洲,全程长达 13000 多千米,是名副其实的"万里茶道"。

　　贯穿中俄的茶路途经各种复杂的地形,茶商结合沿途地形特点,使用船、牛、马、骆驼等多种交通工具进行运输。据记载,从张家口到库伦,马队需要行进 40 天以上,牛车需要行进 60 天;冬、春两季运输就要靠骆驼,大约 35 天抵达库伦,之后渡河到恰克图。茶叶贸易繁盛时期,茶路上驼队繁多、马队成群,一队队由马或骆驼组成的商队呈现出壮观的景象。

　　万里茶道内联结八省区,外延伸至蒙古国、俄罗斯,直到中亚和欧洲,存续几百年,是在亚欧大陆板块上兴起的一条以茶叶商贸交流为主要内容的新通道。作为"一带一路"倡议的重要组成部分,万里茶道丰富了传统丝绸之路的文化内涵,为当今中蒙俄乃至欧洲之间开展跨境旅游合作开辟了新通道,也为中蒙俄三国之间的旅游合作创造了新的机遇。为唤醒这段历史记忆、丰富万里茶道研究成果、深入挖掘万里茶道文化底蕴,2013 年,来自中蒙俄三国万里茶道沿线 31 个城市的代表,在内蒙古召开万里茶道沿线市长圆桌会议,签署《万里茶道沿线城市旅游合作协议》,倡议由中蒙俄三国共同申报世界文化遗产。2014 年 11 月 25 日,中国、蒙古国、俄罗斯在内蒙古呼和浩特市举行了首次中蒙俄旅游联席会议,中国内蒙古自治区、蒙古国乌兰巴托市、俄罗斯外贝加尔边疆区建立旅游联席会议机制,集中讨论了三国五地旅游合作事宜,协商解决涉及旅游发展的突出问题,促进跨境旅游产品开发和推广,共同建设跨境旅游目的地。

2015 年,文物专家经过史料研究、实地调查,已确认万里茶道内蒙古段的召庙、寺院、客栈、驿站等 34 处重点文物遗址。呼和浩特市、包头市(旧城)、阿拉善盟(定远营古城)、中蒙边境口岸二连浩特市(伊林驿站)等盟市的文物古迹和文化遗产的进一步考古调查工作已有序开展。

2016 年,内蒙古自治区旅游局在中蒙俄万里茶道国际旅游联盟框架下,组织中蒙俄沿线 12 个地区的旅游部门、企业、媒体开展双向重走万里茶道活动,并与联盟成员积极参加国家旅游局组织的国际推广活动,共同推出中蒙俄万里茶道国际旅游产品。

中蒙俄三国旅游部长会议于 2016 年 7 月 22 日在呼和浩特市举办。此次会议围绕"美丽中国·亮丽内蒙古"这一主题,成立万里茶道国际旅游联盟,将中蒙俄旅游合作上升到国家层面,使万里茶道成为我国推广的十大国际旅游品牌之一。

2017 年 5 月 16 日,中国、蒙古国、俄罗斯三国在山西省晋中市平遥古城共同发布《万里茶道旅游地图》,依托旅游产业串联起万里茶道沿线节点城市,推动多方位国际合作,促进中蒙俄经济走廊发展。当日,第五届中蒙俄万里茶道市长峰会在平遥古城开幕。

内蒙古是历史上万里茶道的重要区域,至今境内仍保存着多处遗址。万里茶道与马有着密切的关系,在作为一项旅游资源并通过跨区域合作开展旅游联盟工作中,万里茶道与马文化出现了交融与重叠,从而让内蒙古马旅游在万里茶道的层面上有了新的发展空间和可能。作为我国向北开放的桥头堡,内蒙古借助万里茶道开展国际合作,既可以增进本地区与相关国家的旅游文化交流,还可以创新发展具有市场吸引力的旅游产品,丰富地区旅

游产品的类型,增强本地区的旅游吸引力,实现沿线各城市乃至整个内蒙古在国际化舞台上的形象营销,推动历史文化复兴。

表 6.3　万里茶道与城市发展——中蒙俄市长峰会

届数	举办城市	年份
第一届	内蒙古二连浩特市	2012 年
第二届	内蒙古二连浩特市	2013 年
第三届	福建省武夷山市	2014 年
第四届	江西省上饶市	2016 年
第五届	山西省晋中市	2017 年
第六届	湖南省安化县	2018 年

就马旅游"走出去"战略而言,内蒙古具有极佳的区位优势,因为内蒙古不只是万里茶道国际旅游线路上的一个节点,还扮演着联通国内外的枢纽角色,所以应充分发挥区位优势,承接国内诸省份与俄、蒙两国旅游、文化交往活动,并在万里茶道的跨境旅游合作中发挥主导作用,成为万里茶道国际品牌线路真正走向国际的引导者。万里茶道国际旅游品牌线路已经迈出了建设跨区域旅游合作平台的重要一步,下一步内蒙古仍需要在组织旅游线路、互送旅游客源、便利游客往来等方面不断发力,与俄、蒙两国共同开展旅游市场营销、加强沿线与万里茶道文化相关的旅游资源开发,让万里茶道成为真正的国际旅游品牌,同时,促进万里茶道与马文化进行深度结合,将其打造成内蒙古马旅游的重要品牌。

二、总体布局

万里茶道是一项历史上的重要经贸活动,也是纵贯南北的马道旅游子品牌。在数百年的历史上,万里茶道从武夷山出发,途经中原地区到达内蒙古,再一直往北至蒙古国、俄罗斯和欧洲,在此途中,作为交通运输工具的马发挥着重要作用,因此,历史上的万里茶道也是一条由马和骆驼等古代主要交通工具踏出来的国际经贸大道。基于此,在内蒙古马道旅游的板块策划上,也应该加入万里茶道这个独特的子品牌,从而与两都马道、沿黄马道、天边马道和丝路马道共同构建起内蒙古马道旅游立体网络式集群。

　　内蒙古旅游业"十三五"规划要求,在"十三五"期间,要构建"一廊一脉"旅游格局。其中,"一脉"即从福建省武夷山出发,向北经江西、湖南、湖北、河南、山西、河北六省到达内蒙古,形成以呼伦贝尔市、锡林郭勒盟、乌兰察布市、呼和浩特市、包头市、阿拉善盟等地区为重点,经二连浩特、满洲里、满都拉等口岸到达蒙古国、俄罗斯,进而到达欧洲的万里茶道树状旅游脉络体系。基于此,作为内蒙古马道旅游的子品牌万里茶道旅游品牌从总体上分为两个集群:一个是内蒙古的万里茶道旅游产品集群,另一个是国际性的万里茶道区域合作集群。其中,万里茶道旅游产品集群是将历史上的万里茶道所途经的内蒙古节点城市和独特的自然景观进行串联,形成一条纵贯南北的万里茶道旅游发展带。万里茶道区域合作集群是将内蒙古境内的万里茶道旅游发展带作为内蒙古马道旅游子品牌与历史上万里茶道上的其他国内区域和欧亚国家进行对接互动,形成以万里茶道为媒的国内国际旅游合作平台和机制,在万里茶道旅游品牌传播、市场开拓、产业协同等方面展开深度合作,从而助推内蒙古马旅游的长足发展。

三、旅游要素分析

(一)旅游要素类型

　　万里茶道内蒙古马旅游品牌包括内蒙古的万里茶道旅游产品集群和国际性的万里茶道区域合作集群。就内蒙古的万里茶道旅游产品集群而言,壮美的内蒙古山川、独特的民族风情、悠久的游牧文化、辽阔的青青草原、迷人的大漠风光、神秘的人文古迹,给人们呈献了一个不可多得的旅游胜地。就国际性的万里茶道区域合作集群而言,从万里茶道的起点到终点,海洋文化、闽南文化、江南文化、中原文化、古都文化、蒙元文化、草原文化、游牧文化、沙漠文化、俄罗斯文化、欧洲文化等缤纷夺目的文化元素应有尽有,中华

大地和欧亚大陆的万般美景尽收眼底。

（二）旅游资源梳理

万里茶道以茶叶贸易为主线，涵盖茶叶的栽培、采集、加工、运输、销售各个环节，其伴生的作坊、仓库、茶肆、古道、驿站、桥梁、码头、会馆、寺庙等文化现象在沿途留下了十分丰富的文化遗产。比如，作为交通工具的马、牛、骆驼等的遗迹在这条文化线路沿途的各个节点都有体现。这些文化遗产兼具地域性和多元性的特点，见证了我国明代以后商品经济的发展以及文化的传播和交流，对于研究我国茶文化发展史、交通运输史和国际贸易史具有重要的价值，是中华民族宝贵的文化遗产。

万里茶道是中蒙俄三国重要的历史文化资源，也是珍贵的世界文化遗产。内蒙古自治区文物专家经过史料研究、实地调查，已确认万里茶道内蒙古段 34 处重点文物遗址，包括召庙、寺院、关帝庙、清真寺、公主府、衙署、商号、客栈、驿站、车站、长城、关隘、古道、旧街区、古民居、赛马场、博物馆等。二连浩特市作为我国北方重要的陆路口岸，在万里茶道中国境内段处于枢纽地位，该市建立了国内首个反映万里茶道的主题博物馆。

四、旅游发展模式探讨

（一）打造万里茶道内蒙古段旅游项目集群

1. 组建旅游协调管理机构

历史上的万里茶道是一条跨多个城市、区域和国家的文化商贸之路，内蒙古境内也涉及多个盟市。在万里茶道马旅游项目打造中，内蒙古段的旅游合作需要通过组建旅游协调管理机构来实现更高效密切的合作共赢，并制定沿线各地马旅游合作具体措施，协调利益联结机制，为区域和行业的合作发展提供指导。

2. 高起点开发相关旅游资源

万里茶道前后存续几百年,在相关节点城市中有着丰富的历史遗存,需要通过普查和发掘、资源评估才能让这些文化资源通过旅游产品的形式呈献给更多人,并通过创意策划,按照国际旅游产业标准将其打造成世界级的旅游精品。

3. 打造精品马旅游线路

根据万里茶道内蒙古段的几条历史线路情况和实际旅游交通及马旅游资源情况进行总体策划,形成具有吸引力和旅游市场卖点的文化精品旅游线路,同时,设置茶路科考游、古城探险游、大院文化游、草原探秘游、马道休闲游等专项旅游精品线路。

4. 塑造精品马旅游形象

万里茶道内蒙古马旅游产品体系要围绕内蒙古特色的万里茶道文化(如草原文化、游牧文化、黄河文化、蒙元文化、沙漠文化、晋商文化等),打造万里茶道系列马旅游产品,塑造具有内蒙古特色的万里茶道文化旅游形象。

5. 加大宣传营销力度

整合新旧媒体资源,大力宣传万里茶道内蒙古马旅游产品体系的拳头产品,出版、拍摄相关书籍、影视片等提升国内外知名度,鼓励区内旅游企业参加区外万里茶道旅游宣传促销活动,积极举办相关活动,推进与有关省份和国家间的交流与合作。

(二)中蒙俄万里茶道旅游联盟

内蒙古地处我国北部边疆,与蒙古国、俄罗斯接壤,边境线长达4200余千米。一直以来,内蒙古凭借地理位置优势与蒙古国、俄罗斯共同开展边境游合作。2015年,三国共同建立了中蒙俄三国五地联席会议制度和中蒙俄三国旅游部长会议机制,着力打造万里茶道国际旅游品牌,中蒙俄旅游从边境"小旅游"逐渐发展成为贯穿三国的跨境"大旅游"。2016年7月,由万里茶道沿线地区旅游部门组成的中蒙俄万里茶道旅游联盟成立,代表三国正式携手打造万里茶道跨境旅游新格局。三国共同倡议,将在万里茶道的品

牌下创建耳目一新的主题活动,共同开发更多线路和产品,并争取每年举办一次中蒙俄万里茶道旅游峰会,力争将万里茶道打造成国际旅游精品线路。万里茶道国际旅游品牌的影响力在不断增加,吸引着世界的目光,这也为中蒙俄三国及联盟成员带来前所未有的发展新机遇。

万里茶道国际旅游联盟是中蒙俄三国在人文领域开展合作交流的重要平台,三国愿意共同在万里茶道精品旅游线路开发、青少年交流互访、自驾旅游和旅游专列等产品开发、拓展上共享共建。三国成员单位将力争把万里茶道国际旅游联盟打造成国际文化和旅游多边合作的典范。

联盟成员还将共成编制"中蒙俄万里茶道文化和旅游高质量发展案例"、推动建设万里茶道旅游网站、参加各类国际旅游展等工作,持续扩大万里茶道国际知名度和影响力。

(三)以中蒙俄万里茶道旅游项目为核心的国际交流模式

作为一条重要国际商道,万里茶道在促进亚欧大陆腹地经济文化交流与融合,带动沿途200余座城市产业兴起发展等方面发挥了极为重要的作用。它不仅促进了中蒙俄三国的经济文化交流,也承载了因茶而起、因茶而兴、因茶而融的友谊,是一条蕴藏着无限潜力的发展之路。万里茶道沿线至今遗存古城镇、会馆、古码头渡口、古桥梁、古衙署、古商铺、古庙宇、古街区、古民居、古关口等大量文化遗址。随着国家"一带一路""中蒙俄经济走廊建设"步入深水区,万里茶道作为重要品牌支撑再次重归公众视野,成为推动沿线城市经济社会发展不可或缺的重要平台。400多年前,万里茶道从福建出发,因沟通中蒙俄"世纪动脉"的身份而被全世界瞩目;400多年后的今天,这条"世纪动脉"在三国商贸文化交流和区域旅游合作的驱动下,再次焕发生机,续写万里茶道的新传奇。而在内蒙古马旅游的发展中,万里茶道也因其与马文化等元素的关联性而产生独特的价值,为内蒙古马旅游的布局谋篇奠定了文化基调和提供了一条重要的发展线索。作为内蒙古马道旅游中的子品牌,万里茶道将在内蒙古马旅游发展中发挥重要作用。

第七章

基于体验经济视角的马旅游产品开发策略

对于旅游者而言，"马"是一个有着强烈感官意象的概念，人们看到"马"这个字或者看到"马"的形象，就会产生强烈的联想，这种联想虽因人而异，但又大同小异，比如人们会联想到骑马驰骋沙场、徐悲鸿的《八骏图》、策马扬鞭行走江湖，还会联想到绿草地上马儿成群漫步或万马奔腾的画面。从我国古代诗词中也可看出，人们对于马的认识自古以来就非常深刻，比如李白在《将进酒》中写道："五花马，千金裘。"岑参《白雪歌送武判官归京》中说："山回路转不见君，雪上空留马行处。"辛弃疾《破阵子·为陈同甫赋壮词以寄之》："马作的卢飞快，弓如霹雳弦惊。"孟郊《登科后》："春风得意马蹄疾，一日看尽长安花。"王翰《凉州词》："葡萄美酒夜光杯，欲饮琵琶马上催。"陆游《十一月四日风雨大作》："夜阑卧听风吹雨，铁马冰河入梦来。"从当代人对马的想象和古代人对马的描述中不难看出，马作为一个极其鲜活的意象能够与不同的情境融合在一起，令人心驰神往、回味无穷。

内蒙古是蒙古马的故乡，有着辽阔的大草原，历史上演过无数金戈铁马的战争场景和精彩刺激的赛马活动，在今天草原上依然有牧民在骑马放牧。因此，内蒙古以马为主题的文化旅游产业无论从地缘、资源、景观、文化等任一方面来看，都具有明显的发展优势，具备无限发展的可能。马旅游作为内蒙古文化旅游产业的重要组成部分，与其他文化旅游元素有着密切的关系，具备形成以"马+"为基础，草原景观、饮食康养、那达慕大会和民族音乐等特色资源互动发展的条件。马旅游产品开发是马旅游发展的基础，内蒙古马旅游可以利用体验经济理论从创意阶段、策划阶段和实施阶段三个阶段进行探讨。

第一节　创意阶段的体验类型

如今的旅游消费中，人们的旅游需求正在发生变化，从观光型逐渐向体验型转变，体验和感受已经占据了人们旅游需求的主要部分。在世界旅游界享有盛誉的迪士尼乐园的游客"回头率"高达 70%，华特·迪士尼说："迪士尼乐园是大人和儿童共同体验生活中的惊异、冒险，并回味无穷的地方。"它不同于一般的娱乐游览场所，而是一个"梦境和魔幻的王国"。它能够满足游客多方面的感官需要。迪士尼乐园之所以能够给游客提供最难忘的旅游体验，就在于管理者和产品开发团队对体验的呈现精益求精，力求给游客一个完整的"梦境和魔幻王国"。迪士尼乐园让游客体验的是迪士尼动画里的经典场景、经典角色，而马旅游更多的是让人们了解、体验和感受不同地区、不同民族、不同文化背景下的与马相关的旅游项目或产品，如骑马看草原，观看驯马、套马、赛马表演，挤马奶，参观马文化博物馆，喝酸马奶等，给游客构建一个新奇的马旅游体验世界，这个世界能让人摆脱工作和生活压力的束缚，而能否达到这一目标的基础和核心在于马旅游产品开发的成功与否。然而，旅游产品不是旅游资源，有好的旅游资源是旅游产品开发的前提和优势，但有好的旅游资源未必能开发出好的旅游产品。从游客需求维度来看，体验经济理论为内蒙古马旅游产品开发提供了很好的理论参考，我们将围绕体验经济理论的主要内容对马旅游产品开发策略进行全方位运用和创新发展，形成马旅游领域中具有推广意义和普遍价值的产品开发策略。因此，本节首先将结合体验经济理论的体验类型将马旅游产品开发的战略框架搭建起来，把产品开发的创意方向确定下来，让旅游企业在开发马旅游产品时，清楚地了解娱乐体验、教育体验、逃避现实体验和审美体验这四种体验形式所形成的十五种体验类型在马旅游产品开发中的体现、作用和价值。

　　游客参与体验的维度是多重的，最主要的维度有两个：一个是游客的参与水平（被动参与或主动参与），另一个是参与者和背景环境的关联（吸引式或浸入式）。在这两个维度下，又分为娱乐体验、教育体验、逃避现实体验和审美体验四种类型，这四种类型往往是交叉重叠的，中间会出现一个四者重叠的"甜蜜地带"，也就是最丰富的体验。在马旅游产品开发的创意阶段，我们可以通过两个维度的四种体验形态进行多种组合，从而形成具有差异性和独特性的马旅游产品体验类型，确定产品开发的战略定位和创意方向。

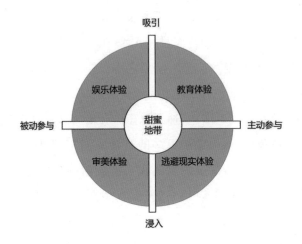

图 7.1　马旅游产品的体验类型

一、浅尝的乐趣：娱乐体验与教育体验

内蒙古的马旅游具有独特的民俗风情和自然景观，也有丰富的民族文化元素、地域文化元素和马文化元素。游客在进行马旅游体验时，能够在独特的民俗风情、自然景观中通过与马相关的旅游活动获得愉悦和轻松的体验，也能在潜移默化中受到民族文化、地域文化和马文化的浸润，因此，在以往的马旅游实践中，娱乐体验和教育体验是最主要的体验形式。这两种体验中，游客与背景环境和马旅游产品的关系都是吸引式的，是游客被马旅游产品吸引而产生的体验，同时，在游客选择旅游目的地或旅游项目时，娱乐体验和教育体验往往也是最主要的吸引物。

（一）娱乐体验

游客在观看马术表演、聆听马头琴演奏时会产生娱乐体验，在这一过程中，游客是不需要与旅游产品产生互动或主动接触的，而是以旁观者的姿态观看和欣赏。

通常,人们将"娱乐"定义为:"以愉悦的方式吸引人们注意力的活动,即消遣。"从古至今,娱乐都作为一种最常见的体验形式存在于人们生活生产中。比如,亚当·斯密所说的"非生产性劳动者"指的就是娱乐体验制造者,如演员、小丑、音乐家、歌剧演唱者和舞者等。从这个角度来看,马旅游产品中能够提供娱乐体验的项目非常之多,需要根据人们的需求进行梳理。

在马旅游项目和活动中,娱乐体验是游客的首要需求。游客体验马旅游的目的,首先是要感受异域风情和独特的马文化魅力。感受是在体验中进行的,更多情况下,在将马文化转化为旅游产品时,旅游企业考虑的是经济效益的最大化,而经济效益最大化的前提是产业化和规模化,马文化以娱乐体验的方式进行呈现是最容易形成规模化的。比如深圳锦绣中华民俗村的大型原创实景历史剧《金戈王朝》、无锡三国城的马术表演《三英战吕布》等,这些演出的表演内容和人员投入是固定的,不需要额外为每个游客付出更多的成本,只需要让游客在欣赏马术表演的过程中感受到娱乐的氛围,这种情况下,游客承载量会大幅提升,演出场次由旅游企业根据各种因素掌控,效益自然能够得到更大程度的保障。

大型原创实景历史剧《金戈王朝》讲述了四百多年前的一场以少胜多的战役。由数百名专业演员和近百匹战马组成的强大阵容,在烟火、音响、舞美等特技手段的配合下,为观众展示了一幅惊心动魄、逼真壮阔的历史战争场面。在观看的过程中,游客是纯粹的旁观者、欣赏者,获得了极佳的娱乐体验。在马旅游产品开发中,要满足游客的娱乐体验,就要在产品的创意阶段充分考虑旅游体验的项目、服务情况,并分析目标游客群体具有哪些娱乐体验的需求。

正如前文所述,娱乐体验的规模化类似于工业时代的产业化生产,以固定的、程式化的旅游产品为无数游客提供消费和服务,游客仅仅作为旁观者和欣赏者参与其中,不需要任何行动就能得到娱乐体验的满足。这种旅游产品具有标准化、大众化、程式化和可复制性等特点,因而能够进行大规模复制,比如马术实景剧每天可以安排不同场次供游客观赏,从而获取最大化的收益。然而,在这个过程中,损失的是游客的参与感和个性化需求的满

足,给所有游客呈现的是固定的内容,没能根据游客的个性化需求设置独特的元素和环节。因此,马旅游产品的娱乐体验具有文化性、大众化、观赏性、程式化、被动参与性、规模化和可复制性等特点。

(二)教育体验

与娱乐体验一样,在马旅游产品的教育体验中,游客也是吸引式的活动参与者。但与娱乐体验不同的是,教育体验是个人的主动参与过程。因为教育的过程必然是人们主动参与并积极作用于其思想或身体才能实现教育体验的价值。人们之所以能够主动参与教育体验,是因为在马旅游中教育体验往往是寓教于乐的项目或活动,并不是严肃死板、枯燥无味的教学关系。比如游客在学习马术时,会有马术教练为他讲解上马、下马和骑马过程中的技术要领,然后让游客在正式的骑行体验中学习和掌握骑乘技术。这个过程是对马术的学习,但由于融入了独特、刺激的骑马体验,使其不是索然无味的,而是有声有色的。由此可以看出,在马旅游产品的体验中,教育体验往往不是完全独立的,而是会伴随着娱乐体验或其他体验类型共同存在的。

内蒙古是民族地区,民族风情浓郁,民俗文化丰厚,草原景观迷人,了解、体验和感悟以马文化为核心吸引物的地域文化本来就是一种潜移默化的教育,这也是内蒙古马旅游的一大价值体现。在马旅游产品开发过程中,如何有效地挖掘地域文化的教育性并合理运用,是一个需要解决的问题。首先,需要将地域文化的文化性进行深入挖掘。其次,需要以创意为引领,完成地域文化资源到马旅游产品的升级。第三,需要以合适的方式将教育性隐藏在其他消费之下,成为隐性的价值体现,充分发挥人们的主动性,从而达到教育体验的目的。

在实际项目开发中,以马文化为代表的地域文化研学旅行产品就具有典型的教育性,它从教育的视角出发,利用地域文化元素进行产品组合和创意设置,确定一个贯穿项目或活动的主题,为游客提供具有一定教育性的产品。当然,除了特别为了教育而开发的产品之外,很多马旅游项目本身就具

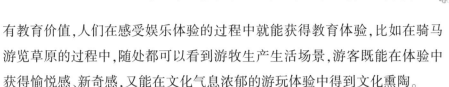

有教育价值,人们在感受娱乐体验的过程中就能获得教育体验,比如在骑马游览草原的过程中,随处都可以看到游牧生产生活场景,游客既能在体验中获得愉悦感、新奇感,又能在文化气息浓郁的游玩体验中得到文化熏陶。

二、沉浸的诱惑:逃避现实体验与审美体验

(一)逃避现实体验

逃避现实体验与纯粹的娱乐体验完全相反,在逃避现实体验中的游客完全沉浸在另一个世界里,而自己就是这个世界的主动参与者,在此过程中,游客本人就是演员,能够对体验结果产生积极影响。当今的旅游体验中,一些游客已经不满足于游游草原、看看演出或尝尝小吃的层面,而是希望能够在旅游中体验更多刺激,让自己全身心投入其中,如骑马等。在此过程中,游客会忘掉生活中的烦闷困扰,完全投入到当下的体验之中,沉浸在一个短暂的相对封闭的世界里。

在当今社会,人们被各种现实问题所困扰,渴望找到一处静心之所,陶冶情操、消解烦闷、舒缓心情。短暂的逃避现实已经成为人们的一个需求,如在城市里,极限运动、密室逃脱、虚拟现实游戏等活动项目就受到人们的追捧。这种需求如果在城市中得不到满足,引领人们走进民俗文化中去体验也是一种很好的方式。风格迥异的民俗文化旅游让人们看到了"逃离"的希望,吸引他们走进民俗文化浓郁的山区、村落或旅游景区,亲近自然和感受原汁原味的乡土民情,释放自我,享受田园之美。

旅游演艺的发展经历了舞台演出、山水实景演出、情境体验式演出等阶段,《东方霓裳》属于舞台演出,《印象刘三姐》属于山水实景演出,《又见平遥》属于情境体验式演出,在对这几种旅游演艺的体验类型进行对比分析后,我们发现,《东方霓裳》更偏向娱乐体验,《印象刘三姐》更偏向审美体验,《又见平遥》更偏向逃避现实体验。《又见平遥》将古城元素、实景演出和观众体验进行有机融合,通过繁复的空间分割将剧场打造成迷宫,游客穿梭于

多个不同形态的主题空间,将演出片段串联成一个完整的历史故事。游客在观看过程中既是看客,又是穿越者,有时甚至就像亲历者。一幕幕故事情节在不同的空间铺呈而来,在灯光、舞美、服装、道具等的密切配合下,给游客营造一个完全不同的时空,在这个时空中,游客几乎忘记了自己是在旅游,将自己的情感和情绪全部投入情境中,仿佛自己就是参与者、亲历者,逃避现实体验的消费需求得到极大满足。全景式马主题演出《千古马颂》汇集了百匹名马和百名骑士,综合运用民族马术、马背杂技、舞马表演及蒙古民族歌、舞、乐等艺术元素,融合高科技声光电、裸眼 3D 技术,生动演绎了人马结缘的温情、马背家园的祥和、百骏出征的壮观、千古马颂的绝唱。在观看过程中,因为高科技的运用和实景与布景的有机结合,给游客营造了一个独立的体验世界,具有较好的体验感。在未来内蒙古马旅游的发展中,可以深入挖掘与马相关的民俗文化、民族文化和草原文化,策划能让旅游者全身心融入和深入体验的马旅游产品,从而进一步完善逃避现实体验类马旅游产品。

(二)审美体验

审美是人类理解世界的一种特殊形式,包括审美主体和审美客体两个方面。"审"是动词,是作为审美主体的人的动作;"美"是名词,是作为审美客体的物的称谓。作为审美主体的人在审美过程中,会基于理智或情感、主观或客观来认识、理解、感知、评判作为审美客体的物。因此,在审美过程中,会有一对相互依存的审美关系,这对关系中的双方一定是有距离的,因为只有在一定距离下,审美主体才能对审美客体进行"审"的动作。在人的审美体验中,高山、流水、江河、湖海、夕阳西下、彩虹满天等审美客体都与人存在一段审美距离,在这段距离内,人才能够产生相应的审美体验。

李泽厚将审美分为"悦耳悦目""悦心悦意""悦志悦神"三个方面,这三个方面是人(人类和个体)的审美能力的形态展现。根据这一分类,审美由外而内、由低向高可以分为几个不同的层次,由"耳目"到"心灵"再到"超道德的人生感性境界",是一个审美体验递进的过程,那么,从马旅游产品开发的角度出发,审美体验的实现也可以参照这三个审美形态来设置。从"悦耳悦目"的方面来看,一望无际、蓝天白云绿草地的草原景观给人以无限的美感;从"悦心悦意"的方面看,精彩的马术表演、搏克比赛等项目能够给人以身心的愉悦,让人看完心情激动、难以忘怀;从"悦志悦神"的方面看,比如在草原上的民俗文化旅游景区里,借助自然景观以原生态的方式演唱蒙古族长调、呼麦,会给人一种独特的崇高感,从而唤起悦志悦神的审美愉悦感。

那达慕大会是蒙古族历史悠久的传统节日,在蒙古族人民的生活中占有重要地位。2006 年,"那达慕"经国务院批准被列入第一批国家级非物质文化遗产名录。内蒙古自治区各个盟市每年都会举办大大小小的那达慕大会,很多景区也以那达慕大会为核心吸引物来打造旅游产品或节庆活动,因此,那达慕大会也是内蒙古马旅游的一个重要产品形式。在那达慕大会上,辽阔的草原是活动舞台,蔚蓝的天空是活动背景,草原、蓝天构成了一个辽阔无边的实景剧场,参加各种活动的演员身着民族服饰或比赛服装,悠扬的长调响彻整个草原,激扬的马头琴声燃起每一匹蒙古马的比赛激情,置身其中,游客被这独特的民俗风情和迷人的草原景观所吸引,进而产生强烈的审美体验。在观看或参与那达慕大会时,游客能够感受到民俗风情的美妙、草原景观的壮观、人与景完美融合的魅力,从而获得一种独特的审美体验。

三、甜蜜地带:最丰富的体验

任何一个马旅游产品都不代表单独一种体验类型,而是多种体验类型的结合。在产品开发中,通过模糊体验类型之间的界限,可以提升体验的真实性。单一体验类型的消费价值具有局限性,而这必然造成游客消费热情的下降,在有限的时间里,人们只有得到多方面的体验,才会觉得物有所值。在这种情况下,马旅游产品必须朝着提高体验的丰富性方向发展,即利用多个既独立存在,又共同形成一个园区整体的项目和产品,经过统筹规划打造一个能够提供最丰富体验的地方。比如,中国民俗文化村里既有观赏性极强的《东方霓裳》《金戈王朝》《龙凤舞中华》等民族歌舞表演和踩高跷、抖空竹、小丑表演等天桥绝活可满足人们的娱乐体验需求;也有民俗文化教育体验功能体现在景区内的各个产品上,步步皆景,步步有文化,在潜移默化中达到教育体验的目的;还有高空溜索、泼水节等可以满足游客逃避现实体验的需求;更有美轮美奂的民族村寨景观和秀丽的山水风景给游客愉悦的审美体验。所有产品共同组成了中国民俗文化村的产品体系,将景区营造成体验最丰富之地。

从内蒙古范围来看,有很多能够给旅游者呈献最丰富体验的旅游项目,如响沙湾、鄂尔多斯草原等。从全国范围来看,也有很多值得参考借鉴的旅游项目。深圳锦绣中华民俗村的前身是锦绣中华和中国民俗文化村两个景区,展现的是我国少数民族的民俗文化和锦绣中华微缩景观,将我国的人文景观和自然景观旅游资源进行了一次大融合,让旅游者能够在短时间内全面领略我国文化和景观。20 世纪 90 年代到 21 世纪初,人们的消费能力相对较低、旅游消费水平不高,这样的综合性景区具有很大的吸引力,人们只需要花很短的时间、很少的投入就能体验、欣赏祖国各地大好河山。随着时代的变迁和人们消费水平的日益提高,"走向全国去旅游"已经成为大多数家庭经济能力能够负担的娱乐活动。在这种情况下,深圳锦绣中华民俗村如何发挥自身优势来吸引游客就成为企业发展的关键。在前些年的发展中,深圳锦绣中华民俗村采取了多种措施来增强其产品的吸引力。景点维护、村寨整修、管理完善、市场推广等措施都在积极开展,而产品端也一直是企业关注的重点,并将其作为核心工作来开展。近十年来,深圳锦绣中华民俗村在旅游产品开发上一直在加强力量,不断推陈出新和更新换代。华夏民族大庙会、泼水节、火把节、西双版纳风情月、内蒙古风情周、迷情聊斋夜等活动每年会根据市场反馈提升产品品质,马战实景表演《金戈王朝》、大型民族音乐舞蹈《东方霓裳》、大型广场艺术晚会《龙凤舞中华》、各个民族村寨的小剧场表演等主题演出也都会定期改造升级,"印象中国"街上的民间绝活、情景式的民俗巡游表演、民族村寨的体验式民俗活动、大型节庆活动的主题演出等活动层出不穷。在深圳锦绣中华民俗村内,每个岗位上的员工都穿着相应的民族服装,每个民族村寨的员工都是从该民族的聚居区招聘的具有典型民族特征的少数民族员工,从而较好地保持了民俗文化体验的原真性,让移植性马旅游产品尽量保持更多的在地性元素,让游客走进其中就像进入了一个多彩的民俗文化世界。在体验经济时代,景区内的活动和演出往往是最吸引游客的旅游产品,而活动和演出,也充分调动了景区内的景观、道具、员工等各种元素,让旅游项目和服务为体验式旅游产品提供基础支撑,并在与各种体验元素的结合中形成娱乐、教育、逃避现实和审美的体验;同时,静态景观、动态娱乐、旅游服务以及体验式演出和活动共同构成景区的马旅游产品体系,形成全新的立体式的体验旅游产品体系。

在实际的马旅游产品开发中,只提供一种体验的旅游产品非常少,人们在旅游中体验到的一般都是兼具多种体验的旅游产品。而一个旅游产品提供哪些类型的体验,直接决定了产品开发中的各项工作如何筹备、推进,因此,在马旅游产品开发的创意阶段,确定产品的体验类型就成为一个需要解决的核心问题,体验类型的确定对马旅游产品开发具有提纲挈领的战略价值。

根据本章关于娱乐体验、教育体验、逃避现实体验、审美体验和最丰富的体验等体验类型的分析,并结合马旅游产品在游客消费中的价值体现情况,我们可以将体验类型分为单一型、交叉型和丰富型三种,以便指导马旅游产品开发创意阶段的工作开展。

单一型包括4种,即娱乐体验、教育体验、逃避现实体验、审美体验。

交叉型包括10种,即娱乐审美体验、娱乐遁世体验、娱乐教育体验、审美遁世体验、审美教育体验、教育遁世体验、娱乐-审美-遁世体验、娱乐-审美-教育体验、娱乐-教育-遁世体验、审美-教育-遁世体验。

丰富型只有1种,即包含了四种体验类型的最丰富的体验类型,可称之为"甜蜜地带体验"。

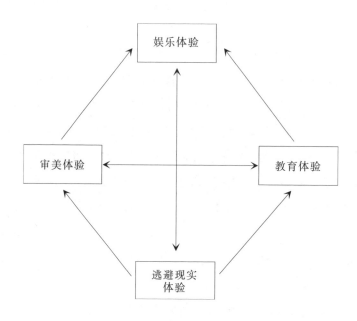

图 7.2　马旅游产品开发的体验类型交叉关系图

表 7.1　马旅游产品开发体验类型的细分类别

类型	细分类别
单一型	娱乐体验、教育体验、逃避现实体验、审美体验
交叉型	娱乐审美体验、娱乐遁世体验、娱乐教育体验、审美遁世体验、审美教育体验、教育遁世体验、娱乐-审美-遁世体验、娱乐-审美-教育体验、娱乐-教育-遁世体验、审美-教育-遁世体验
丰富型	甜蜜地带体验

在马旅游产品开发的创意阶段，首先确定需要开发的产品应归属于这15种细分类别的哪一种，再结合每种细分类别的特征进行具体的策划和实施，从而开发出更具体验性的旅游产品。例如，基于教育体验的马旅游产品有以下几种：一种是纯粹为了教育体验的旅游产品，如针对学生群体开发的马文化研学旅行产品；一种是兼具教育体验和娱乐体验的旅游产品，如民俗

文化旅游景区中具有观赏性的马文化景观、马文化遗存或马文化活动等;一种是兼具教育体验、娱乐体验和审美体验的旅游产品,如马文化主题演出;一种是兼具教育体验、娱乐体验和逃避现实体验的旅游产品,如在原生态草原中体验骑马项目;一种是兼具教育体验、娱乐体验、逃避现实体验和审美体验的旅游产品,一般是综合性的马旅游主题园区或马旅游特色小镇,其中的每个产品都具有不同的体验价值,人们在园区内整体游玩后,就能够获得最丰富的体验。

第二节　策划阶段的开发原则

以上论述阐释了马旅游产品开发的体验经济理论要点,并对马旅游产品开发的体验类型进行了详细分析,在此基础上,本节从开发原则的层面,结合体验经济理论的内涵,围绕马旅游产品开发主题营造的五个原则和产品开发的四种定制类型进行阐述。

在马旅游产品开发中,娱乐体验、教育体验、逃避现实体验和审美体验是从游客消费和感受的角度出发探讨产品开发关注点的。经过前文的分析我们发现,在马旅游产品开发的创意阶段,从游客体验角度出发有 15 种细分的产品体验类型,从而指导旅游产品的战略方向和创意思路。其中,最丰富的体验是甜蜜地带体验,也就是娱乐体验、教育体验、逃避现实体验和审美体验这四类体验的大集合。在马旅游产品开发中提供最丰富体验就是马旅游综合体,在这里,产品开发者给游客呈现的是一个完整的、真实的体验世界,这个世界中的每个元素都是构成完美体验的不可或缺的部分,每个体验产品都以其独特性为游客提供不一样的旅游感受,任何一个元素的"出戏"都将打破这个世界的完整性,从而失去某种体验或某几种体验。在这个前提下,我们再来深入考虑如何在马旅游产品的策划阶段保持这个世界的完整性,如何让整体之下的每个单一产品都拥有其独特的体验感受,而实现这

些又应该遵守哪些原则,这是本节讨论的重点。

创意是整体的,是各方面创意的集成,包括内容、形式、包装、宣传与营销等。在将作品创意转变为产品创意之初,需要全面把握各个方面的相互联系和如何集成的方法。同样的,体验也是一个完整的过程。由于我们将游客体验作为核心关注点来分析,所以在分析马旅游产品的开发主题时,就需要从体验经济的角度考虑应该遵循的基本原则。一次好的体验需要一个有创意的主题,在主题确定之后,通过各种途径给游客以良好的印象,同时消除负面因素,在游客体验结束之前,为其准备纪念品有利于留下长久的记忆。所有这些步骤的开展,都要注重在感官刺激上下功夫,将游客的体验最大化,从而形成美好的、长久的记忆。

从经济形态上来看,在从农产品、商品、服务到体验的递进过程中,大规模定制发挥了重要作用,要将商品和服务转化为体验,就需要充分利用模块化的大规模定制,如此才能实现体验的个性化、特色化和主题化,否则无法满足游客个性化的旅游体验需求。根据体验经济理论,模块化的大规模定制有四种类型:协作型定制、适应型定制、装饰型定制和透明型定制化。

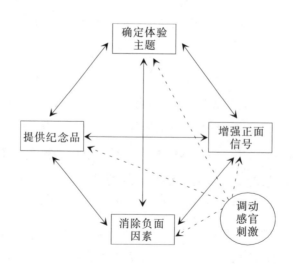

图 7.3　马旅游产品开发主题营造的五个原则

通过对体验经济理论的进一步分析和运用,我们提炼出主题营造的五个原则和产品开发的四种定制类型。五个原则为确定体验主题、增强正面信号、消除负面因素、提供纪念品和调动感官刺激,四种定制类型为协作型定制、适应型定制、装饰型定制和透明型定制。

一、马旅游产品开发主题营造的五个原则

(一)确定体验主题

在马旅游产品开发中,首先要确定产品的主题。主题是马旅游产品的灵魂,也是构成市场竞争力和旅游吸引力的关键。马旅游产品体系的构建必须遵循主题性原则,在此基础上对众多的旅游产品要素进行提炼和开发。

一个好的主题是让游客一看到名字就明白有什么节目、活动或项目可以参与。因此,在营造旅游体验和进行旅游产品开发时,开发团队首先要做的就是确定一个具有吸引力和竞争力的主题。比如,那达慕是一项独具风情的民俗文化旅游活动,在内蒙古各地都有开展。那达慕是一个大主题,在它之下,还有独特的年度或季度主题,通过双重加强的主题设置,让游客更有记忆点,例如冰雪那达慕等。

事实上,马旅游产品精心构思的主题不应仅仅反映在名称上,还应贯穿于整个产品,让产品成为一个围绕这一主题开展的整体。以与马旅游相关的民俗文化项目那达慕为例,在那达慕这一大主题之下,还设有分项活动,包括民族歌舞表演、赛马、搏克、射箭、祭敖包、篝火晚会等。迷人的草原景观、华丽的民族服饰、庄严的祭敖包环节及赛马、摔跤和射箭的刺激场景,都将那达慕这一主题深刻地体现在每个环节中,给游客留下久久难忘的记忆。

由此可见,马旅游产品需要一个一以贯之的主题,并将主题元素体现在每一个体验环节和体验主体上,从而产生强烈的吸引力。

旅游产品的主题包括范畴界定和特性界定两个方面。范畴界定是指这是一个什么项目或活动,如那达慕大会、泼水节等节庆活动和《印象刘三姐》

《又见平遥》等实景演出;特性界定是指这个项目或活动有什么特色和亮点,如冰雪那达慕、七彩云南·泼水节、爱 SHUI 就泼 SHUI·泼水节等。在开发马旅游产品的主题时有五个重点:第一,吸引人的主题必须是能够改变游客现实感的,让游客感受完全不同于日常生活的现实。第二,充分考虑原有的旅游项目和服务基础,在此基础上,结合游客体验的需要进行产品主题的确定。第三,尽可能地深挖马文化和相关文化元素。内蒙古的马文化博大精深,可选择的角度和项目非常之多,在确定主题时,需要产品开发者深入研究相关的文化元素,挖掘出体验感丰富和吸引力强的主题。第四,尽可能地简化主题。确定主题的过程是创意思维碰撞的过程,期间会产生多个主题或方向,而在一个产品的开发中只需要一个主题,因而需要进行筛选。在确定一个方向之后,还需要进一步明确和简化主题,让主题更具体、更贴切、更有表现力和张力。第五,尽可能地增加体验类型。基于体验经济的马旅游产品开发需要将体验作为一个重要指标来考虑。正如前文所述,最丰富的体验能够产生强大的吸引力,故而在确定主题阶段,产品开发者需要结合本书中所分析的 15 种体验类型,将可能的主题方向和主题创意进行分类,并与相应的体验类型进行对比分析,从而得出该主题的体验类型和具体方向。

(二)增强正面信号

很多景区为了收集游客的反馈,改进产品和服务体验,通常会开展问卷调查,其中最重要的问题是"您对我们景区的印象如何"或"您对某某项目或活动的感觉怎样"。从这些问题的设置可以看出,景区关注的是游客对景区的印象。反过来,游客所关注的也是景区给他留下的印象如何,可见,所有的体验最终都将归于游客离开时的整体感受和印象。因此,在马旅游产品的开发过程中,通过增强正面信号改善游客的整体印象是一个重要的基本原则。

马旅游产品的体验印象范围包括时间、空间、技术、真实性、复杂性和规模六个主要方面,所以,旅游体验营造者在设计主题时,也应该围绕这六个方面展开。

表7.2 马旅游产品的体验印象范围及正面信号

印象类别	具体描述	正面信号
时间	时间长的、时间短的、恰到好处的	模拟体验过程,"演员"掌控好时间
空间	开放式的、封闭式的、半开放式的	关注游客舒适度和体验营造效果
技术	高科技的、有创意的、难度大的	加大科技投入,加强创意环节
真实性	很逼真的、身临其境的、忘我的	场景设置注重细节,"演员"不出戏
复杂性	程序多的、流程繁复的、深入参与的	增加有效环节,"演员"不折不扣执行
规模	大型的、高端大气的、时尚小众的	分析游客群体,设定体验规模

(三)消除负面因素

主题的完整性既需要塑造正面印象来保障,也需要从另一个角度,即减除负面因素来完善。如果不能摒除负面因素的影响,就无法给游客一个完整的体验。比如人们在一个马旅游景区游玩时,景区环境优美、项目丰富多彩、活动接连不断,本来游客心情大好,营造的体验很完整,但是,如果此时出现一个工作人员跟游客吵架的场景,就会将原有体验破坏,之前营造的所有好印象都会因为这一个负面因素的出现而大打折扣,最终给游客留下的综合体验就会有阴影和污点,而负面印象是很难消除的,需要花更高的代价才能弥补。因此,在产品开发中,经营管理者也需要从时间、空间、技术、真实性、复杂性、规模六个主要方面考虑,避免负面因素的出现。

表7.3 马旅游产品的体验印象范围及负面因素

印象类别	具体描述	负面因素
时间	时间长的、时间短的、恰到好处的	工作拖沓,随意缩减
空间	开放式的、封闭式的、半开放式的	不舒适的空间布局
技术	高科技的、有创意的、难度大的	体验设置太过平淡,"演员"能力不够
真实性	很逼真的、身临其境的、忘我的	场景太假,"演员"随意出戏
复杂性	程序多的、流程繁复的、深入参与的	流程偷工减料,"演员"不做体验指引
规模	大型的、高端大气的、时尚小众的	体验的规模跟主题和人群不匹配

（四）提供纪念品

旅游纪念品是人们旅游中的刚性需求，或留作自用或赠予他人，具有纪念性、文化性、工艺性、实用性、轻便性等特点。

旅游纪念品的提供方式可以是销售、制作、赠送或开发中的任何一种。其中，出售纪念品是帮助人们纪念某次旅游体验的一种方法，这种纪念品的来源是旅游企业购买来的商品。把游玩中使用的物品做成个性化的纪念品也是一种方法，这是很多体验性强、参与性强的旅游产品的优势。比如，在参观某个地方的民间泥塑旅游产品后，游客可以自己动手做一个个性化的小泥塑，经过自己的简单加工，包装成一个可以带走或邮寄的纪念品，这种体验既有趣味性，又能增强体验记忆。第三种方法是免费赠送纪念品，这是根据旅游企业的品牌传播需要而开展的工作，它能够进一步加深游客的正面印象和长久记忆。这种纪念品需要能体现旅游企业的核心品牌传播需求，并且具有一定实用性和极强的美观性、创意性，否则就会弄巧成拙，无法达到正面效果。还有一种方法是旅游企业通过创意设计开发出新的纪念品，这种开发是围绕整体的主题设定来进行的，从而为主题印象的加深提供助力。

（五）调动感官刺激

体验必然会产生各种不同的感觉，在实际体验过程中，体验越丰富，感觉越强烈。从娱乐体验、教育体验、逃避现实体验和审美体验四种体验类型来看，每种体验都能与游客的视觉、听觉、触觉、味觉和嗅觉五个方面或多或少地产生互动，而体验的丰富程度也跟五种感觉的调动情况直接正相关。比如，传统的那达慕大会是蒙古族民族文化、音乐文化、舞蹈文化、服饰文化、饮食文化和马文化等文化元素的综合展现，其中的各类艺术表演和比赛项目让游客在体验中更深入地了解了蒙古民族的风俗习惯。在这个过程中，游客的多种感觉系统被调动起来，但这还远远不够，于是，就会增加灯光、音响、互动舞蹈、娱乐游戏等体验元素，将游客的感官全面调动起来，给游客留下难以忘记的体验。

表7.4　马旅游产品体验的感官刺激类别

感觉类别	体验描述
视觉	迷人的、美丽的、震撼的、吓人的、恐怖的、欢乐的、滑稽的、五彩缤纷的
听觉	动听的、美妙的、刺耳的、悦耳的、嘈杂的、欢快的、悲伤的、平和的
触觉	温暖的、冰凉的、舒服的、粗糙的、光滑的、湿润的、干燥的、坚硬的
味觉	美味的、可口的、酸的、辣的、咸的、甜的、苦的
嗅觉	香的、臭的、难闻的、刺鼻的

在马旅游产品开发的策划阶段，为达到调动感官的目的，需要根据五种感觉类别来具体开展，同时也需要遵循增强正面信号和消除负面因素两个原则，让视觉、听觉、触觉、味觉和嗅觉都获得更佳的体验。比如，在策划民俗文化活动那达慕的过程中，策划者就需要将那达慕项目的每个体验环节进行分解，形成相互衔接的体验片段，每个体验片段中都充分考虑视觉、听觉、触觉、味觉和嗅觉的因素，让游客产生最丰富的旅游体验。例如在赛马的高潮环节，策划者需要重点考虑以下五个方面：第一，游客所看到的是最壮观的骑行轨迹、最迷人的运动线条和最宏大的场面；第二，游客所听到的是最急促的马蹄声、最动人的乐曲和最疯狂的呐喊；第三，游客所触及的是最动感的地面。第四，游客所尝到的是最冰爽的饮料或最美味的奶食；第五，游客所闻到的是最清新的空气；因此，策划者可以依据游客五种感觉的最佳状态来策划每个片段的体验细节，将项目、服务和环境氛围营造的设施设备排布在合适的时间和空间，让游客获得最丰富难忘的体验。

当然，马旅游产品的体验是一个持续的过程，不是一个单一的时间点，它如一段抑扬顿挫的乐章，每个片段都带来不同的感觉，通过五种感觉的叠加形成最佳体验。

二、马旅游产品开发的四种定制类型

马文化从文化资源向旅游产品转变的过程也是马文化产业化的过程，

产业化需要保持高经济效益和高附加值,而体验却强调个性化需求和独特感受,如果不能采取合理的措施,就无法将体验与产业化融合兼顾。体验经济理论提出"大规模定制"的概念,然而,纯粹的大规模定制虽然能够很好地满足每位游客的个性化需求,但却造成成本过高的问题,规模化和定制化依然不能兼容,基于此"模块化定制"应运而生。它的模式类似乐高积木,可以根据实际需要,充分利用各种颜色、大小、形状的积木,通过合理搭建和有机组合拼成自己想要的建筑,既保证定制化、满足个性需求,又不增加过多的成本。在马旅游产品开发中,我们也引入"模块化定制"的概念,并根据产品开发的实际情况,将其分为四种类型:协作型定制、适应型定制、装饰型定制、透明型定制。

(一)协作型定制

协作型定制是让游客自行探索发现其内心需求,从而避免了在选择旅游产品时出现某些方面满意、某些方面不满意的情形,提升其体验的满意度和形成正面印象。在一个马旅游景区内,旅游产品多种多样,游客想要全部体验往往是不现实的,在这种情况下,可以为游客提供产品组合菜单。这个组合菜单不是单个产品的罗列,而是经营者针对以往游客消费体验习惯、项目产品消费比例而设计的。产品组合可以按年龄区分,也可以按爱好区分,还可以按产品类型区分,总之,产品组合的目的是让游客减少选择的烦恼,同时增加体验的丰富性。

以一场大型那达慕活动为例,其旅游产品和项目是丰富多彩的,如赛马、射箭比赛、摔跤表演、骑马体验、摔跤体验、祭敖包、观看歌舞表演、穿民族服装拍照等,游客该如何选择才能获得最好的体验呢?答案并不是统一的,但景区可以通过年龄、爱好、产品类型等分类方法进行产品组合,形成诸如"激情草原产品系列""敖包相会产品系列""欢乐牧人产品系列"等项目,让游客根据各自的需求选择相应的产品组合即可。

针对协作型定制,在马旅游产品开发的策划阶段可以将景区内的旅游产品进行整体梳理、分门别类,并对每个类别之间的差异性、相关性、互补性等关系进行分析,然后根据不同的体验主题进行产品组合,为游客提供具有针对性和主体性的产品。模块化定制产品既可以满足游客个性化体验的需求,又可以通过大规模定制提高经济效益,达到双赢的目的。

(二)适应型定制

当游客面对过多产品或过多产品组合必须从中进行选择时,"解决组合问题"的游客损失便会出现,这时,旅游企业就需要采用适应型定制。适应型定制的产品本身及其表现形式不会针对每个游客发生变化,相反的,无论有没有游客信息的投入,产品自身都会根据需求,利用旅游产品中内嵌的可定制化功能展开变化。如果所有游客的需求都包含大量的可能性,就必须采用适应型定制策略。比如,对于同一款民间特色小吃,每位游客的口味要求是不同的——咸淡不同、辣不辣不同、葱姜蒜放不放不同等等,在这种情况下,产品供给时就可以将口味细节要求作为备选材料,由个人自行确定用哪种材料。

对于马旅游产品的开发,适应型定制能够发挥较大的作用。游客在旅游消费过程中,由于时间早晚、身体状态、个人喜好等因素,在参与有些体验活动时需要一些辅助设施或服务才能更好地完成体验,比如骑马时需要工作人员带领,上山时需要拐杖,参观民俗文化景观需要讲解等。

(三)装饰型定制

当游客关注的不是旅游产品的功能而是其表现形式时,即旅游产品策划如何、现场布置如何、游客如何参与等等,这时旅游企业就可以采取装饰型定制,让形式问题得到解决,从而减少游客的损失,让游客获得"专属"的满足感。比如在一个民俗文化景区中,从进入景区大门开始,游客就能获得一张专属的体验卡,这张体验卡是根据其个人在产品形式上的需求而定制的,他凭这张体验卡可以去自己想去的体验场所,在体验场所内有独特的文字、图标、照片等定制元素,在游客需要进行某种消费时能够及时满足其个性化的需求。

在旅游过程中,专属的标志或物件会让游客产生更强的归属感和舒适感,尤其是将民俗文化与游客个性化的标签或特征进行组合时,这种体验感更强。在马旅游产品的开发策划中可以灵活运用这一方法,将游客的心锁定在景区内,这也是一个增强正面信号的措施。事实上,在当今的马旅游中,这一方法的运用已经比较普遍,

主题营造原则中的提供纪念品原则也可以策划成装饰型定制的一种举措。比如将游客的名字、喜好和生肖属性与一个民俗文化元素相结合,形成一个具有唯一性的纪念品。这个纪念品既可以成为旅游体验过程中的一个装饰、道具或指引,还可以在游客离开景区后成为一个保存着记忆的纪念品,让游客的旅游体验更加深入和持久。

(四)透明型定制

当游客在消费互动中必须不断重复提供相同的信息时,也会产生游客损失,这种损失是由体验营造过程中的重复性问题导致的。在旅游中人们经常会遇到这种情况,旅游企业在不同的项目或场所都有意无意地让游客提供个人信息、爱好、感受或建议,这一方面会打破游客体验的整体感,另一方面会增加游客的负面情绪,从而导致体验缺陷和游客损失。在这种情况下,透明型定制就可以发挥作用了,它能在不改变产品的表现形式的情况下,为每位游客定制完全不同的产品,也就是以难以察觉的方式让游客的不同需求得到有效满足。这种定制不主张让游客花时间和精力来描述自己的需求,而是通过旅游企业长期观察游客的行为模式,以此确定其可预知的消费偏好,并在以后的体验中提前满足他们的这些需求。

在马旅游产品开发中,透明型定制一般应用于高品质发展的旅游体验景区或产品中,并且因为游客旅游消费的重复性比较低,单个景区进行游客消费行为分析的可能性不大,一般都需要借助大数据对游客的消费习惯、行为习惯、个人喜好等属性进行分析判断,从而在旅游消费中为其提供各种个性化的服务。即便如此,透明型定制仍对旅游景区的管理水平、服务水平和科技化、网络化水平提出了更高的要求。当然,这种透明型定制的回报也是

丰厚的:一方面是透明型定制的旅游产品价格通常较高,游客的体验感和满意度能够得到大幅度提升;另一方面也可能因为这一举措的开展而产生重复消费或引起口碑传播,从而产生良好的长期效应。

第三节　实施阶段的工作模式

在大众旅游时代,游客的消费意愿强烈、消费能力增强、消费需求多样,更加注重参与性和体验性。在这种情况下,我们提出马旅游产品开发需要基于游客的娱乐体验、教育体验、逃避现实体验和审美体验四种体验类型,并且力求让产品包括所有四种体验,即最丰富体验,从而让游客的消费需求得到满足。而要将体验更好地融入马旅游产品开发,还需要关注体验主题化,没有主题的体验无法给游客留下明确深刻的记忆,导致旅游产品体验的效果降低。要更好地实现体验主题化,需要遵循五个原则,即确定体验主题、增强正面信号、消除负面因素、提供纪念品和调动感官刺激。四种体验类型是马旅游产品开发的关注点,体验主题化是产品开发的第一步,为了消除游客可能的各种损失,旅游企业还需要引入协作型定制、适应型定制、装饰型定制和透明型定制四种模块化定制类型,在这四种类型的引导下针对游客情况开展相应的体验定制,实现马旅游产品的有效开发。

马旅游产品开发是一个动态的过程,因为旅游体验是无形的、持续的,同时它又是建立在服务和项目的基础之上的,不是孤立存在的,涉及体验统筹者、策划者、现场管理者和普通员工等多个角色,每个角色在产品开发过程中的"表演"都直接关系体验能否有效实现这一关键问题。因此,马旅游产品开发在实施阶段的工作模式很有进一步研究的必要。

一、马旅游产品开发的基本技能

（一）工作即演出

正如《体验经济》一书中所写："工作即演出"，"工作就是剧场"。这一理念与马旅游产业具有很高的契合度。当游客走进马旅游景区，就会看到很多工作人员穿着具有浓郁民族特色或文化特色的服装，他们的头饰、动作、表情、语言等都会呈现出一种舞台表演的戏剧感，游客步入其中就像穿越回了某个时代，具有极强的带入感，这也是体验主题化的一个方面。由此可见，在马旅游产品开发中，工作场景既是体验场景，也是工作人员的演出舞台，是产品开发的重要一环。

在体验经济视角下，让工作人员明白"工作即演出"这个理念非常关键。在旅游景区，工作人员每天都在表演，当然，这个"表演"不是指游戏中的表演或戏剧舞台上的表演，而是工作人员对现实中的工作场景经过缜密构思、准确扮演和生动描绘之后的再现。只有明确这一点，所有与产品开发相关的工作人员才能摆正自己的角色定位，并在工作中试着去揣摩应该怎么"表演"才会效果更好。比如在那达慕大会中，现场工作人员都会穿着各种样式的蒙古袍，从事不同的工作，当游客进入一个蒙古包中参观时，蒙古包里的工作人员会以蒙古族的礼节与游客互动，这就是马旅游产品开发中"表演"的一个现实状态。

在与游客互动的过程中，工作人员应该关注节奏和速度，不断增强正面信号、消除负面因素、调动感官刺激。为了不让游客"出戏"，工作人员不能做与工作无关的动作、说与工作无关的话，并且要积极地与游客互动，增强游客的体验感。在此基础上，再考虑每个细节的顺序安排以及如何增加互动过程中游客的体验度，最后从更高层面上考量工作的节奏和速度，尽量让游客产生丰富的体验。

按照表演理论领域的著名专家理查德·谢克纳的观点，表演包括戏剧、剧本、舞台和表演四个关键概念,戏剧表现包括戏剧、剧本、演出和表现四个环节。将这一表演理论放至马旅游产品开发中来,能够给游客以丰富体验的旅游产品的经济产出也相应地包括四个关键概念:战略、流程、工作和产出。具体而言,就是包括制定战略、策划流程、开展工作和让游客获得体验。这一过程也对应着我们所提出的创意阶段、策划阶段、实施阶段的马旅游产品开发模式,游客获得体验是马旅游产品开发的经济产出,是所有开发阶段的最终目的和价值呈现。

(二)演出的基本技巧

在马旅游产品的开发过程中,每一个环节都是由具体的人员去完成的,所以,不管是台前还是幕后人员都应参与创意模拟、虚拟体验或产品测试的过程。在这些过程中,所有工作人员都应该以游客的角度去体验每个环节、每个细节,感受能否达到最佳的体验感。

在产品开发过程中,每个工作岗位都需要相应的人员扮演不同的角色,虽然前期的学习和培训能够为其提供指导,但更多的时候需要他们探索和总结个人的人生经验,在此基础上为其扮演的角色创造全新的可信的风格特征。每一种风格特征都是弥足珍贵的,因为游客往往会被更具独特性、风格更明显的人或事所吸引,从而形成长久的记忆。

在旅游消费中,人们常常会看到工作人员的笑脸和收到他们的问候,比如游客中心的售票员、检票处的工作人员、演出舞台上的主持人或演员,这其中,有些表情和话语是让人赏心悦目、心情愉快的,但也有些是让人无法接受的。究其原因,最主要的莫过于这些表情和话语是出自"真诚"还是"假意"。有些旅游管理者曾提出,旅游服务的标准是"像对待来家里做客的亲戚一样对待游客"。这个观点是让员工回忆曾经招待亲戚时的场景,并将这些场景应用到自己的工作中。如此一来,员工对待游客的态度和做法就会是真实自我的展现,就能达到不着痕迹演出的目的,以至于游客经常会忘记他们是在"表演",从而在体验主题化的层面实现加强正面信号和消除负面因素。

表演者开发创意时可以使用制图法、日记法和关系映射法等各种舞台技术,找到丰富角色特征的最佳方式。通过这些方法,将表演的侧重点从角色本身转向特征刻画,从而逐渐将角色扮演变成特征刻画。在刻画角色特征时,无论多小的元素都值得表演者重视,因为它有助于正面信号的加强和负面因素的消除。此外,让旅游企业中的员工产生强烈的目的感也是掌握角色特征的一个重要方法,在此基础上,把所有员工围绕一个统一的主题团结起来,为游客提供印象深刻的独特体验。

(三) 有目的地表演

在进行一项工作时,有没有一个明确的目标,最终的结果是完全不同的。这就如黑夜中在茫茫大海上航行的船只,如果前方有灯塔或者天上有星星,舵手就能确定航行的方向以及前进的目标;反之,如果没有任何能够给予指引或提示的事物,舵手只凭感觉航行,那么在前进的过程中,他的心态是茫然的,意志和动力逐渐消磨殆尽,他的每一个动作都好像是无意义的。这两者的差别直接导致结果的不同。

同样的,在马旅游产品开发过程中,旅游企业不仅要关注表演什么,更要关注如何表演,这才是普通服务互动和难忘的体验经历之间的差别所在。景区的旅游活动要想对游客产生真正的吸引力,就需要每个员工有目的地参加整个表演;同时,要想让员工的每个动作变成有意义的表演,就需要每个员工时刻牢记自己的表演目的。

二、马旅游产品的四种表演形式

在马旅游产品的体验过程中,体验提供者的表演因工作内容、场景、对象的不同而体现出四种表演形式,包括即兴表演、戏台表演、搭配表演和街头表演。每种表演形式都有其独特的特点,也能在不同的游客体验需求下体现出各自的优势。

（一）即兴表演

在马旅游产品开发中,工作场景就是体验场景,也是工作人员的演出舞台,是产品开发的重要一环。即兴表演需要表演者的想象力、创造力和独一无二的表现力,因为它的剧本不是事先写好的,而是需要利用自身的表演技巧和周边手眼可及的物品、道具或其他元素来支撑的。

在内蒙古、陕西和山西地区有一种民间演唱形式叫"唱山曲",它的特点是现场即兴编词演唱,形式既可以是问答式,也可以是陈述式的,歌词都是围绕具体人物或事件现场编排的。演员要对听众或某一事件非常熟悉才能唱出有针对性、趣味性和吸引力的唱段,表演者表演能力越强,听众的关注度就越大,体验感也就越强烈。

在马旅游产品的体验过程中,因为旅游活动的机动性和随意性,游客与工作人员往往会在不经意间相遇,并产生沟通和互动。而游客的问题、互动内容或动作都是不可预知的,在这种情况下,工作人员就需要采取即兴表演的形式。即兴表演可以应用在马旅游产品体验的很多种场合,每位体验性产品的工作人员都需要掌握这一表演方式。

（二）戏台表演

有很大一部分马旅游产品的具体工作状态是"戏台式"的,工作场所就是员工的戏台,员工为游客提供的是固定的不因游客的参与而改变的产品,在这种情况下,员工就需要掌握戏台表演的技巧。戏台表演有预先设定的台词、动作和流程,游客只是一名旁观者和欣赏者。在马旅游产品中,很多民俗文化都是通过戏台表演的形式生动、全面地呈现给游客的。

在马旅游产品的体验中,广义的"戏台表演"还包括有固定流程、明确指标的工作。工作人员通过预先掌握工作内容和工作技巧,将工作在流程化中做得更有效率,甚至更有美感,让原本枯燥的工作变得有灵动性、鲜活性和趣味性。在游客的眼中,这些普通的景区工作也变成了一道风景,成为吸引游客的一个亮点。戏台表演的形式能够体现在很多工种上,并能够因为

表演到位和自然给游客留下良好的印象,成为一个增加好印象的正面信号,而不是负面因素。

(三)搭配表演

搭配表演法体现在两个方面:一是员工在多次面对一个或一组游客时,表现出统一、专业的表演状态;二是员工与其他工作人员在共同完成一项工作时,需要互相配合。第一种情况是员工与游客之间产生的搭配表演,员工在多次服务一个或一组游客时,需要通过他的专业化、流程化的工作开展,让游客获得服务片段,这些片段组合在一起就能形成员工给游客提供的体验的整体价值。比如一个讲解员在服务游客团队时,不仅要将景区的项目、文化和故事绘声绘色地描述出来,还要让游客在体验各种服务后形成一个整体的印象。第二种情况是员工与员工之间的合作表演,一个旅游体验的完成是多个工种共同配合的结果,员工之间的互动和搭配往往能够给游客以更多的原真性和丰富的体验感。

(四)街头表演

在古装电视剧或电影中,我们常常能看到街头艺人卖艺的片段,如今,街头表演在旅游产品开发中也成为一项重要的技能,员工需要在总体线索和框架不变的情况下,以游客参与的方式完成旅游体验活动。街头表演需要员工有随机应变的能力,能够根据游客的体验需求和现场的突发状况采取最合适的处理方式。在这个过程中,一切看似偶然,但实际上都是提前排练好的。员工需要考虑到现场可能发生的任何一种场景,并在脑海里构建成熟的处理方法。这样,就把整个体验过程变得更加机动、灵活,员工只需要有一个固定的开头和结尾,中间部分则是沿着主线推进而又因临时状况而不断调整改变的一个动态过程。

马文化旅游景区的主题人物在巡游互动时,会穿民俗服装,化原生态的妆容,语言、动作、神态等方面也趋于逼真。主题人物的工作是在与游客的互动中完成的,互动的频次和效果直接决定了游客的体验和满意度。主题人物根据街头表演的要求,提前做好准备,开头、中间和结尾有一条整体不变的主线,在这个基础上,再结合互动过程中不同游客的反应采取灵活措施应对,并让剧情朝着既定的大方向变动式的发展。

三、马旅游产品开发的八个角色要求

在马旅游产品开发的过程中,为了实现体验的丰富性,需要多种角色的参与。根据《体验经济》一书的理论,在一部戏剧的制作过程中,导演是无处不在的角色,他不但要协调演员、编剧、剧本作者、技术人员和剧务等工种之间的配合,还要与制作人紧密合作,确保制作任务顺利完成。同时,导演还要给演员以指导,对如何组织表演活动提出自己的看法。总之,导演的工作就是要统筹安排整个表演活动,因此需要具备极强的组织能力,并需要得到编剧、剧本作者、技术人员和剧务的支持。此外,导演还需要选角导演配合他完成各个工种的选角工作,为每个角色物色最合适的人员。戏剧的这一角色分析理论也适用于马旅游产品开发,可以将角色进行一一对应,即制作人对应企业主,导演对应总经理,编剧对应策划师,剧本作者对应项目经理,技术人员角色不变,剧务对应主管,演员对应员工,选角导演对应人事经理。所有角色共同构建马旅游产品开发的人力资源体系。

相应的,在戏剧和马旅游产品的业务板块对比中,戏剧对应战略,剧本对应流程,演出对应工作,表现对应产出。而战略、流程、工作正对应着本书中的创意阶段、策划阶段、实施阶段三个板块。

马旅游产品开发中的任何一个角色都需要能胜任岗位,只有符合岗位职责要求,才能将创意、策划和实施三个阶段完美的完成。本文将采用向勇的胜任力二层四维度模型分析结构,即从基础性胜任力和专业性胜任力两个层面,人格特征、能力性向、知识技能、绩效行为四个维度,对马旅游产品开发的八个主要角色进行分析,提取角色的胜任力结构,获得每个角色的胜任力双素质叠合结构模型。

（一）企业主

对旅游企业来说，企业主是至关重要的角色，负责为各种项目提供财务支持，决定着景区生产什么样的旅游产品，如是经过资源提炼的初级项目，还是经过创新打造的产品和服务，抑或是全新的体验。对于旅游企业来说，没有人比企业主更清楚这个问题的答案，因为它们涉及一个最基本的考量，也就是我们想要把哪种生产过程实现舞台化。显然，这个问题很难回答，也没有标准。由于企业主负责制定企业的战略方向，而战略方向的选择必然要对未来进行展望，因此，他们可以引领企业实现变革。

然而，在马旅游项目的经营过程中，很多企业的战略定位、品牌建设都只是一些模糊的概念，没有几家企业有明确的发展目标，而且很多战略定位和品牌口号都是千篇一律的陈词滥调，放到任何一个景区都适用，其自身的独特价值无法体现，也就无法在实际的产品开发中挖掘新的潜力，产生新的动力。同时，大部分企业都处于观望状态，尚未认识到行业发展和经济形势变化需要企业积极去适应甚至引领。事实上，在企业经营过程中，现实的发展是不可控制的，但决定企业发展的核心要素不是外部的状况或规律，而是企业内部的自我选择。在这个问题上，企业主负有重要的责任，他需要通过观察、分析，确定当下的旅游业及社会经济发展中的哪些因素能够用于自身旅游产品的提升和企业的创新发展，并能将其转变为企业的战略优势。体验经济理论认为，体验的崛起为旅游企业提供了新的机会，企业可以利用这些机会制定新的战略，将原有的产品和服务通过体验的植入，进行产品的升级，提高产品附加值，从而为企业挖掘新的利润点。

马旅游公司的企业主需就经营战略向企业具体经营者（包括总经理和项目经理）提出以下问题：

①如何把新的体验元素添加到旅游产品中，以实现需求增长或现有产品和服务价格提高的目标。

②如何通过丰富感官刺激的方式提升现有旅游产品的价值。

③应当消除哪些负面因素、增加哪些积极因素，以便提升游客整体印象。

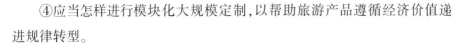

④应当怎样进行模块化大规模定制,以帮助旅游产品遵循经济价值递进规律转型。

⑤确定哪些产品和服务具有较高的价格,可以被策划师用作关键资源;重新定位作为道具的产品和作为舞台的服务,以支持潜在游客所需的新体验产出的开发。

⑥旅游产品能否实现体验化,以提升游客的消费感受。

⑦景区的服务能否重新设计成平台,以支持这种经济体验的营造。

⑧取消当前免费提供体验元素促进产品和服务消费的做法,将这些元素重新定义为需要付费享受的体验。

⑨旅游景区针对体验收费后会做出哪些改变。

⑩景区如何营造综合娱乐体验、教育体验、逃避现实体验和审美体验的甜蜜地带型体验。

⑪通过营造全新体验产出的方式让竞争对手的产品和服务低级产品化。

⑫企业如何通过体验主题化的五个原则(即确定主题、塑造印象、减除负面、提供纪念品和增加感官刺激)设定体验舞台。

⑬哪种表演形式能最有效地描述景区想创造的体验。

我们将企业主在马旅游产品开发中的角色要求通过胜任力二层四维度模型分析结构进行构建,可以得出图7.4的企业主胜任力双素质叠合结构模型。

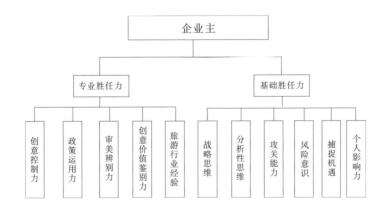

图 7.4　企业主胜任力双素质叠合结构模型

（二）总经理

总经理的职责是把战略的概念性描述变成可操作的行动。承担这个重任的人往往要比其他人面对更多的压力和问题，他需要对景区及旅游产品体验中的所有事情负责，既要协调策划师、项目经理、技术人员、主管、员工等各个工种之间的配合，还要与企业主商定企业经营中的重要决策。

总经理需要具备极强的组织协调能力，如安排人员面试、保证技术人员按时完成各场次的设计施工、选择合适的道具服装、确定工作进度、调整工作人员岗位等。总经理必须指导每个体验过程，了解整个流程，并对如何组织体验活动提出自己的看法。此外，他还必须和企业主沟通，随时报告产品开发的进度。总之，总经理的工作就是要统筹安排整个体验活动。

总经理在工作中要面对各个工种的人员，具备合作者和命令者双重身份，要顺利地实现两种身份的切换，就需要掌握一定的激励技巧，既能让员工遵守规则，又能让他们保持探索角色的主动性。

此外，总经理还必须具备沟通能力。在旅游产品的筹备阶段和实施阶段，有很多问题是需要总经理进行阐述和解释的，如此才能将其理念和要求贯彻到每个业务板块中。

最后，总经理还需要具备讲故事的能力。旅游产品要给游客提供最丰富的体验，就要满足游客的娱乐体验、教育体验、逃避现实体验和审美体验四种需求，它应该是一个具有故事性和完整性的体验整体。要将一个吸引人的故事贯穿在体验中，给游客留下最深刻的印象，只能是由在产品开发中总体协调各个角色的总经理去完成，因此，需要他具备讲故事的能力。

我们将总经理在马旅游产品开发中的角色要求通过胜任力二层四维度模型分析结构进行构建，可以得出图 7.5 的总经理胜任力双素质叠合结构模型。

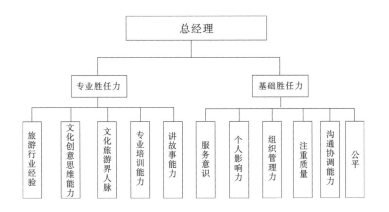

图 7.5　总经理胜任力双素质叠合结构模型

(三)策划师

从战略思想到可看见、可体验的产品的过程中,需要策划师的付出。策划师的职责是根据总经理对战略的描述,在企业原有的项目和服务的基础上,将符合战略和游客体验需求的产品策划出来。这就需要策划师完全理解企业战略思想的内涵,掌握当前市场的动态变化和游客体验的具体需求,甚至需要全面考虑产品在具体实操过程中的流程、各个角色的具体工作、注意事项和任务安排等。因此,策划师是旅游产品开发的关键角色,直接完成旅游产品成型的基础部分,也就是产品策划书,它衔接企业产品战略和实施体验的各个环节,对产品的实施落地具有重要的指导意义。

在产品具体落实的各个环节,策划师会配合总经理、项目经理、技术人员、主管等角色将策划贯彻到位。策划师需要根据市场反馈和产品诉求等因素考虑如何有效使用四种定制类型,以保证旅游产品能达到最好的体验效果。

我们将策划师在马旅游产品开发中的角色要求通过胜任力二层四维度模型分析结构进行构建,可以得出图 7.6 的策划师胜任力双素质叠合结构模型。

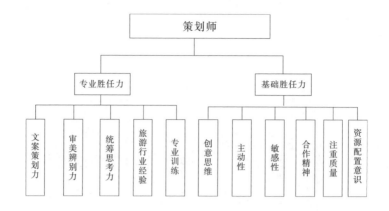

图 7.6　策划师胜任力双素质叠合结构模型

（四）项目经理

项目经理需要对策划师的策划方案进行深入的分析，并根据具体工作场景和现有的物资、人员情况将策划方案的每个细节都流程化和可操作化。在实操环节，项目经理要把控每个角色、每个场景和每个体验片段，确保体验主题化五个原则的贯彻和不折不扣的执行。

我们将项目经理在马旅游产品开发中的角色要求通过胜任力二层四维度模型分析结构进行构建，可以得出图7.7的项目经理胜任力双素质叠合结构模型。

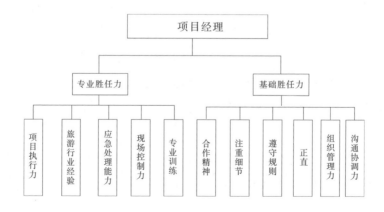

图 7.7　项目经理胜任力双素质叠合结构模型

（五）技术人员

旅游产品的开发需要将技术、创意、道具等元素结合起来，布置最符合体验需求的场景，制作最能增加体验感的道具和服装，因此，场景设计师、道具管理员、服装设计师等技术人员的工作也就变得特别重要。在以往的景区管理和旅游产品开发中，这些角色往往是被忽视或边缘化的，因为经营者和开发者都认为项目建设才是产品开发的核心，但在体验经济下，项目只是道具，体验才是游客的消费需求，在此基础上，围绕体验的各个元素和细节就变得更加重要。游客的视觉、触觉、味觉、听觉、嗅觉等直接构成了其体验的整体感觉，那么，与这些感觉相关的元素，如员工的服装、场景的布置、道具的设置等，就需要受到高度重视并进行精细化打造，而这些都需要专业技术人员的参与。比如，山水实景剧《印象刘三姐》中，旅游产品的开发既包括前期的战略定位、产品策划和基础建设，还包括现场山水场景的布局、声光电的科技支撑、地道又有创意的道具的使用和演员服装的精彩呈现等技术层面的实施。

我们将技术人员在马旅游产品开发中的角色要求通过胜任力二层四维度模型分析结构进行构建，可以得出图7.8的技术人员胜任力双素质叠合结构模型。

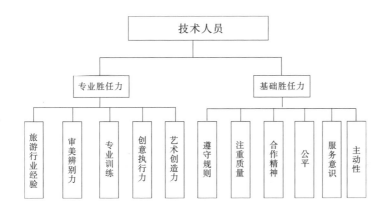

图7.8　技术人员胜任力双素质叠合结构模型

（六）主管

主管是每个旅游产品的一线管理人员,是总经理和项目经理的眼睛、耳朵和传声筒,也是员工开展工作的直接指导者,起着贯彻落实产品体验细节的重要作用。他需要确保每个人每件物品在正确的时间出现在正确的地点,并记录体验期间所有的人和事,还需要冷静面对危机,耐心调解冲突,无限理解每个人的问题并采取合理的措施快速解决,需要有效且高效地处理工作中的问题。

我们将主管在马旅游产品开发中的角色要求通过胜任力二层四维度模型分析结构进行构建,可以得出图7.9的主管胜任力双素质叠合结构模型。

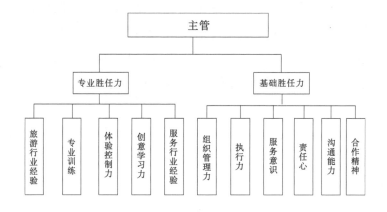

图7.9　主管胜任力双素质叠合结构模型

（七）员工

员工是“携带”旅游产品跟游客直接接触的角色。他需要熟练掌握表演技巧,同时,因为马旅游产品的民族性、地域性和文化性,员工还需要学习相关的礼仪、知识、禁忌等,避免在表演过程中造成负面印象,破坏游客体验的整体感。

我们将员工在马旅游产品开发中的角色要求通过胜任力二层四维度模型分析结构进行构建,可以得出图7.10的员工胜任力双素质叠合结构模型。

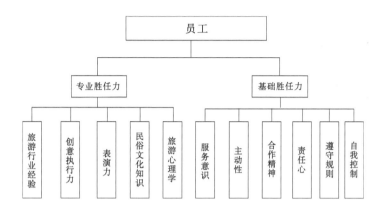

图 7.10 员工胜任力双素质叠合结构模型

（八）人事经理

体验经济视角下的马旅游产品开发,对管理人员和一线工作人员的职业素养、知识技能等方面的要求与传统的旅游企业有很大的差别,这就要求人事经理做好两方面的工作。一方面是培训提升,就是将企业原有工作人员向体验型旅游产品开发和运营的方向培养,使其胜任新角色的职业要求;另一方面是招聘选角,就是招聘符合产品开发要求的人员,并通过全新的选角模式对各个岗位人员进行筛选任用。

我们将人事经理在马旅游产品开发中的角色要求通过胜任力二层四维度模型分析结构进行构建,可以得出图 7.11 的人事经理胜任力双素质叠合结构模型。

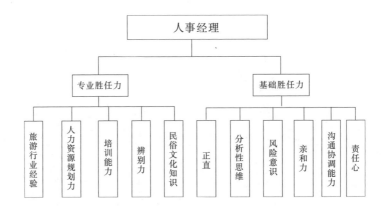

图 7.11　人事经理胜任力双素质叠合结构模型

第八章

马旅游产品的研发与实践

马是内蒙古地区一个重要的旅游资源类别和活态的文化符号,具有较高的文化体验价值和旅游经济价值。作为旅游吸引物的马和马文化,广泛存在于人们的生产生活、思想精神、文学艺术等各个层面,形态多样,内容丰富。但旅游资源不等同于旅游产品,马文化资源要经过设计开发才能够转化为旅游产品。

马旅游产品是以马和马文化资源为依托,以为旅游者提供服务为主体内容,通过创意规划设计形成的市场化的旅游载体,是集合了吃住行游购娱等多个产业要素,创造产业经济价值的平台。

也就是说,旅游产品是为了满足旅游者的旅游需求而设计的,包括物质产品、精神产品及旅游服务在内的综合性产品,具有特色化、差异化和无形性、不可移动性、不可储存性等特点。本章将根据马旅游的基本形态介绍具体的体验项目、演艺活动、展示产品、节庆产品、文创产品等马旅游产品。

第一节　马旅游体验产品

与一般的旅游产品相比,马旅游产品以马和马文化为基本元素,具有较强的融入性和体验性;就其体验类别而言,可分为休闲骑乘体验、体育竞技体验、亲子活动体验、科普研学体验、民俗活动体验、艺术创作体验等。

休闲骑乘体验产品:马作为古代的主要交通工具,在战争与劳作中扮演着重要的角色,在与人类数千年的伴生发展中,二者结成了天然亲密的伙伴关系,在人类的潜意识深处一直保留着骑乘传统的记忆。

驭马而行不仅是一种溯古体验,更是一种展示自我能力和获得满足感的方式。与徒步、自驾游相比,骑马的通过性更好,补给更方便,人马合一的主动有氧运动方式,让旅游更有运动价值和户外感。因此,马匹的骑乘体验一直是重要的旅游活动之一。

通常,景区会设置骑乘集结点,由牧马管理人员协助完成骑乘体验。也有牧民利用自家马匹揽客的情况。大多数骑乘产品都具有短途、即时性的特点，鲜有长距离骑乘的项目。传统长距离骑乘项目往往通过耐力赛的形式来体现，内蒙古近年来兴起的马道旅游就是对长距离骑乘体验的一种探索。

内蒙古地域广阔、地貌多样，适合开展以骑乘为主的探险、穿越和各种类型的骑乘主题游。比如呼包鄂地区存在着多条蒙汉支队骑兵战斗、转移的红色交通线，这些线路穿越黄土高原、毛乌素沙漠和大青山的沟谷，将延安和大青山革命根据地连接起来，但驾车、徒步难以抵达，是适合骑乘的红色研学主题旅游线。

内蒙古有漫长的边境线，边境地带有森林、草原、沙漠、戈壁和田园风光，景色壮美，存在多条边境骑行线路，可以选取其中的某段里程，将其打造成如"喀纳斯空中花园骑行""翻越天山，触摸博格达峰""重走洛克路：木里稻城穿越""最后的茶马古道：沿怒江大峡谷进藏""环游山丹军马场""纵马坝上草原"等一样的精品骑行线路。

除了骑乘之外，乘坐马车观光也是复古体验的一种形式。与新疆多为高山草场不同，呼伦贝尔草原、锡林郭勒草原地势平坦，适合驾乘马车——如高轮勒勒车、欧式皇家马车、古代战车等进行短距离深度体验。

体育竞技体验产品：骑乘体验既是一项以马为体验对象或交通工具的旅游活动，也是一项全民健身体育项目。

马术运动的起源可以追溯到 2000 多年以前，据《史记》《匈奴传》记载，早在公元前 3 世纪末到公元前 2 世纪初，蒙古高原的北方游牧民族中就有了马术运动。

在古代，为了让马匹在战场上移动时保证准确性，人们常对马匹进行各种技巧和协调性的训练，后来就发展为现代马术并设置了各种比赛。1900 年，马术比赛首次进入奥运会，现已发展为盛装舞步赛、障碍赛和三日赛三项赛事。

速度赛马是具有广泛群众基础的民间体育赛事，也是激动人心的表演性旅游项目。

绕桶赛起源于美国西部乡村,起初是牛仔们农闲时的一种游戏,因其充满趣味性、竞争性,在锻炼马匹的灵活性的同时,又提高了骑手的骑乘水平,因此这些年在我国也有了一定的发展。

马术耐力赛有别于速度赛马的高度竞技性和马术的高水平驭马能力,它要求骑手必须充分了解自己的马匹伙伴的身体条件和竞技能力,因为比赛成绩是根据比赛行进用时和马匹心跳恢复正常用时相累加得到的。新疆昭苏县创造性地策划设计出了昭苏超级马术耐力赛,自 2009 年起已经连续举办了 10 年,形成了国内知名的旅游型马术赛事。

定向马术三项赛:也叫定向马术全能赛(简称 TREC),是国际马术旅游联合会重点推广的标准国际马术项目,在欧洲已经普及,是一项参与人数众多的时尚运动。定向越野赛的特点是门槛低、趣味性高、观赏性强。比赛场地的适应性强,无论是沙滩还是花海,无论是小小的室内馆还是辽阔的大草原,都能举办。

以上这些成熟的适合大众参与的骑乘休闲体育项目,不仅具有一定的观赏性,吸引游客深度体验马旅游产品,而且对发展内蒙古马道旅游具有重要的借鉴意义。

亲子活动体验产品:在人类驯服役使的动物中,马最通人性,人马之间的情感亦最为亲密。骑马活动既可以让孩子强健身体,增加身体协调性,还可以培养孩子的胆识、自信,增强面对复杂多变环境的应变能力和自立能力。与孩子共同学习骑马,是一种非常好的亲子教育方式。家长与孩子共同提高骑术,不仅对孩子是一种非常好的积极引导,并且对增进父母与孩子的感情有很大的帮助。在内蒙古地区,亲子型马术俱乐部存在较大的提升发展空间。

科普研学体验产品:马作为人类的朋友和助手,在人类的生产生活中起到了重要的作用。先民从识马、驯马、牧马、爱马、乘马、役马、驭马、市马、饰马到管马,不仅形成了一系列马的物质文化与制度文化,同时还画马、雕马、塑马、写马,创造了许多关于马的艺术作品,丰富了人类的心灵世界,推动了文明的进步和历史的发展。

但是,随着世界现代化的进程,马逐步退出了人们的日常生活,只有在城市马术俱乐部或者牧区才能见到马的身影。马对于很多孩子来说只存在于文学作品中。2016 年,教育部等 11 部门出台《关于推进中小学生研学旅行的意见》,这为广大中小学生接触马、了解马、认知马创造了机会,也衍生了内蒙古地区具有地方特色的以马文化为主题的研学旅行教育产品。

马文化研学旅游产品让中小学生走出校园,在大自然中与马亲密接触,在与平常不同的生活中拓展视野、丰富知识,加深与自然和文化的亲近感,增加集体生活体验。马文化研学旅游是内蒙古独具地域特色的产品,是具有生命力与市场潜力的旅游项目。

民俗活动体验产品:民俗旅游属于文化旅游的范畴,民俗活动的独特吸引力是重要的旅游驱动点。内蒙古地区独特的民俗风情、岁时节日、风物传说等都在某种程度上丰富了旅游内涵,增加了旅游情趣,满足了游客多层次的审美需要和文化体验。

马是内蒙古地区蒙古族赖以生存的生产和生活资料,是内蒙古重要的品牌符号,同样也是旅游核心吸引要素。游客在内蒙古可以观看套马、驯马与蒙古族"男儿三艺"等民俗活动;还可以去牧民毡房做客,一边喝酸马奶,一边欣赏民族歌舞和马头琴演奏;还可以参与酸马奶的酿制,祭祀火神,了解蒙古族的历史,聆听古老的传说。

艺术创作体验产品:马不仅吸引着大众旅游的目光,还因为刚烈的性格、忠诚的品质、吃苦耐劳的精神、俊朗的外形、矫健的步伐,成为艺术家追逐的主角。全社会喜爱马、崇尚马、赞美马的文化氛围现已形成,马主题摄影、写生创作等已成为旅游新内容。

2018 年 12 月 23 日,中国马业协会摄影家分会成立,成为促进马文化繁荣与发展的又一平台。内蒙古是蒙古马的原产地,是马摄影资源、艺术创作资源的富集区,艺术创作体验之旅必将成为内蒙古马旅游的一个新业态。

第二节　马旅游演艺产品

马旅游演艺产品是以马为主要元素或主题,为旅游者提供马术特技表演、情景式历史文化表演、情景式民俗文化表演等观赏项目的旅游产品。马旅游演艺产品主要有传统马舞剧、室外实景剧、室内主题歌舞剧等。

传统马舞剧:主要由身穿马舞服饰的舞者以舞蹈的形式模仿马的各种动作形态,展现马的生动形象。

马舞具有悠久的历史。在古代,一些氏族或部落都会定期举行隆重的马图腾祭祀仪式,在仪式中表演马图腾歌舞。每当狩猎或战斗之前,族人会把自己装扮成马的模样,表演以马为题材的舞蹈,模仿和再现马的种种动作和神态,并祈求自己能像骏马那样矫健剽悍、腾步如飞,这种舞蹈往往具有演习或鼓舞士气的作用。

《乐府杂录》一书中的"舞工"条目详细记载了马舞的表演方式:"身穿彩衣,执鞭,舞蹀躞,蹄应节。"新疆维吾尔自治区库车县森木塞姆千佛洞和拜城县克孜尔千佛洞的壁画上,也细腻而完整地绘制了马舞的图案。内蒙古的牧马舞和祭马舞采用的就是马步。舞者在表演中模仿马的各种神态、动作,其中腿部动作有跃马跳、左右翻腾跳、勒马仰身翻等,或轻盈舒缓或飞奔腾越,极具观赏性。古老的文化气息、惟妙惟肖的艺术表现力,必将让传统马舞表演在旅游市场焕发新的光彩。

室外实景剧:主要利用赛马场的开阔空间,综合运用蒙古族马术、马背杂技等个人技艺和团队配合,再现古代战争场面,如"三英战吕布""枪挑小梁王"等。也有依托建筑、草原沙漠等环境背景,再现历史的实景剧,比如内蒙古托克托县神泉生态旅游景区推出的《永远的成吉思汗》,就是依托托克托县、准格尔旗得天独厚的黄河、库布其沙漠、湿地草原、神泉及云中古郡文化等自然、历史文化旅游资源打造的。该剧以蒙古民族马文化为主要内容,以马术特技表演和历史情景再现为主要特色,讲述了千年风云人物成吉思汗的故事。

室外实景剧的优点是场地开阔、游客视野较好、自由度较高。真实人与马的参演,达到了视觉的可视化,增加了游客的价值满足感。不足之处是受环境限制,游客的代入感不强,演出易受下雨、大风等天气影响,不能保证常态化表演。

室内主题歌舞剧:受场地限制,使用真实马的数量有限,但可以充分利用舞台场景、灯光特效、服装道具,融合高科技声、光、电等技术,将马、歌、舞、乐等元素有机结合在一起,通过强烈的视觉冲击力、炫酷的科技体验感、高难度的表演技巧来展现历史。

比如内蒙古大型马舞剧《千古马颂》就是以"蒙古马精神"为立意,通过讲述"我"——一个牧人之子的成长,折射出蒙古民族守望相助、砥砺奋进、追求文明进步的伟大历程,歌颂了马背民族开放包容、坚韧不拔的民族精神,展示了人与马、人与草原和谐共处、诗意栖息的大美境界。该剧汇集百匹名马和百名骑士,综合运用民族马术、马背杂技、舞马表演等艺术形式和蒙古族歌、舞、乐等艺术元素,融合声光电、裸眼 3D 技术等高科技手段,生动演绎了人马结缘的温情、马背家园的祥和、百骏出征的壮观、千古马颂的绝唱,取得了良好的市场效果。

旅游演艺是旅游业发展到一定程度后与演艺行业相融合而产生的。旅游演艺的出现使旅游业的发展产生了质的变化,改变了"白天看庙,晚上睡觉"的传统旅游方式,使旅游目的地发展夜经济变成了现实。旅游演艺行业链条的上游主要是服装、道具、演员以及景区景点等,下游行业通过各类销售渠道面向旅行社及游客,从而整体带动马业综合体的良性发展。旅游演艺的发展,不仅起到通过延长游客逗留时间从而促进当地经济发展的作用,同时还具有促进传统文化创新发展、提升目的地品牌形象等文化与社会功能。

第三节 马旅游展示项目

马旅游展示项目有动态展示和静态展示两种类型。

动态展示主要包括仪仗马队、名马展示、万马奔腾实景表演等。

仪仗马队是一个国家的文化符号和气质象征。相传四千多年前，北方部落首领夏禹与南方各部落首领在涂山会盟，其时，众多北方士兵手持各种用羽毛装饰的兵器，和着乐曲边歌边舞，以示欢迎。春秋时期也有"观兵以威诸侯"的记载。在甘肃武威出土的东汉铜车马仪仗俑群铜塑，其中就有一支雄伟壮观的仪仗队。仪仗队伍最前面的是一件作飞奔状的马，它昂首嘶鸣，三足腾空，一足踏于一只正展翅翱翔、回首惊视的飞鸟背上，气势惊人。目前，世界上有 30 多个国家拥有仪仗马队，代表着接待贵宾的最高礼节。很多马文化旅游景区或者旅游城市也都设有仪仗马队，成为马旅游产品中的一道风景。

名马展示是马旅游中非常受欢迎的节目。世界上有 300 多个马种，但大多数人只见过少数几种，对马的认知也停留在比较初级的层面，因此那些集中展示世界名马的项目就深受游客喜爱。名马展示类似模特在 T 台上走秀，在解说员的讲解声中，由骑师驾驭的各种世界名马依次出列，步伐或优雅或轻快，具有良好的视觉效果。

万马奔腾实景表演是景区在拥有一定数量马匹的情况下，为游客展示马群驰骋而过的壮观景象。在恢宏大气的音乐背景下，集结的马群在草原上奔腾而过，带给游客强烈的视觉冲击和心灵震撼。

马旅游静态展示项目主要包括马文化博物馆、骑兵博物馆、马具展、马文化艺术展、马文化电影展等。

博物馆是一个地区或城市的文化符号和城市气质精神的外化表现，记录并标志着文明发展的过程和水平，是城市最宝贵的精神财富和核心竞争力。建设马文化博物馆,对弘扬民族精神、追溯民族历史、传承民族文化、建设人与自然和谐共处的发展环境,具有深远的历史意义和现实意义。内蒙古锡林郭勒盟镶黄旗蒙古马文化博物馆、呼伦贝尔市三河马博物馆等,已经成为所在城市不可或缺的文化地标,是每位游客的必到之处。

骑兵部队因其强大的机动能力和冲击能力在历史发展进程中扮演着重要的角色。我国最早的建制骑兵出现于战国时期的赵国。汉初时,骑兵崭露头角,西汉武帝时期达到兴盛。在汉匈之间长期激烈的战争中,汉朝正是凭借着空前强大的骑兵部队,才扭转了一直以来汉军在战场上的劣势,开启了我国战争史的骑兵时代。骑兵博物馆展示了我国与世界骑兵发展的历史和传统,介绍了骑兵的基本知识和所获荣誉等,是对传统马文化博物馆的补充。

马具是人为了更方便地控制马匹所使用的一些辅助器物。马具用品是马文化的重要组成部分,历史悠久。我国在西汉时期就已发明了马鞍,大大提高了人类驾驭马的能力。历史上各个时期、各个民族的马鞍都有自己的特点,种类繁多。如从用途上,可分为生活用马鞍、竞赛用马鞍和祭祀用马鞍等;从造型上,可分为大三元、小三元、大官座、小官座、大尾鞍、小尾鞍、鹰式鞍、人字鞍、羊尾鞍等;从材质上,可分为木马鞍、镶金雕花马鞍、铁鎏金马鞍、凤鸟纹路银马鞍、景泰蓝马鞍等;从地域上,可分为法国骑士鞍、法国淑女鞍、美国西部鞍(德州大角鞍)、英式淑女鞍、蒙古鞍、阿拉伯鞍、哥萨克鞍、非洲彩绘鞍等。

考古挖掘证明,我国殷商时期的马具不但配置齐全且造型精巧美观,已经达到相当高的制作水平。最早的实物马镫出土于北燕冯素弗墓中,是公元450年之前制造的木质包铜马镫。1977年,在呼和浩特市一座北魏中期的墓葬中,出土了一件北魏陶马俑,在马俑腹部绘有一对马镫。它是公元5世纪前期,拓跋鲜卑人所建北魏王朝使用马镫的实物见证,是我国马镫发明与使用历史上的一件重要文物。

现代马术用品大体上分为两类:一类是供马使用的,一类是供骑手使用的。供马使用的主要有马鞍、笼头、衔铁、马衣、低头革和缰绳等,供骑手使

用的主要有头盔、马靴、牛仔帽、坎肩、马裤和马鞭等。这些马具形态各异，具有一定的文化与观赏价值，也是吸引游客驻足了解马文化的一个窗口。

马是人类文明的参与者，也是见证者。古今中外，众多的作家、诗人、艺术家围绕马主题创作了大量的诗文歌赋、绘画、雕塑、书法作品等，成为人类文明的符号和共同记忆。每个时代作品中的马意象也反映着当时文化的特点，寄寓着创作者的情怀与思想。举办马文化艺术展是宣传普及马文化的重要路径，也是让游客感受马文化内涵和艺术品位的窗口。

在跌宕起伏的历史中，马始终伴随着人类前进的步伐。它甚至还直接或间接地影响了历史的走向，因此人们用各种方式讲述与马的故事，影视语言就是其中的一种。据不完全统计，世界上与马有关的电影已达一百余部，如《马语者》《战马》《奔腾年代》《蒙古精神》《玉女神驹》《冠军》《梦想奔驰》等，这些经典影片讲述了马与人类之间特殊的情感。马文化电影展可以让更多的人关注马文化，成为马旅游中的一个文化符号。

第四节　马旅游节庆活动

节庆活动是独特的地域文化和民俗风情最集中的表现。当节庆与现代旅游融合，便形成了新的经济和文化载体——旅游节庆。旅游节庆作为旅游业的重要组成部分，在促进地方旅游业发展、提升区域形象和知名度、进而带动整个区域经济繁荣方面，一直扮演着重要的角色。文化性是节庆旅游最重要的特征之一，是吸引旅游者的深层次因素。马旅游节庆活动包括传统与现代两种基本类型。

传统马旅游节庆活动与各地的民俗活动、时令节气等紧密关联。如内蒙古地区的那达慕盛会、马驹节、马奶节、打马印节等。这些传统节庆展现了内蒙古各民族特有的生产生活方式。

随着现代马产业的蓬勃发展，内蒙古各地出现了马文化与旅游融合发展的现代马文化旅游节庆,如哲里木赛马节(8.18赛马节)、太仆寺旗皇家御马文化节、陈巴尔虎旗万马奔腾马文化节、内蒙古国际马术节、西乌珠穆沁旗白马文化节、驭马文化节等。但就创新旅游型赛事和文化型赛事而言,内蒙古马旅游还存在一定的提升空间,主要体现在针对不同的目标人群的资源整合、创意设计等方面。

　　蒙古马有多个亚种,各有擅长,如果能设计一个综合性比赛项目,如内蒙古蒙古马英雄联盟排位赛,将蒙古马不同亚种放在同一竞技舞台上,每年进行年度竞技排名,应该会是极具观赏价值和社会关注的热点项目,必将激发人们极大的兴趣,从而提升蒙古马的品牌知名度,进一步促进马旅游的发展。

　　骑马射箭是冷兵器时代最重要的狩猎与御敌技能,也是蒙古族"男儿三艺"的组成部分。设立蒙古马骑射大赛,对弘扬传统文化、推广蒙古骑射技艺、提升文化自信具有重要作用。

　　马术嘉年华是一项游客可以广泛参与的马术活动,设置了迷你马骑乘、马背投篮、诸葛马、马术知识有奖问答等项目。孩子们可以跨上马背,与马亲密接触;现场的观众还可以参加 COSPLAY 大赛,扮演与马有关的电影角色或者历史名人,如白马王子、佐罗、灰姑娘等等,尽享马术竞赛之外的乐趣。马术嘉年华打破了竞技赛马的专业、静态、严谨的氛围,让更多的人加入到了解马和马文化的行列中来,让人们在与马和自然的对话中,表达对生活和自由的热爱。

　　在旅游节庆活动研发方面,还可以设计追风少年成人礼仪式、蒙古马选美大赛、牧马人套马表演赛、蒙古马配饰比赛、马车挑战赛等等。

第五节　马旅游文创产品

　　文化创意产品(简称"文创产品"),指依靠创意人的智慧、技能和文化积淀,对文化资源、文化用品进行创造与提升,通过对知识产权的开发和运用,借助现代科技手段而生产出的高附加值产品。文创产品就是创意价值的产品化。各种艺术品、文化旅游纪念品、办公用品、家居日用品、科技日用造型设计等都可能成为文创产品。一个新鲜的创意让一件产品附加上超出大众期待的文化艺术价值、智慧创意价值,让大众心甘情愿地接受并产生购买行为,便是文创产品畅销的重要原因。

旅游是文创产品最佳的流量出口和变现渠道,其技术路径是文化资源ip化,ip产品化,产品市场化。IP,即Intellectual Property(知识产权),是"泛娱乐营销"带给文旅业的贡献。它可以是一个故事、一种形象、一件艺术品、一种流行文化,由此提炼聚焦为品牌符号,并衍生出相关产品。

美国的华特迪士尼公司是文创产品的先行者,它把来自我国的《花木兰故事》、来自北欧的传说《冰雪奇缘》、来自德国的童话《白雪公主》提炼成文化IP符号,进而又延伸至服装、家居装饰、玩具、食品、文具、出版物、电子产品、纪念品等领域。有数据显示,《冰雪奇缘》中艾莎和安娜两位女主角所穿的同款正版公主裙在全美销售300万条,仅靠两条裙子,迪士尼就获得了4.5亿美元的收入,创造了IP经济的神话。

在迪士尼净利润结构中,衍生品授权业务贡献了超过三成的净利润。2015年,迪士尼衍生品变现的规模占其整个营业收入的9%左右,收入达到45亿美元,并且其增速明显高于公司整体收入水平。这得益于通过内容制造带来的形象溢价,其衍生品加价率往往可高达8~10倍。

据东京迪士尼乐园运营方东方乐园株式会社统计,2014财年,每一位来到迪士尼乐园的游客平均花费10955日元,其中门票支出为4660日元,仅占平均花费的42%左右,剩下的花费几乎都在衍生品和食物等二次消费项目上。

反观国内的旅游商品收入,在旅游总收入占比中普遍仅占5%~10%,销售贡献比明显偏低。这是因为国内的旅游商品仍基本处于资源依赖型阶段。简单复制、做工粗糙,本身极具优势的资源,因缺乏创意的"滋养"而失去了魅力。

文化产业是创意产业、头脑产业。著名经济学家罗默指出，新创意会衍生无穷的新产品、新市场和新机会。比尔·盖茨宣称："创意具有裂变效应，一盎司创意能够带来无以数计的商业利益、商业奇迹。"

内蒙古的马文化资源包括有形的物质文化、无形的精神文化，内容丰富、意义深远、题材众多、故事动人，具有独特的文化品格和文化魅力。

首先，蒙古马造型艺术是文创产品研发的重要素材。

马是我国古代造型艺术中最早出现的动物形象之一。马的艺术形象从远古就走入人类的生活，秦汉以来一直盛行，此时的马代表着尚武精神，多作奔突劲健之势。至唐代，马的造型艺术也与此时的审美倾向一致，以华贵肥壮为美。宋时，马的造型艺术走向浑厚柔韧、清远超俗。而元代马的造型艺术则细致含蓄、秀润柔媚，散发着文人的气息。元代以后，随着文人、士大夫与马逐渐疏离，马在美术史中也渐失以往的盛况，但古代中国还是留下了丰富的马的艺术遗存。

蒙古马英俊灵动的形态、强健剽悍的体魄和人格化的道德精神，是理想的艺术表现素材。从19世纪末开始，在我国北方长城沿线陆续出土了大量的以装饰动物纹为特征，代表北方游牧民族文化的青铜器，由于这些青铜器在鄂尔多斯地区分布最集中、发现数量最多、风格又最独特，因此被称为"鄂尔多斯青铜器"。

马作为当时游牧民族普遍崇拜的动物，其形象自然成为饰品的主要内容。在各类饰品中，随处可见栩栩如生、形态各异的马，这些艺术品做工精美、风格奔放，生动地再现了两千多年前我国北方草原游牧民族的生活面貌。另外，在内蒙古鲜卑墓葬中多有飞马或马形饰件出土，如内蒙古博物院馆藏的鎏金飞马纹铜牌饰、通辽市科尔沁左翼中旗六家子鲜卑墓出土的卧马形带链金挂件饰等。这些精美的艺术品本身就是最好的文创产品，以此可以衍生出马的雕塑、布偶、剪纸、镜画、陶俑、泥塑、构件、织绣等多种艺术形态。

其次，蒙古马图腾符号是文创产品研发的创作源泉。

在古代，一些氏族把马视为自己的祖先或保护神，出现了马图腾崇拜。

人们把马图腾形象刻画在住房门口,或者刻画在自己身体明显部位的皮肤上,作为氏族的特殊标志。在氏族与氏族之间或者部落与部落之间发生冲突的情况下,人们就不会袭击与自己同徽号的"亲人"。马图腾崇拜曾经在原始社会一些游牧氏族或部落中起过维持团结、统一意向、统一行动的作用。

在内蒙古地区广为分布的阴山岩画群、贺兰山岩画群、乌兰察布岩画群、锡林郭勒岩画、赤峰岩画群等北方系岩画,都有丰富的马图像,这些岩画清楚地反映了人类从最初与马接触,到猎马、牧马、用马等一系列活动。蒙古族的马烙印符号中同样蕴含着极其丰富的文化内涵,体现出早期蒙古族先民对色彩的辨析能力、思维特性和性格特征及马烙印符号中的原始信仰痕迹和不同历史时期的审美特征。这些简朴、粗犷、生动的马图腾是内蒙古文创产品研发的珍矿宝山。

第三,蒙古马的祥瑞文化是文创产品研发的核心价值。

在我国传统吉祥象征符号中,马是刚健、进取、热烈、昌盛、发达的代名词,又是朝气、活力、坚韧、向上和智慧的象征;在十二生肖中,马与象征着天子的龙并称为"龙马精神",象征着中华民族自古以来所崇尚的奋斗不止、自强不息的进取、向上的民族精神;在成语中,马到成功、汗马功劳、一马当先等等,都寄托着人们朴素的信仰和美好的愿望。

马文化文创产品的研发,要植根于马文化中的吉祥文化,将美好的寓意贯穿文创产品的始终,这样的文创产品不但会越来越受到游客的欢迎,同时更能促进旅游的高频消费。

虽然国内 IP 授权经济尚处于摸索起步阶段,但内蒙古马文化具有多元性,是新的 IP 符号提炼及 IP 经济打造的丰饶土壤,在 IP 孵化和培育方面具有得天独厚的优势,在市场品牌、衍生品开发等方面有较大的上升空间。

第九章

马业综合体与马旅游特色小镇建设

内蒙古马旅游产业的发展,除了需要全域旅游视域下的马旅游发展思路、马道旅游区域联动式的总体架构、基于体验经济的马旅游产品开发策略和马旅游产品研发与实践,还需要成立产业联动式的马业综合体和建设马旅游特色小镇。马业综合体和马旅游特色小镇是一、二、三产业融合发展的模式之一,能够有效促进内蒙古与马相关的产业资源整合和协同发展,从而成为内蒙古马旅游发展的引擎项目和核心项目。在马业综合体和马旅游特色小镇的建设中,需要充分融合各产业的资源,打造具有地方特色、民族特色和独特吸引力的综合性马旅游产业集群,以其示范引领作用促进当地马旅游的持续快速发展。

第一节　发展背景与概念界定

一、发展背景

(一)旅游综合体

近年来,随着我国经济快速发展和人们生活水平的提高,城市消费从满足基本生活需求向追求高品质生活转变,同时,生活节奏的加快和工作、生活压力的增大,也让人们一方面需要寻求途径和空间释放压力、享受生活乐趣,另一方面也因为时间和资金等因素的制约,无法经常性地走出城市去外地体验旅游休闲,因此,城市中集休闲、娱乐、购物、办公、餐饮等多种功能于一体、能够提供一站式服务的综合性项目就成为人们日常消费的最佳选择,"城市综合体"也由此诞生。根据全国各地现有的城市综合体项目实际情况来看,城市综合体是融合商务办公、商业零售、酒店餐饮、综合娱乐、公寓住宅五大核心功能于一体的功能聚合、土地集约、消费集中的城市经济集聚区,如万达广场、苏宁广场及地方性的城市综合体项目等。

"旅游综合体"的概念来源于城市综合体,两者既有联系又有区别。由于消费区域、消费时间和消费心理的不同,城市综合体与旅游综合体成为满足人们消费需求的两个重要方面。城市综合体是满足人们在城市内以日常生活娱乐消费为主的重要项目区域,旅游综合体是满足人们在城市外(有些也在城市内)以休闲旅游体验消费为主的重要项目区域;城市综合体更偏向生活需要,旅游综合体更偏向旅游体验。旅游综合体需要依托当地的旅游资源、文化资源和基础设施等优势要素条件,以市场为导向综合打造"吃、住、行、游、购、娱"等旅游相关业态,以核心吸引物为基础全面提供多样化的旅游相关产品,实现空间一体化、业态聚集化和价值多元化。由此可见,作为聚集综合旅游功能的特定空间,旅游综合体是一个基于独特旅游资源的泛旅游产业聚集区,也是一个以核心吸引物为基础的旅游经济系统,并有可能成为一个地区的旅游休闲目的地品牌。

从发展历程来看,旅游消费模式升级、景区发展模式升级和地产开发模式升级三大因素促使旅游综合体的出现和快速发展,并使其成为推动一个地区旅游产业持续发展的引擎。旅游综合体的开发过程中,旅游资源与土地是其重要基础,旅游休闲功能是其主导产品,土地综合开发是其主要手段,较高品质服务是其发展保障,同时,资源集聚、产业融合和服务升级是旅游综合体的核心要点。旅游综合体具有高投入、高品质、多元化和融合性等特点,在提升城市品牌形象、推动产业转型发展等方面发挥重要作用,并推动区域旅游从观光时代走向休闲时代、从景区时代走向旅游目的地时代、从单一产品时代走向综合体时代,从而实现区域旅游的高质量发展。

(二)田园综合体

自然景观型和民俗文化型旅游景区大多在乡村开发,同时,近年来由于社会环境、生态建设、饮食安全、教育理念和经济条件等因素的变化,人们的消费观念也在逐渐发生转变,从原来对城市的无限向往转向对乡土的眷恋和对乡愁的怀念,乡村旅游也越来越到人们的重视和青睐。就内蒙古而言,

"十二五"期间,全区国家级和自治区级休闲农业与乡村旅游示范县达到19家,休闲农业点达到585家。其中,国家级和自治区级休闲农业与乡村旅游示范点77家,乡村旅游接待户达到4200家(星级接待户达到462家)。乡村旅游发展对于农牧民就业、增收和脱贫起到了一定作用,然而,乡村旅游在与各类企业投资的大型旅游项目并行发展中依然存在诸多问题。一方面,乡村旅游的政策优惠和产业红利未能被农牧民充分享受,而是集中在一些大型旅游企业,未能产生较好的乡村牧区带动作用;另一方面,乡村旅游中的农家乐、牧家乐等项目大多是小农小户开办,项目品质、服务质量和卫生安全等方面都存在问题,这极大地打击了人们走进乡村和深度体验乡村的积极性;此外,以往的乡村旅游和乡村旅游项目发展未能较好地实现资源整合、优势互补,农牧民与企业的联结机制未能建立,土地使用、资金投入和运营管理未能达成较好的合作模式,难以形成集约化、产业化、规模化、效益最大化和多赢的局面。

在此背景下,2017年中央一号文件提出:"支持有条件的乡村建设以农民合作社为主要载体、让农民充分参与和受益,集循环农业、创意农业、农事体验于一体的田园综合体,通过农业综合开发、农村综合改革转移支付等渠道开展试点示范。"文件强调让农民参与发展和从中受益,希望将农业与旅游结合、农民与企业结合,以田园综合体真正带动农村牧区的长远持续发展。2017年5月24日,《关于开展田园综合体建设试点工作的通知》(财办〔2017〕29号),"认真贯彻党中央、国务院决策部署,深入推进农业供给侧结构性改革,适应农村发展阶段性需要,遵循农村发展规律和市场经济规律,围绕农业增效、农民增收、农村增绿,支持有条件的乡村加强基础设施、产业支撑、公共服务、环境风貌建设,实现农村生产、生活、生态'三生同步'、一二三产业'三产融合'、农业文化旅游'三位一体',积极探索推进农村经济社会全面发展的新模式、新业态、新路径,逐步建成以农民合作社为主要载体,让农民充分参与和受益,集循环农业、创意农业、农事体验于一体的田园综合体。"这个通知进一步明确了"田园综合体"试点的要求和目标,也能看出旅游是其中的一个核心,起带动产业整合、引领项目发展的作用。2017年6月

1 日,《关于做好 2017 年田园综合体试点工作的意见》(财办农〔2017〕71号),确定"内蒙古、江苏、浙江、江西、河南、湖南、广东、甘肃 8 个省份"作为试点省份,要求"各试点地方要支持有基础、有优势、有特色、有规模、有潜力的乡镇(村)、特色片区,全域统筹开发,按照'政府引导、市场主体'的原则,选择农民合作组织健全、农业龙头企业和新型农业经营主体带动力强、农村特色优势产业基础较好、生产组织化程度较高、区位和生态等资源环境条件优越、核心区集中连片、开发主体已自筹资金投入较大且自身有持续投入能力、发展潜力较大的片区,开展乡村田园综合体试点工作"。这个文件明确了田园综合体的试点省份,内蒙古就是其中之一。

截至 2019 年,内蒙古的国家级田园综合体试点旗县有四子王旗和土默特右旗,自治区级田园综合体试点旗县区有托克托县、红山区、乌审旗、伊金霍洛旗、阿鲁科尔沁旗、突泉县、临河区、多伦县、青山区、五原县,共计 12 个旗县区。通过内蒙古近几年试点建设的实践,并结合全国各地田园综合体建设的经验,我们发现田园综合体与乡村振兴有着密切的关系,同时,由于旅游是其中的一个重要板块,田园综合体也是旅游发展的一个新型模式。田园综合体是乡村振兴的重要抓手、重要载体、重要平台和重要引擎。同时,田园综合体也为推进旅游业供给侧结构性改革搭建了新平台,为农牧业现代化和城乡一体化联动发展提供了新支点,为农村牧区生产生活生态统筹推进构建了新模式,为传承农村牧区文明、实现农村牧区历史性转变提供了新动力。

内蒙古田园综合体的打造自然也需要与特色旅游资源和旅游项目结合,建设具有内蒙古特色的田园综合体,每个田园综合体项目都应有各自独特的优势和价值。比如,伊金霍洛旗田园综合体以成吉思汗文化为核心,以周边农牧区域的项目和景观为依托,打造以"天骄圣地,伊金霍洛"为主题的伊金霍洛旗田园综合体;多伦县田园综合体以"北京正北"为区位优势,以多伦湖、南菜园村、北菜园村为依托,打造以"京北田园、草原水乡"为主题的丰美多伦田园综合体。

马旅游是内蒙古的重要旅游板块,打造以马旅游为主题的田园综合体,

将是内蒙古马旅游未来发展的关键。在此,我们将以马旅游为主题的田园综合体和旅游综合体称为"马业综合体"。

(三)特色小镇

2016 年 7 月 1 日,住建部、国家发改委、财政部联合发布通知,决定在全国范围开展特色小镇培育工作,提出到 2020 年培育 1000 个左右各具特色、富有活力的特色小镇,包括休闲旅游、现代制造、教育科技、传统文化、商贸物流、美丽宜居等领域,从而引领带动全国小城镇建设。2016 年 10 月,住建部公布了第一批 127 个中国特色小镇名单;2017 年 7 月,公布了第二批 276 个中国特色小镇名单。特色小镇是一个地区经济发展的聚集模式,依托当地特色产业优势,通过资源、资金、人才、政策、市场等方面的高效聚集,形成具有独特竞争力的优势产业,并以此为基础和中心,辐射带动上下游相关产业的聚集与协同发展,最终形成以优势产业为核心、产业集群效应突出的特色小镇。

旅游特色小镇是以旅游产业植入为特色的小镇,其前提是旅游产业基础较好或旅游资源优势较为突出,具备以旅游带动整个区域联动发展的条件。根据文旅产业在小镇中的地位不同,可将旅游特色小镇分为旅游驱动型、旅游产业和特色产业叠加融合的双产业型、旅游从属型三种类型,每种类型对应着不同的发展模式。在这个快速变革、呼唤创意的时代,具有多重功能的旅游特色小镇备受热捧,成为新常态下经济增长的一大引擎,一大批旅游特色小镇正在如火如荼的建设中。根据旅游产业在旅游特色小镇中的产业地位不同,旅游特色小镇可分为三大发展模式,即"旅游聚焦"模式、"旅游+"产业模式和"产业+"旅游模式。

具体到内蒙古马旅游产业上来,内蒙古有乌审马、乌珠穆沁马、阿巴嘎黑马、百岔铁蹄马、三河马等优质马品种,不同品种都有各自的主产地和主要活动区域,同时,内蒙古有悠久的草原文化、灿烂的民族文化、多元的历史文化和深厚的游牧文化等与马相关的文化资源,不同盟市和旗县区的马旅游资源都各具特色,因此,在内蒙古旅游发展中,马旅游能够作为旅游特色小镇的核心资源和优势,并辐射带动与马文化、马旅游和马产业相关的领域聚集协同发展,打造具有市场吸引力的马旅游特色小镇。

表9.1　马旅游特色小镇发展模式对比表

	"马旅游聚焦"模式	"马旅游+"产业模式	"产业+"马旅游模式
特征	马旅游是小镇的核心产业,是小镇经济发展的核心动力	马旅游是小镇的主导产业,带动其他相关产业更好的发展	马旅游是小镇的特色引领产业,依托小镇内的核心产业发展并受其影响较大
功能特点	观光、休闲、旅游接待服务、体验、商业、养生、度假为主	观光功能弱化,休闲、体验、商业、养生、度假、文创、商务等功能是亮点	与核心产业相关的体验、文创、科普、购物、休闲、演艺等功能为主
开发模式	政府与企业合作成立旅游开发公司共同开发	企业自主开发运营	企业自主开发运营
盈利模式	"门票+旅游经营性收入"为主	"旅游收入+产业收入"模式,其中旅游收入以"门票+旅游经营性收入"为主	产业收益占主体,旅游收入相对弱化

二、概念界定

(一)马业综合体

马业综合体是旅游综合体的细分领域,兼具田园综合体的主要特征,可以定义为:基于当地的文化资源、旅游资源和马品种资源等优势资源,围绕马旅游这一旅游核心吸引物和核心功能,集观光、娱乐、文化、购物、教育、会展、体育、酒店、餐饮等多种业态于一体,实现区域和产业整体协同发展的综合型马旅游集聚区。由此可见,马业综合体具有以下特征:第一,基于一定的马旅游资源、马文化资源和马品种资源。马旅游资源除了历史、文化、自然景观等外,还应包括人工打造的马旅游资源,如马旅游主题公园、马文化博物馆、马主题游乐场、赛马场等。马品种资源是具有独特性,甚至唯一性的马旅游资源,如乌珠穆沁白马、乌珠穆沁黄骠马、乌审马、百岔铁蹄马、阿巴嘎黑马、三河马等都是当地独有的优质马品种资源。第二,业态集聚。马业综合体需要有核心吸引物提供核心服务功能,同时,也需要植入多种围绕核心吸引物的关联性大、呼应性强的业态,形成互为支撑的业态集群,提供综合性、一站式的旅游及相关服务。第三,协同发展。马业综合体不是业态的简单聚集,而是存在内在逻辑的产业融合,马旅游项目的构建、休闲娱乐业态的聚集、体育运动项目的开展和相关产业延伸发展要在其中协同发展,在此基础上,进行不同业态产品之间的产业链融合、整合营销和联合运营,从而达到马业综合体的效益最大化。

马业综合体的打造需要依赖协同发展机制,才能在其内部形成产业链的集聚,即通过分析区域内与马旅游相关的社会组织、企业、政府机构和人员的价值链、优质资源、信息流、资金流、核心市场等情况,促进马业综合体中高品质产业链的形成,不断完善马业综合体内的产业集聚。在马业综合体内部积聚了大量旅游及相关产业集群,这些集群都是以马旅游体验产品、马旅游演艺产品、马旅游展示项目、马旅游节庆活动和马旅游文创产品等马旅游产品为核心吸引物,以吸引游客和居民、带动人流聚集为目标的各种相关产业的聚集,通过逐步完善马业综合体内相关企业之间的衔接和协同,形成马旅游产业链和马旅游产业群,从而带动马业综合体经济结构的完善,为马业综合体的品牌建设打下坚实的基础。

(二)马旅游特色小镇

马旅游特色小镇是以马旅游为核心吸引物、以其他相关产业为支撑配套的特色小镇,是内蒙古马旅游的一种产业综合发展模式。马旅游特色小镇通过马旅游相关要素的高度集聚和有机整合,形成一个互为补充、自成体系的马旅游产业链,并通过产业配套、环境营造和综合服务等,促进小镇区域内的生产、生活、生态的和谐统一,从而构建一个具有综合功能和多种效益的旅游集聚区。

产业结构的优化升级能够提高产业的整体效益,而优化升级的途径之一就是产业融合,通过不同产业内企业间的横向一体化助力产业竞争力的提升,并加速产业融合过程,从而提高产业附加值,形成品牌效应。马旅游特色小镇的开发就是其区域内产业融合的过程,它以马这一核心吸引物为依托,发展食、住、行、游、购、娱等旅游要素,并进一步因地制宜地发展体育、疗养、养生、文创等延伸产业。同时,通过产业延伸环节,实现马旅游产业与周边特色产业融合,最终构建一个泛旅游产业的发展构架,并形成辐射或组团分布,促进区域内经济、社会的全面发展。

(三)马业综合体与马旅游特色小镇的关系

由以上分析可以看出,马业综合体与马旅游特色小镇存在相似性和重叠部分,但也有不同之处。马业综合体是基于旅游综合体和田园综合体而延伸出的全新概念,是以马旅游为核心要素的综合性项目集群。马旅游特色小镇是特色小镇的一个细分领域,以马旅游为核心要素、以产业集聚为主要特征。两者都强调马旅游的核心地位,突出产业融合的综合效益,重视项目的区域带动性和品牌价值。

马业综合体与马旅游特色小镇也存在很大的不同。首先,侧重点不同,马业综合体侧重于马旅游的基础作用,马旅游特色小镇侧重于产业发展。其次,项目体量不同,马业综合体规模较小,马旅游特色小镇规模较大。第三,发展目标不同。马业综合体的发展目标是聚焦"马旅游",实现马旅游的快速发展和密切相关产业的综合效益;马旅游特色小镇的发展目标是以马旅游为出发点,以一、二、三产融合为支撑,全面实现区域内产业发展、社会生活、生态环境等各个方面的经济效益和社会效益。

第二节　总体布局

根据前文所述,我们以马道旅游体系构建起了内蒙古马旅游发展的大

格局,并在不同区域根据区域特征开发了具体的马旅游产品,形成了基于马旅游视角的内蒙古全域旅游网络体系。

在此基础上,马业综合体与马旅游特色小镇如何在这个旅游大网络中合理布局,发挥怎样的价值,就显得尤为重要。前文中,我们通过马道驿站将两都马道、沿黄马道、天边马道这三个核心区进行有机连接,形成一个整体项目区,并通过马文化体验馆将节点城市进行有机衔接,那么,通过马业综合体可以将马旅游项目特色区进行综合开发和打造,通过马旅游特色小镇可以将马旅游项目集聚区进行综合开发和打造。根据当地的马旅游特色资源打造具有当地特色的马旅游综合体或马旅游特色小镇,马旅游特色资源包括优良马品种资源、草原景观资源、马文化资源、民族文化资源和历史文化资源等。

内蒙古是"蒙古马的故乡",蒙古族是"马背上的民族",辽阔无边的草原蕴藏着悠久丰厚的马文化,因此,在内蒙古旅游产业中,马旅游的覆盖面极广,以马旅游为基础能够构建起内蒙古全域旅游网络。马业综合体和马旅游特色小镇将作为这个网络中的综合性重点项目推出,在内蒙古马旅游产业发展中,无论是政府主导还是企业投资,都应根据每个盟市或旗县的产业基础、文化资源、旅游资源、市场特征和消费潜力统筹考虑。

内蒙古共有 12 个盟市和 2 个计划单列市,东西直线距离 2400 多千米,每个盟市都有独具特色的草原景观、蒙古马品种、马文化以及相关的文化旅游资源。按照马道旅游的整体布局,内蒙古马旅游是由点带线、由线带面并最终形成内外紧密联结的一个整体,所以马业综合体或马旅游特色小镇的开发也要考虑内蒙古整体范围的相互关联。在整体项目布局中,根据项目布局情况和资源优势情况,每个盟市都可根据其资源优势和市场特征,在马文化集聚、旅游资源汇集、旅游市场较为成熟的区域建设一个综合集聚、优势互补的马旅游特色小镇,建设多个各具特色的马业综合体,成为当地马旅游的吸引核,并以此为基础引领当地的马旅游协调发展。这样既能让马旅游产生集聚效应和品牌价值,同时也能通过这些亮点项目、龙头项目带动整个内蒙古马旅游的长足发展。

第三节　开发策略

马业综合体和马旅游特色小镇是以马旅游为基础的综合性项目,投资规模大,开发周期长,品牌价值突出,带动作用明显,因此,需要政府和企业统筹规划,合理布局,创意策划,高效运营,精细管理,开拓市场,塑造品牌。

一、马业综合体

(一)项目定位

马业综合体是内蒙古马旅游的亮点项目,是一个地区马旅游综合发展水平的集中体现,也是内蒙古全域马旅游网络体系中的重要节点。每个盟市或旗县区、旅游企业都需要结合自身优势,提出具体的马业综合体项目定位。这一定位需要与地区马旅游整体定位相辅相成,不能无的放矢或互相背离。

1.主题选择

内蒙古各个盟市的马文化资源、马品种资源、马旅游发展基础、马旅游相关资源和马旅游目标市场等情况都各不相同,马旅游在当地旅游业中的地位和作用也不尽相同,因此,不同盟市或旗县区发展马旅游的主题也应根据实际情况而各具特色。主题选择是马业综合体项目开发的灵魂,主题的确定反映了项目的开发理念,直接影响项目布局、市场定位、产品开发和营销推广等一系列工作,并决定了马业综合体内围绕这一主题的马旅游相关产业的业态布局和发展可能。主题选择在马业综合体项目开发中处于关键地位,是其形成竞争优势并保持生命力的有力工具,需要做到特色与创新相结合。综上所述,马业综合体主题的选择需要基于项目所在地的各类要素,

结合当地的地脉、文脉、人脉等特征,运用各种方法和技巧进行充分论证、反复推敲和归纳总结,从而寻求马业综合体最佳的主题定位。

2. 市场定位

市场是检验马业综合体开发成败的关键因素。创造性的主题选择只是对当地的要素进行了系统而广泛的挖掘,所以在马业综合体项目的开发过程中,还需要关注为谁服务、谁来买单的问题,这是项目最终产生收益的源泉。同时,市场范围、市场特征对于项目的发展速度与发展周期具有决定性的作用。内蒙古地域辽阔、东西距离长,不同盟市所接壤或辐射的地区也不尽相同,从东往西有黑吉辽、京津冀、晋陕宁等经济发达或较发达地区,并通过这些地区辐射全国,不同地区的市场人数、消费习惯、旅游需求、消费能力等情况都不相同,因此,需要结合不同盟市和旗县区的市场情况进行准确的市场定位,在广度和深度上开展工作。一方面,通过互动宣传、整合营销等方式扩大目标市场的广度;另一方面,通过深挖特定目标消费群体的旅游及相关需求,打造具有更强吸引力的马旅游产品。

(二)项目特征

综合性突出,休闲产品多样。马业综合体是以马旅游为核心、相关产业多元集聚的成果,因此具有极强的综合性,主要表现在产业发展、服务功能、项目开发和综合效益等方面。马业综合体从单一的马旅游资源打造形成泛旅游产业,融合马旅游项目、马赛事、马主题展会、创意文化和现代服务等产业,通过综合开发,进行多功能、多业态的集聚。同时,产业发展的综合性决定其功能配置的综合性,通过全方位的马旅游项目打造和氛围营造,满足旅游者观光、娱乐、体验、休闲、度假等多方面的需求,提供一站式服务,符合旅游者多元化、个性化的消费需求。马业综合体包括核心吸引类项目、利润类项目、配套延伸类项目三类主体项目,主要子项目有马旅游景区、主题酒店、休闲社区、马主题游乐场、赛马场、休闲娱乐街区、购物中心及配套设施等,这些项目之间紧密相连、互为支撑,并通过不同程度的开发在马业综合体中承担着不同的功能,体现出不同的价值。马业综合体的体量较大、项目众多,可以在同一个区域中将观光、休闲、赛事、展会、度假、娱乐、购物、地产等多种产品混合成真正意义上的"泛旅游休闲产品"集群,因此,它在一个地区的行业影响力也较大,效益方面也体现出多样性和多元化,经济效益、环境效益和社会效益等全方位的综合性效益的实现成为其追求的目标。

以马旅游体验功能为主导,相关产业产品为辅助。如今,旅游越来越成为人们日常生活中常见的休闲方式,旅游地在一定意义上也成为人们另一个短暂的栖居地,旅游项目的功能不仅局限在短暂停留时的差异化的旅游体验,还包括全域旅游视角下的多元化消费需求的满足。从产品形态上看,马旅游包括赛马场、研学基地、马术俱乐部、马文化体验馆、特色展区、酒店、餐饮、娱乐、创意园区等。因此,马业综合体作为一个地区马旅游的综合性核心项目,需要在具体开发中以一项或几项优势功能为主,配合多项满足旅游者多样化需求的辅助功能产品。

多元混合性突出,服务品质高。如今,马旅游产品开发呈现越来越多样化的趋势,体验骑马、观看赛马、了解马文化、参加马旅游节庆活动、购买马旅游文创产品等都是旅游者的消费需求,它们之间根据产品分类和市场需要,能够形成多样化、混合性的产品组合,以菜单式、定制式的马旅游产品系列满足旅游者个性化的旅游消费需求,并以此提升产品质量,实现旅游开发的升级换代和品牌建设,这些情况在马业综合体项目中表现得尤为突出。因此,马业综合体相比于一般的马主题旅游景区,能够提供更具吸引力和更高品质的马旅游项目,推动区域马旅游从景区时代走向旅游目的地时代。

(三)规划原则

马业综合体的开发建设,对引领行业发展、完善城市功能、优化产业结构、美化生态环境、提升生活品质均具有重要意义,但在规划设计时,需要遵循一定的原则才能起到预期的效果。

第一,重视文化力量。文化是马业综合体的核心,更是决定其兴衰成败的关键。马业综合体的文化主要包括马文化、游牧文化、草原文化和民族文化等,在规划设计之初,必须结合优势资源、区域文化和目标市场等因素做

好精准的文化定位。

第二,明确功能构成。马业综合体的功能业态不能单一,也不能是旅游功能的完善和补充,健康合理的模式是在优化考虑旅游功能的前提下,协同发展商业、餐饮、居住、展会、赛事、文创等其他功能。

第三,构建合理的交通系统。在马业综合体的内部交通中,要结合空间规划、商业规划等方面,建立基于旅游者行为需求和活动导向的合理内部交通,同时,结合骑马体验特色旅游项目设置兼具功能性和美观性的马道;外部交通则要有便捷的可达性,同时满足一定的换乘需求。

第四,打造优质的公共空间。马业综合体是以旅游功能为主,并综合布局其他相关产业项目,同时强调项目配套、服务品质和体验舒适度的综合性项目,因此,在规划设计时至少应打造一个公共空间满足休闲度假氛围的营造,但必须贴合项目的文化主题。

(四)开发模式

马业综合体是内蒙古马旅游发展的龙头项目之一,根据各个盟市和旗县区的区位条件、资源优势、项目基础、产业基础和市场情况,不同地区的马业综合体的开发应因地制宜地采取不同的模式,根据侧重点的不同主要有文化体验型、旅游演艺型、赛马运动型三种类型。

1.“文化体验型”马业综合体开发模式

(1)模式概念

此类型以马文化体验项目为核心吸引物,并配套开展马文化展示、马主题酒店、主题餐饮、草原观光、休闲购物、文创天地、研学教育等多元化的马旅游服务项目,吸引不同消费群体。其中,马文化体验项目包括马主题游乐园、马术俱乐部、互动式马文化体验馆等。

(2)模式特征

马文化是该类型马业综合体的灵魂,注重本地特色马文化的展示和体验。马文化的多元性让人们在选择马旅游之时不仅关注常规性的骑马体验等娱乐性项目,更会将特色马文化的吸引力作为选择马旅游目的地的重要因素。旅游者离开常住地到异地去参与马旅游活动,在很大程度上是被当地不同的马文化特色所吸引,对体验和感受异地马文化有着极大的兴趣,因此马文化资源是文化体验型马业综合体的品牌价值所在。

在人们越来越注重体验的大众旅游时代,满足游客体验需求是文化体验型马业综合体的开发基础。文化体验型马业综合体开发首要解决的问题是如何深入挖掘当地的马文化资源,在此基础上设计马旅游产品,以满足游客深度体验该地区特色马文化的需求。在文化体验型马业综合体中,一切旅游活动都是旅游主客之间互动作用的结果,是旅游者在马旅游体验过程中的感触和领悟,而旅游者只有在旅游活动中真实参与互动才能获得记忆深刻的深度体验。

文化体验型马业综合体的旅游吸引物包括马术俱乐部、马主题游乐园、互动式马文化体验馆等,一般具有较强的娱乐性、惊险性、刺激性和参与性。通过设计出对旅游者的各种感官产生强烈刺激的马旅游产品,以达到给旅游者产生深刻印象的目的,从而增加品牌认知度、美誉度,提升重游率。

2.“旅游演艺型”马业综合体开发模式

(1)模式概念

旅游演艺因其强烈的视觉冲击力、炫酷的科技体验感、高难度的表演技巧和浓厚的文化气息,已经成为旅游产业中具有极强吸引力和号召力的旅游产品,有些旅游演艺甚至直接作为一个独立的旅游产品推向市场,带动整个区域的旅游大发展、大繁荣。如张艺谋、王潮歌、樊跃在广西阳朔打造的山水实景演出的开山之作《印象刘三姐》,就让阳朔从一个普通的旅游城市一跃成为享誉中国乃至世界的旅游目的地。从传统舞台表演、情景式表演、山水实景演出到沉浸式情境演出,我国旅游演艺已经走过了几个重要发展阶段,以马为元素的旅游演艺在我国旅游产业发达的城市已经兴起多年,尤其以文化主题景区中的马战表演和马术表演占绝大多数,如无锡三国城的《三英战吕布》、深圳锦绣中华民俗村的《金戈王朝》等。

在内蒙古的旅游发展中,马旅游演艺也方兴未艾,《千古马颂》《蒙古马》《那达慕马术实景剧》《一代天骄》等旅游演艺产品层出不穷。马业综合体的开发中,以旅游演艺作为核心吸引物来带动其他相关产业发展也应成为一种主要模式。这里的旅游演艺专指以马元素、马文化为主题的马术特技表演、情景式历史文化表演、情景式民俗文化表演等。马主题旅游演艺作为流量入口,带来大量的游客群体,让他们在观赏马旅游演艺之余,体验、观赏或消费其他旅游产品,从而整体带动马业综合体的良性发展。

（2）模式特征

第一,游客群体的全覆盖。马旅游演艺展现了精湛的马术、震撼的场面,给游客以深度的体验感、逼真的亲临感,具有极强的吸引力,因此,在该类型马业综合体的项目布局上,需要考虑游客群体的多样性这一显著特征,进行全面合理的规划布局和产品策划。

第二,马旅游演艺的多功能性。一是马旅游演艺产品是为旅游者服务,针对旅游市场开发的,因此,在演出时间、演出形式、演出风格、场景布置等方面都需要考虑旅游者的消费需求,需要与其他文艺演出区分开来;二是马旅游演艺体现了该地域或项目的马文化,并以此为核心竞争力塑造马旅游演艺品牌,它不是骑马情景或马术特技的堆砌,而是在一条主线或一个主题之下的情节铺陈;三是马旅游演艺强调旅游者观赏与参与体验的结合,很多旅游演艺产品演出结束后旅游者就会离场,而马旅游演艺却不同,大部分旅游者会留下来,在工作人员的引导和帮助下参与骑马体验,或与马术演员合影留念,这既丰富了旅游者的体验,又增加了景区的旅游收益;四是马旅游演艺产品形式多样,有实景表演、全景式表演、舞台演出、巡游表演、即兴表演和游客参与性演出等;五是马旅游演艺产品的商业价值较大,具有刺激性和独特性,能够形成较强的市场吸引力和号召力,延长旅游者在旅游地的逗留时间,从而产生溢出效益,带来全域旅游整体上的商业利益。

3."赛马运动型"马业综合体开发模式

（1）模式概念

目前,赛马业和马彩业已经成为部分国家的一项重要经济来源。从国内来看,2018年5月,国务院发布《关于支持海南全面改革开放的指导意见》,支持在海南建设国家体育训练南方基地及省级体育中心,鼓励发展沙滩运动、水上运动、赛马运动等项目,支持打造国家体育旅游示范区。作为全国五大牧区之一,内蒙古拥有得天独厚的自然资源和悠久的养马历史,十分适宜发展赛马运动。事实上,赛马运动古已有之,内蒙古各个盟市草原或城市赛马场的那达慕大会上,每年都在上演着精彩的赛马活动,如今,骑马依然是牧民的一项健身运动和草原上的交通方式,因此内蒙古具备开展赛马运动的良好基础。每年7月、8月举办的那达慕大会是蒙古人民最喜爱的文体娱乐大会,也是蒙古族文化最鲜明的符号。由此可见,内蒙古的赛马运动与其他城市或国家的赛马运动有着极大的不同。牧区赛马的主要出发点是娱乐和运动,比赛设奖金或奖品以资鼓励和增添趣味性、刺激性,对于参观者或旅游者而言,赛马体现了观赏性和娱乐性,这也使其成为内蒙古马旅游的一个独特亮点。内蒙古赛马运动发展至今,已经形成了集表演、竞技、娱乐、健身等功能于一体的现代体育项目,受到越来越多人的关注和喜爱。

在内蒙古发展马旅游产业的过程中,我们应该充分利用内蒙古赛马运动的品种资源、文化资源和群众基础,打造以赛马运动为核心吸引力的马业综合体。在此模式下,赛马运动需要在以往的赛马活动基础上进行创意策划和合理规划,开发出有看点、有卖点、有市场价值和吸引力的赛马旅游产品,并以此为切入点,有效带动马业综合体内其他产业的全方位消费。从产品策划的角度出发,可以设置不同马种的特色比赛项目,如乌审走马赛系列、三河马速度赛系列等。在相关旅游项目的打造方面,可以将蒙古族"男儿三艺"中的射箭、摔跤进行包装策划,使其成为具有独特卖点的赛事活动、娱乐活动和体验活动。将蒙古族"男儿三艺"打造成具有市场号召力的赛事旅游品牌,并围绕赛事旅游打造相关的民族餐饮、特色民宿、运动品牌、赛事服务、休闲娱乐等项目集群,整体形成赛马运动型的马业综合体。

(2)模式特征

第一,依托内蒙古悠久的马文化发展赛马运动,将其转化为经济效益,对于提升赛马产业的渗透力和辐射力、拓展赛马运动的相关产业链意义重大。

第二,发掘内蒙古赛马文化的潜在价值,对于打造自治区文化名片、带

动相关产业链条的发展、推动自治区经济结构转型尤为重要。内蒙古赛马运动不同于其他地区,它是植根于内蒙古的游牧文化、蒙元文化、草原文化、民族文化等文化土壤衍生的群众性娱乐赛事活动,具有深厚的文化底蕴。

第三,探索赛马文化与休闲体育融合发展的新模式,将为赛马运动奠定更为坚实的群众基础和提供更广阔的发展空间,休闲体育也将朝着多元化方向发展。内蒙古的赛马运动源于牧民群众千百年来的骑马习俗,骑马作为一项日常运动曾经是蒙古族儿女强身健体的重要方式,如今,在大力提倡全民健身的时代背景下,骑马运动也应在素质教育、体育课程等层面上得到应有的重视,赛马运动是助推骑马运动成为一项全民健身活动,并受到社会各界重视的有效途径。

二、马旅游特色小镇

特色小镇分为产业型特色小镇与生活型特色小镇两大类。其中,马旅游特色小镇就是产业型特色小镇的一种,根据一、二、三产业的性质和其各自在项目中的比例和重要性,当前的马旅游特色小镇可分为两大类:一类是以马旅游景观、马文化特色为主的马旅游特色小镇;另一类是以其他马产业为主打产品,马旅游作为项目中的重要体验项目,形成"马产业+马旅游"的特色小镇模式。因此,马旅游特色小镇是一种"泛旅游特色小镇",以"旅游+"与"+旅游"作为创新业态打造特色产业。优势突出、规划合理、产业集聚的马旅游特色小镇能够推动新型城镇化发展和促进旅游产业转型升级。

(一)项目定位

马旅游特色小镇是旅游产业的集聚,更是马文化及相关文化元素的融合。在项目定位中,需要深入挖掘和认知马旅游特色小镇的文化特色,将文化植入园区规划、建设布局、景观设计、建设风格和氛围营造等项目建设的各个环节,以文化为引领,让特色小镇既具有产品上的丰富多元化,又具有文化上的统一性,增强项目内的文化认同感和旅游者的文化辨识度,从而具备更好的感召力和吸引力。

马旅游特色小镇不只是一个旅游项目、一个产业园区,还是一个独立统一又自成体系的以马旅游为核心内容的综合性社区,因此,从环境上来看,它是一个生态良好、景观优美的地方,需要注重营造生态、环保、养生、宜人的休闲文化,以此来吸引一、二、三产业的优质企业入驻,吸引相关从业者前来工作定居,吸引旅游者前来体验。

综上所述,马旅游特色小镇是在优质的马旅游资源、马产业资源的基础上打造的高质量项目集群,它注重文化元素的提炼、文化品牌的塑造、环境氛围的营造和综合业态的布局,以生产、生活、生态多元统一,高质量发展为目标。

(二)项目特征

1. 产业特征

马旅游特色小镇以旅游业为核心产业、主导产业或特色产业,并同时兼容其他相关产业。马旅游与其他产业之间能够形成有机互补和协同发展的关系,通过围绕核心吸引物的一、二、三产业之间的上下游关系和互动关系,促进小镇内部产业之间的链式发展和协同发展,并将马旅游特色小镇作为一个整体与外部进行产业联动,进一步扩大影响力与知名度,带动马旅游特色小镇走良性循环发展之路。

2. 功能特征

马旅游特色小镇中有一、二、三产业的多个项目,其功能也呈现多样性,文化、人居、生产、商贸、流通、服务、旅游、休闲、娱乐等方面功能都可通过相应的项目来得到体现,由于在项目规划设计之初就充分考虑了项目之间的互补融合关系,因此功能方面也能够根据不同人群的需求形成互补,实现融合共存。

3. 形态特征

马旅游特色小镇名为"小镇",这是一个区域范畴,它既可以是真实的行政建制小镇,也可以是以马旅游为核心的项目集聚区、产业园区或综合体,

主要因素在于核心吸引力。马旅游特色小镇的核心吸引力决定了其主题、特色、项目体系和市场体系等方面的情况。

（三）项目构架

一个功能齐全的马旅游特色小镇应该由"核心吸引物""休闲集聚区""旅居度假区""综合配套区""产业支撑区"和"运营管理中心"六个部分构成。其中，核心吸引物与休闲集聚区是马旅游特色小镇开发的关键环节，这两部分的成功构建将实现人流吸引和聚集，从而为其他项目带来充足的消费群体，实现所有业态的良性运转。然而，要真正获得马旅游特色小镇的品牌增值和市场回报，必须打造休闲集聚区，并从产业延伸的层面发展旅居度假区、综合配套区和产业支撑区，形成一个泛旅游产业的发展构架之后，通过运营管理中心来实现马旅游特色小镇的持续发展。

1. 核心吸引物

核心吸引物是马旅游特色小镇形成的核心要素，可以说，没有核心吸引物，就没有马旅游特色小镇。与其他旅游项目一样，马旅游特色小镇首要解决的问题是旅游人气问题，若无法形成持续较大的人流量，项目也就不存在开发的意义。在实际的马旅游项目运营过程中，核心吸引物是吸引人流量的关键所在，也是一个马旅游项目能否持久运营和良性发展的第一要素。

一般而言，一个马旅游特色小镇的核心吸引物可以是一个，也可以是多个。核心吸引物主要分为三种类型：一种是以"马"为主题的娱乐项目，包括马主题公园、马文化特色街区、马术俱乐部、马文化体验馆等；一种是专业赛马活动，如快马赛、走马赛或不同品种马的特色比赛等；一种是以"马"为主题的演出项目，比如马旅游实景演出、专业马术表演、国际大马戏等。而一个马旅游特色小镇具体打造哪种核心吸引物，则要以马旅游特色小镇整体发展思路、发展目标为基础，并由其所拥有的特色资源、市场需求和资金投入等因素共同决定。

2. 休闲集聚区

休闲集聚区是马旅游特色小镇发展的重要组成部分，它通过各种休闲旅游业态的集聚来满足由核心吸引物带来的旅游者的各种消费需求,延长旅游者的停留时间,从而增加旅游者的综合消费,是实现马旅游特色小镇综合效益的关键一环。

休闲集聚区主要是针对旅游者的餐饮、住宿、游乐、购物、康养、运动等多种休闲需求构建的。它打造了一系列休闲产品,包括马主题酒店群、马文化乐园、马术俱乐部、休闲会所、马旅游文创商街等,在满足旅游者休闲需求的同时,提升了马旅游特色小镇的经营收益。休闲集聚区与核心吸引物相辅相成,并且在一些项目的打造上没有严格的界线。当核心吸引物把大量旅游者吸引进来后,就形成了最初的基本消费,但要留住旅游者并扩大其消费范围,就需要创造更多的休闲产品,这时,休闲集聚区就有了巨大的发挥空间。

3. 旅居度假区

如今,人们外出旅游大多数会选择自驾游、自助游或旅行社等中介机构精心开发的品质团、定制游等项目,休闲度假游的趋势日趋明显。休闲度假游需要住下来,细细感受,慢慢品味,让体验节奏舒缓下来。在此背景下,旅居度假区在马旅游特色小镇中的必要性就不言而喻,同时,旅居度假区也是马旅游特色小镇获取土地增值收益的关键之一,还是实现区域内城镇化的必要条件。

核心吸引物与休闲集聚区的成功构建,实现了马旅游特色小镇区域内的人流集聚和土地增值。而马旅游特色小镇要进一步获取土地增值收益,就需要依靠旅居度假区的打造和运营。旅居度假区的产品包括产权式度假公寓、高端住宅小区、主题度假别墅、马文化养生社区等。

4. 产业支撑区

马旅游特色小镇是一个网络化的全产业链发展平台,既要有核心吸引物,又要有主要产品集群,更需要带动区域综合发展的产业支撑区的打造。它以核心吸引物、休闲集聚区、旅居度假区为主体和基础,在旅游产业周边区域和领域进行特色化延展,构建出一系列产业衍生项目,并形成辐射带动或组团发展。这些特色产业包括观光与休闲农业、绿色加工产业、文化创意产业、素质教育产业、养生养老产业、康体理疗产业等。由于马旅游特色小

镇强大的包容性和延展性,以及一、二、三产业融合发展的理论和现实需要,产业支撑区具有发展空间大、业态丰富多元、产业关联度大等特征。

5. 综合配套区

马旅游特色小镇不同于一般的旅游景区,它是一个大规模综合性的产业园区,也是一个围绕"马"主题的一、二、三产业融合发展集聚区,旅游休闲、运动健身、马的饲养、素质教育、物流交通、金融服务、商场超市、医疗卫生、安全保障、环境氛围、通信网络等各方面功能的实现,都需要专业化的配套设施、人员和机构,任何一个环节的缺失都会造成整个项目的运行不畅,由此可见,综合配套区是马旅游特色小镇综合发展的重要支撑,是服务于马旅游相关产业发展和满足旅居度假区游客居民需求的综合性功能区。

6. 运营管理中心

马旅游特色小镇项目众多、产业多样、区域范围大,其运营管理具有极大的复杂性和挑战性,因此,需要组建一个强大的运营管理团队对其进行统筹管理,实现顺畅运营、产业联动、项目协同发展,最终实现马旅游特色小镇的综合效益最大化。如果说上述五大系统是马旅游特色小镇的硬件条件,那么,运营管理中心就是马旅游特色小镇的软件系统。运营管理中心对五大系统起到基础性的支撑作用。

具体而言,马旅游特色小镇的运营管理中心主要包括四大板块的工作:一是对核心吸引物和休闲集聚区的运营管理以提供优质旅游经营服务为主,二是对旅居度假区的运营管理以提供物业管理和后期经营为主,三是对产业支撑区的运营管理以培养产业和产业延伸为主,四是对综合配套区的运营管理以维护各项配套的正常运营为主。四大板块工作的无缝衔接需要运营管理中心各部门的有机配合,因此,运营管理团队的组建也是马旅游特色小镇运营阶段的重点工作之一。

(四)发展模式

1. 模式一:"旅游聚焦"模式

"旅游聚焦"模式是以马旅游作为核心产业和整个项目区域经济发展的

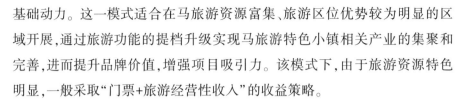

基础动力。这一模式适合在马旅游资源富集、旅游区位优势较为明显的区域开展,通过旅游功能的提档升级实现马旅游特色小镇相关产业的集聚和完善,进而提升品牌价值,增强项目吸引力。该模式下,由于旅游资源特色明显,一般采取"门票+旅游经营性收入"的收益策略。

2. 模式二:"旅游+"产业模式

"旅游+"产业模式下,马旅游业是小镇的主导产业,带动健康产业、旅游地产、文创产业、运动产业、教育产业、民俗产业等其他相关产业蓬勃发展,项目的观光功能相对弱化,休闲、体验、商业、养生、度假、文创、商务等功能不断得到强化并成为核心吸引点。该模式适用于旅游基础条件较好或市场消费能力较强的区域。

3. 模式三:"产业+"旅游模式

"产业+"旅游模式下,旅游业是小镇的特色引领产业,依托小镇内的文创产业、艺术产业、赛事产业、展会产业、教育产业等发展并受其影响较大,旅游业既是核心产业的衍生产业,也是其品牌推广宣传的载体与窗口。在功能方面,以与核心产业相关的体验、文创、科普、购物、休闲、演艺功能为主体,兼有观光、商务等功能。在此模式下,小镇以产业收益为主,旅游收入相对弱化,旅游收入以"大门票/小门票+旅游经营性收入"为特点。该模式适合在品牌产业、工艺技艺、体育赛事、艺术文化、展会品牌等资源优势明显且具有较强的旅游转化和延展能力的区域开展。

三、赛马场、城中草原和城郊草原的改造升级

正如前文所述,全域旅游所倡导的是在打造必要的新建项目同时,重点对现有项目采取产品提升、服务升级、环境美化、氛围营造和有机整合等改善性举措,从而实现资源的充分利用和收益的快速见效。在内蒙古马旅游的项目和产品打造上,也应该以此为准则,实现内蒙古马旅游的高质量发展。

在对内蒙古马旅游的研究过程中,我们发现了内蒙古的赛马场、城中草原和城郊草原的资源优势,也看到了其发展中存在的不足。我们认为,如果

将赛马场、城中草原和城郊草原放至内蒙古马旅游这一新兴领域上来看,将会为这些项目的提档升级增加新的引擎、创造新的活力。内蒙古各地的赛马场、城中草原和城郊草原等项目已经具备一定的基础,部分项目已经具备良好的发展经营条件,只需要确定一个全新的具有市场号召力的主题,围绕主题,通过马业综合体和马旅游特色小镇等方式盘活现有资源,打造具有品牌影响力的全新马旅游项目。

(一)赛马场

内蒙古各个盟市都有大大小小的赛马场,有的在城区,有的在景区。那达慕大会作为内蒙古一项重要的民俗文化活动常年举办,而赛马又是那达慕大会中的重要项目之一,所以内蒙古地区的赛马场的利用率相对全国其他省区要高很多。尽管如此,近些年来,内蒙古各地的赛马场经营大都显得较为吃力,集中表现在经营方式不善、缺少资金支持、项目知名度低、品牌影响力小、专业人才短缺和创意策划缺位等几个方面。如何充分激发赛马场的活力、整合社会资金、打造优势项目、撬动目标市场,将是内蒙古各地赛马场未来发展需要考虑的关键问题。

内蒙古赛马场位于呼和浩特市北郊,是 1959 年为庆祝中华人民共和国成立 10 周年与迎接内蒙古自治区第一届运动会而建,占地面积 32 万平方米,比赛场内设有障碍马术场、技巧表演场、标准环形速度赛马跑道等,可同时进行多项比赛活动。整个赛马场可供 10 万人观看比赛,另附设贵宾休息室、健身房、运动员宿舍、会议室、游艺厅、展览厅等配套设施和项目,旅游者在内蒙古赛马场可以观赏到马上体操、乘马斩劈、马上射箭、轻骑赛马等各种蒙古族传统体育项目。由于地处内蒙古自治区首府,各类文体娱乐活动较多,往来的旅游者也较多,内蒙古赛马场的使用率相对较高,但从实际经营项目和效益来看,缺乏旅游元素和旅游氛围,也缺乏能够满足旅游者需求的多元休闲旅游体验项目和产品,因此,内蒙古赛马场在提档升级或转型发展时,产品上需要进一步体验化,项目上需要进一步多元化,经营上需要进一步市场化,从而形成围绕马旅游的产业集聚区,打造一、二、三产融合发展的马业综合体。

(二)城中草原

草原是内蒙古旅游资源中的一大亮点,也是马旅游发展的优质资源,很多草原旅游资源都离城市较远,但由于城市布局和发展理念等各方面原因,也有一些城中草原、城郊草原具有独特的吸引力,甚至成为城市休闲场所的补充和当地旅游的特色项目。城中草原对于一座城市而言,当属稀缺资源,它对于城市的生态环境、气候调节、水土保持等方面都有积极的影响,增强城市的宜居性、宜游性,同时,由于其独特性,对于城市旅游品牌的塑造也起着重要的作用。当然,优质资源也需要统筹规划、合理利用,要通过项目设计、产品策划将优质资源变成优质项目和优质产品,使其产生最大的价值,实现社会效益、环境效益和经济效益的多赢局面。

赛汗塔拉生态园是包头市的城中草原,位于包头市的五个城区之间,总面积近1万亩,是全国唯一一处都市草原,也是亚洲最大的城中草原。赛汗塔拉生态园中有蒙古包、敖包、草原等景观和骑马、射箭等各类休闲娱乐项目,由于其地处城市中央,多年来一直是当地市民周末或节假日休闲娱乐的佳地,众多外地游客也慕名而来。如今,赛汗塔拉生态园已重新规划,正在进行人工种草、环境打造和基础项目建设,今后,如何利用现有的草场资源开发围绕马旅游的系列项目或产业集群,将是赛汗塔拉生态园未来发展的重中之重。经过多年的经营,园区内现已有蒙古大营、圣鹿园、赛马场、敖包、绿色骑行道、游步道、游乐场等多个休闲旅游项目和配套设施,重新打造后,赛汗塔拉将作为包头旅游一张耀眼的名片推向市场,这对于包头整体旅游品牌的谋篇布局意义非凡。在项目设计方面,需要以具有强大卖点的项目作为核心吸引物,如果将马旅游作为赛汗塔拉城中草原未来项目的重点方向之一,那么,完全可以在园区内利用现有的环境资源和基础设施打造一个马业综合体或马旅游特色小镇,使其成为包头马旅游的核心项目,成为沿黄马道项目集群中的节点项目,实现撬动原有项目爆发式发展和当地马旅游跨越式发展的双重价值。

(三) 城郊草原

相对于城中草原的稀少,内蒙古的城郊草原却不少,如呼和浩特市的呼和塔拉、锡林郭勒盟的中国马都核心区文化生态旅游景区、阿拉善盟的巴彦浩特城郊草原等。事实上,"城郊草原"这一概念对于城市发展具有极大利好。一方面,可以充分利用城郊空旷环境,为当地市民和外地游客打造一个休闲游和度假游的好去处,提升城市品质;另一方面,从城市空间布局和未来规划的角度考虑,城郊草原的打造能够更好地衔接老城区与新城区及促进城乡统筹发展,为城市扩容或城乡统筹打好基础,并通过扩大草原植被的绿化面积,使其发挥"城市绿肺"的生态功能。因此,各盟市或旗县区应将城郊草原策划包装成具有自身特色和优势的马业综合体或马旅游特色小镇,丰富和完善区域马旅游服务体系,成为各个区域马道旅游重要节点产品,并综合带动当地其他旅游项目共同发展壮大。

2010 年 4 月 25 日,中国马业协会将"中国马都"称号授予内蒙古自治区锡林郭勒盟。锡林浩特市作为中国马都核心区,在南二环路以南与新旧 207 国道之间打造了中国马都核心区文化生态旅游景区,总占地面积 15 平方千米。依托当地深厚的马资源优势和马产业发展条件,2013 年起,景区围绕马文化展示、马体育竞技、马娱乐体验、马产品销售及草原休闲旅游度假等内容规划建设了室内外赛马场、多功能看台、马术俱乐部、马文化演艺厅、马术学校、马厩、马文化博物馆、马文化商业广场、蒙锡雅骑士酒店、停车场、旅游厕所、游步道、标识标牌等配套服务设施。2016 年 10 月,景区成功入选了"内蒙古自治区级服务业集聚区",是一个集体育赛事、文化旅游、休闲度假为一体的规模大、功能完善的马文化旅游区。2017 年,中国马都核心区文化生态旅游景区被评为国家 AAAA 级旅游景区。从总体布局和发展规划来看,通过采取全面落地、顺畅运营、高效管理、资源整合和优质服务一系列举措,该景区已具备打造内蒙古马业综合体或马旅游特色小镇的典型示范项目的潜质。同时,该项目也是两都马道的重要节点项目和中国马都的亮点项目,将其打造成典型示范项目的重要性和必要性不言而喻。

第十章

内蒙古马旅游品牌建设

品牌是一种市场扩张力,也是一项重要的无形资产,可以有效区别于竞争对手的产品、服务,让消费者产生消费偏好,形成品牌忠诚度。2017年11月,内蒙古出台了《内蒙古自治区人民政府关于进一步实施商标品牌战略的意见》(内政发〔2017〕142号),指出要"以供给侧结构性改革为主线,以经济转型升级为主攻方向,以改革创新为动力,以企业自主商标品牌、区域公用商标品牌、产业集群商标品牌建设为重点,不断提高商标品牌培育建设和创新发展水平,推动品牌内蒙古建设"。

近年来,内蒙古旅游业蓬勃发展,旅游对地方经济的拉动作用日益明显,社会各界对旅游品牌创建工作也越来越关注和重视,尤其是政府和旅游企业。同时,旅游市场的繁荣也催生了旅游城市和旅游项目在数量上的迅猛扩容,旅游区域、旅游城市和旅游项目之间的竞争日趋激烈。曾经一些区域由于项目独特性甚至唯一性而形成的卖方市场也变成了买方市场,旅游目的地或旅游项目只有利用独特资源优势、文化元素和创意策略塑造差异化的旅游形象,才能在旅游者心中留下深刻持久的好印象,提高市场竞争力和吸引力,加速当地旅游业的发展。从内蒙古整体旅游品牌来看,也需要构建强有力的品牌,才能在全国乃至世界旅游大市场上占据一席之地,突出重围,吸引目标市场,实现高质量发展。

马旅游品牌是指某一地理位置、空间区域或旅游企业以马旅游为主要对象的旅游品牌,包括骑马、赛马、马术表演、乘马车、马文化展示、马文创产品等项目。项目类型虽然较多,但如果没有独特品牌作为辨识的依据,就无法从众多马旅游项目中脱颖而出,也就无法最终实现效益最大化。因此,马旅游品牌是直接区别于其他区域马旅游的身份认证和特殊符号,是马旅游项目实现高质量发展的关键所在。同时,马旅游品牌也是旅游目的地品牌的一种表现形式,是旅游目的地细分市场并深入发展旅游产业的必然选择。

蒙古族素有"马背上的民族"之称,马在蒙古族的社会发展和生产生活中起着重要的作用,体现在生产活动、日常生活、军事行动、体育竞技、民间习俗和文学艺术等各个领域,形成了内涵丰富又多元统一的马文化。因此,内蒙古打造马旅游品牌既有历史渊源,也有现实基础,可谓优势独具。如

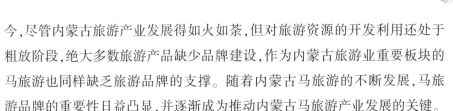

今,尽管内蒙古旅游产业发展得如火如荼,但对旅游资源的开发利用还处于粗放阶段,绝大多数旅游产品缺少品牌建设,作为内蒙古旅游业重要板块的马旅游也同样缺乏旅游品牌的支撑。随着内蒙古马旅游的不断发展,马旅游品牌的重要性日益凸显,并逐渐成为推动内蒙古马旅游产业发展的关键。

内蒙古马旅游品牌分为区域公用品牌、节庆活动品牌、旅游要素品牌、旅游项目品牌四种类型。内蒙古地域辽阔,各个盟市或不同区域的马品种资源、马文化元素、马旅游产品和马旅游市场都不尽相同,因此具备打造马旅游区域公用品牌的前提和基础。区域公用品牌也包括内蒙古全域马旅游品牌。全域马旅游品牌是内蒙古马旅游品牌的大集聚,是内蒙古所有类型的马旅游品牌的综合体,具有极强的综合效应和品牌价值。节庆活动品牌是内蒙古马旅游品牌建设的一个重要领域,它是指内蒙古全域范围内或区域性的大型马旅游节事活动,具有较强的市场影响力和号召力,能够通过活动效应带动当地马旅游的发展。旅游要素品牌是基于"吃住行游购娱"旅游六要素和"商养学闲情奇"旅游系列产品而言的,是在旅游要素层面创建细分领域的旅游品牌。旅游项目品牌是内蒙古马旅游品牌的最小品牌类型,具有明确的消费指向性和体验辨识度,是构成内蒙古马旅游品牌不可或缺的组成部分。区域公用品牌、节庆活动品牌、旅游要素品牌和旅游项目品牌是相辅相成的四个部分,节庆活动品牌、旅游要素品牌和旅游项目品牌是区域公用品牌的基础,区域公用品牌是节庆活动品牌、旅游要素品牌和旅游项目品牌的综合体,是内蒙古马旅游的综合品牌,四者共同构成了内蒙古马旅游品牌。

第一节　面临的问题和挑战

一、产品开发层次较低,文化内涵挖掘不够深入

近年来,内蒙古自治区旅游业发展势头良好,2018 年全区接待旅游者 13044 万人次,实现旅游业总收入 4011.37 亿元,同比分别增长 12.01%、16.61%。其中,入境游客 188.08 万人次,实现创汇 12.72 亿美元,同比分别增长 1.72%、2.13%,旅游业对国民经济贡献持续加大。但与此同时,马旅游产业总体上仍然停留在较低层次的开发上,供给落后于需求。同时,没能形成一个旗县区范围、盟市范围、自治区范围的统一品牌,大多数马旅游产业仍处于小而散的低水平重复建设状态,真正叫得响的马旅游企业品牌还不多,缺乏带动力强的骨干企业,规模效益和整体效益亟待提升,因此,难以形成规模经济,市场效益方面也无法做到整合优化,资源浪费严重。此外,市场培育速度也较为缓慢,综合开发和利用能力不强,品牌价值无法得到最大程度的显现和利用,旅游基础设施和配套设施建设相对比较滞后,马旅游专业人才不足,马旅游档次和水平有待进一步提高。

目前,内蒙古马旅游产业对于内蒙古独特的民俗文化资源,尤其是马文化资源的研究开发依然不够,很多工作都停留在表面,未能深入挖掘研究。马文化是内蒙古独特的文化系统之一,充分挖掘马文化和草原文化内涵,是树立民族文化品牌、建设民族文化大区的有效途径。目前,内蒙古马文化需要进行深层次的发掘和研究,主要包括马与草原生态环境保护的关系、马与人类的关系、蒙古族马文化与草原畜牧业的关系、蒙古族马文化与区域特点的关系等课题。只有通过深入挖掘和创意策划的马文化才有可能被打造成具有吸引力的马旅游产品,形成具有竞争力的马旅游品牌,进而将内蒙古打造成为国际马旅游目的地。

二、品牌定位混乱,品牌建设和管理有待进一步提升

马旅游品牌定位就是使马旅游品牌在游客心目中占有一个与品牌相匹配的独特位置,使其在做旅游决策时,能够非常轻松地选择出具有辨识度和吸引力的品牌。马旅游品牌定位的前提是通过马旅游产品或活动满足旅游者的个性化需求,从而增强旅游者对马旅游品牌的认知和好感,形成品牌偏好,使其在消费行为产生时具有更强的选择倾向性。基于市场消费要求和供给侧结构性改革政策,马旅游品牌建设应该从中高端发力,找准品牌定位。

目前,内蒙古马旅游产业普遍还处于无品牌管理战略、无品牌管理组织、无品牌管理制度、无品牌运营管理模式的四无状态。因此,各级政府需要高度重视,充分发挥地区优势,挖掘和利用马旅游资源,集中打造具有各自特色的马旅游品牌,形成马旅游品牌体系,并重视马旅游单一品牌和内蒙古马旅游品牌体系的长期建设,制定长期性、专业化的内蒙古马旅游品牌战略规划和阶段性实施方案,并在马旅游的建设发展过程中不断完善和提高。

三、品牌建设意识薄弱,品牌打造缺乏创意

首先,品牌建设意识薄弱。一是马旅游企业对品牌认识不足,未能树立正确的品牌理念观。很多马旅游目的地或马旅游企业对品牌的概念、品牌的价值和品牌的运营策略等方面的认知都还停留在初级阶段,未能真正理解品牌和塑造品牌的意义。二是过度依赖广告宣传,提高了马旅游品牌的建设成本,未能遵循品牌建设的内在规律和要求。三是强调短期营销效果,不注重马旅游品牌的长期建设。很多马旅游目的地或马旅游相关企业虽然越来越注重利用各种手段开展旅游宣传、项目推广和形象包装,但大多还是从市场促销的层面进行策划、传播,更关注短期性直接效益。

其次,品牌打造缺乏创意。马旅游产品同质化现象严重,差异化体现不足,这同样体现在品牌建设上,致使毫无创意、全无特色的马旅游品牌盛行,品牌辨识度不高。缺乏创意的品牌其竞争力必然薄弱,更无法产生品牌效益。

第二节　路径选择

内蒙古马旅游品牌建设,需要以旅游项目品牌为基础,以节庆活动品牌、旅游要素品牌为亮点,以区域公用品牌为支撑,构建起内蒙古马旅游品牌体系。

一、创新旅游项目品牌体系

当今,内蒙古马旅游产业发展势头迅猛,旅游市场竞争不断加剧,旅游者消费心理日益成熟,市场需求也越来越个性化,都对马旅游企业的品牌经营和管理提出了新的要求。品牌对于马旅游企业的发展有着特殊的意义,但目前内蒙古马旅游行业整体的品牌意识尚未树立,品牌集中度低、辨识度不高。有些品牌创建或扩张后的品牌管理未能跟上发展需要,战略制度和战略执行也未能有效结合。为了在面临复杂的竞争局面时始终保持市场吸引力,马旅游企业需要创新品牌形象,重视品牌培育,挖掘品牌价值,实施品牌管理,开展品牌推广,获取品牌效益。

内蒙古是我国马品种资源和马文化富集地区之一,同时,各盟市都有大大小小的马旅游相关项目,虽然很多还没有开展品牌建设或实力不足,但却因作为马旅游产业的新兴力量而充满活力,是内蒙古马旅游品牌塑造、传播与营销的基础力量,在内蒙古马旅游品牌建设与运营中扮演着不可替代的角色。因此,需要通过提高管理水平、树立品牌意识、开展品牌创建、加强营

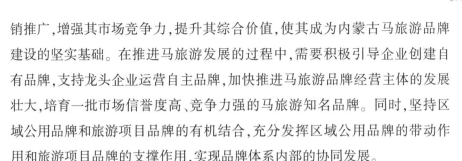

销推广,增强其市场竞争力,提升其综合价值,使其成为内蒙古马旅游品牌建设的坚实基础。在推进马旅游发展的过程中,需要积极引导企业创建自有品牌,支持龙头企业运营自主品牌,加快推进马旅游品牌经营主体的发展壮大,培育一批市场信誉度高、竞争力强的马旅游知名品牌。同时,坚持区域公用品牌和旅游项目品牌的有机结合,充分发挥区域公用品牌的带动作用和旅游项目品牌的支撑作用,实现品牌体系内部的协同发展。

内蒙古马旅游的品牌建设需要重点关注以下几个方面:第一,进行准确的旅游市场定位。一方面要考虑内蒙古各地的马旅游资源和市场情况,另一方面需要分析该项目与其他项目的本质区别以及对于旅游者的吸引力有何独特性,从而明确该项目的品牌应该在旅游者心目中产生何种印象、处于何种地位。第二,高品质塑造品牌内涵。无论是体验型、演艺型还是展示型的马旅游项目,其品牌内涵必然与其资源优势和目标市场直接相关,一方面深挖资源,另一方面洞察市场,从这两个层面对品牌内涵进行充分合理的塑造,力求符合品牌发展方向和市场消费需求。第三,加强品牌管理与推广。品牌的管理与推广是建立、维护、巩固、推广品牌的全过程,品牌不传播出去就不能称其为品牌,品牌需要在传播推广中不断强化项目的正面形象,提升项目的市场价值,实现品牌愿景,确立品牌竞争优势,从而体现出品牌建设的意义,因此,品牌的管理与推广就成为品牌建设的重中之重。第四,多形式建立品牌战略模式。品牌建设往往是一个系统化的工程,需要采取多种形式建立品牌战略模式,包括单一品牌、一牌一品、一牌多品、企业与品牌同名、多品牌战略、品牌联合和品牌特许经营等,当然,不管采取哪种模式,品牌都必须围绕马旅游企业的核心竞争力、文化基因和目标市场建设。

二、完善节庆活动品牌体系

节庆活动是旅游发展的催化剂。通观全国乃至世界各地的旅游产业发展,节庆活动在旅游目的地打造、旅游项目运营和营销推广方面都起着举足轻重的作用。旅游项目顺利运营的关键在于如何激发员工活力、带动项目

活力、撬动市场活力,从而带来可观的经济收益。而要最大程度释放活力,策划和举办节庆活动是重要的举措之一。

节庆活动是展示民俗文化的有效载体。近年来,内蒙古的旅游节庆活动释放出了巨大的吸引力,成为旅游经济新的增长点。近几年,内蒙古通过旅游节庆活动不断促进旅游产品和线路的全面优化,坚持从资源优势、人文地理、风情民俗等方面出发,百花齐放、丰富多彩,尽情展现区域旅游的魅力。节庆活动是拉动经济发展的重要动力。通过举办各类节庆活动,吸引大量客流进入本地区,在常态化的旅游消费之外,游客在当地的综合消费直接拉动了当地经济实现量和质的飞跃。

内蒙古马旅游节庆活动经过多年的发展已经渐趋成熟,那达慕、马驹节、马奶节、打马印节、内蒙古国际马术节、哲里木赛马节、鄂尔多斯国际驭马文化节、太仆寺旗皇家御马文化节、陈巴尔虎旗万马奔腾旅游文化节、西乌珠穆沁旗白马文化节、阿拉善左旗马文化节等,都是马旅游节庆活动的成果。未来需要在以往经验积累的基础上,提炼特色,挖掘亮点,打造卖点,以文化创意策划多项全区性、盟市性或细分领域的马旅游节庆活动,通过五至十年的持续打造,构建起内蒙古马旅游节庆活动品牌体系。

三、提炼旅游要素品牌体系

马旅游是文化旅游的一个细分领域。以马旅游为核心产品的旅游景区或项目,在对马旅游进行深入挖掘和精细化打造时,能够通过创意设计和策划完善"吃、住、行、游、购、娱"六大旅游要素,并构建"商、养、学、闲、情、奇"六大细化产品体系。比如,在"吃"方面,内蒙古的民族美食种类繁多,而与马相关的美食有策格等。策格是"蒙古八珍"之一,最早以"额速格"一词出现于《蒙古秘史》。策格自古被喻为紫玉浆、元玉浆,是草原蒙古族牧民在各种聚会时的珍贵饮料。元朝时期,统治者的日常生活已离不开策格。《新元史·兵志》书中写道:"黑马乳以奉王食,谓之'细乳';诸王以下亦供马乳,谓之'粗乳'。自始祖以下诸陵寝各有酏都,取马乳以供祭祀,号'金陵挤'。"

策格不仅是蒙古人的营养品,而且在蒙医中应用于临床治疗。民间还有喝策格比赛等很多传统文化娱乐活动。

通过"吃、住、行、游、购、娱"和"商、养、学、闲、情、奇"的马旅游要素提炼和包装,能够形成各具特色的产品,在此基础上,打造旅游要素品牌就显得顺理成章,且能够具有较强的市场吸引力。旅游要素品牌所涵盖的旅游产品即为游客消费所需,品牌的打造能够增加产品的附加值、提升产品的品位,从而增强产品的竞争力,提升产品的经济效益。

四、打造区域公用品牌体系

区域公用品牌是指在一定区域内,经过长期积淀形成的商品或服务的区域品牌标识。它是该区域政府机构、行业组织、企业和其他相关者共同努力的成果,并被他们共同拥有和使用;它具有较高的知名度和影响力,被较大范围的消费者所认可,区域内各单位在品牌管理、品牌运营、品牌授权、品牌推广等方面具有共同诉求,能够形成统一规范,采取统一行动,是一定领域内区域形象的代表,对于区域经济发展具有特殊价值和贡献。

内蒙古马旅游产业的区域公用品牌建设基于内蒙古马旅游的总体布局和各个盟市或区域的独特性。内蒙古地域辽阔,从东到西的马旅游业态布局丰富且各有特色,通过区域公用品牌的构建,将零散的旅游项目以具有共性的马文化元素、马旅游项目、马旅游景观等资源进行融合互通,从而整体构建一个具有更大包容力、更具传播性和市场吸引力的区域公用品牌。具体而言,内蒙古马旅游通过马道旅游的总体布局,形成了"两都马道""沿黄马道""天边马道""丝路马道"和"万里茶道"五个马旅游品牌,事实上已经搭建起了内蒙古马旅游区域公用品牌体系。内蒙古马旅游区域公用品牌的建设与运营是一个系统性的长期工程,它的发展与其他相关产业的支撑和协作息息相关,推进马旅游区域公用品牌建设有利于相关优质资源的整合和品牌的集聚,应坚持以内蒙古马旅游产业为依托,鼓励马旅游品牌抱团发展、板块式发展。卓有成效的区域公用品牌建设能够对区域经济繁荣发展

产生巨大的推动作用,甚至能使其成为当地的支柱型产业。在马旅游发展中,做到产供销一条龙,有利于提高产品的附加值,提高区域公用品牌的档次。

同时,要在深入挖掘内蒙古马文化、马品种资源的基础上,不断丰富不同领域中、不同视角下、不同区域内的马旅游区域公用品牌,进一步完善内蒙古马旅游区域公用品牌体系。为了推进区域公用品牌建设,在自治区层面上可以搭建品牌营销推介平台,逐步形成"培育、发展、宣传、保护、利用"五位一体的品牌建设机制,不断提升内蒙古马旅游区域公用品牌的知名度与美誉度,通过创新举措不断提升品牌价值,从而推动内蒙古马旅游的品牌建设迈上新台阶。

五、建立马旅游品牌保护体系

品牌创建是内蒙古马旅游品牌建设的第一步,它是一项长期工程,需要投入大量的人力、物力、财力。这一步走出去之后,更关键的是品牌保护,如果不能采取积极有效的措施,那么创建品牌时所做的努力就会付之东流。针对内蒙古马旅游品牌保护工作,作者认为,首先,需要建立企业自我保护、行政保护和司法保护三位一体的保护体系,有计划、有重点地开展品牌保护专项行动,维护品牌形象,培育品牌价值,突显品牌效益。其次,需要建立内蒙古马旅游区域公用品牌管理机制,从品牌的视觉识别系统、宣传文案、内涵外延、推广渠道、营销策略等方面对品牌运营中的各个环节进行管控,避免出现错误信息、负面传播、片面理解、品牌滥用和品牌危机等问题。最后,需要对区域内的社会各界加强品牌教育,提高其品牌意识,在各项活动中合理宣传品牌,在项目运营中科学使用品牌,从而实现在使用中保护品牌的目的。

六、开展马旅游品牌价值评估

内蒙古马旅游品牌体系从创建之初到创建成功有一个漫长的培育过

程,需要政府、企业和社会各界付出无数的人力、物力、财力,正因如此,品牌自有其独特价值。品牌价值评估的对象是马旅游品牌,主体是高等院校、科研院所、品牌策划机构和各类行业协会等第三方机构,这些机构不仅能提供品牌价值评估,还能在品牌培育、管理和保护等方面开展基础研究,协助制定品牌战略规划和实施方案,搭建马旅游区域公用品牌的公共服务平台,提供品牌运营推广、品牌发展研究、专业马术培训、行业咨询指导等服务,为内蒙古马旅游品牌建设提供全方位的技术支撑,并在此基础上,探索建立适合内蒙古的马旅游品牌评价机制。而科学的品牌价值评估及上述一系列服务的开展能够塑造品牌形象、提升品牌知名度,对于内蒙古马旅游品牌的持续打造以及相关产业的长足发展都有着积极的意义。

第三节　主要措施

一、政府推动机制

内蒙古有着发展马旅游的天然条件和独特资源优势,随着各个盟市产业转型升级和区域经济高质量发展的推进,旅游产业作为绿色低碳产业、可持续发展产业和带动性强的综合性产业,受到了各地政府的高度重视。而马旅游作为内蒙古的一个特色旅游品牌,更应该成为内蒙古旅游产业高质量发展的新引擎。创建马旅游品牌是实现内蒙古马旅游长足发展的根本途径,它需要各级政府制定马旅游品牌发展规划,把握发展方向,注重统筹管理,加强宣传推广,精准打造特色鲜明、比较优势突出的马旅游品牌。

二、品牌个性定位

创建马旅游品牌的统一认证商标和统一标识。根据前文所述,内蒙古

马旅游品牌是一个有机关联的体系,每个层面的马旅游品牌都需要以名称、LOGO(标志)和宣传语等符号作为其身份认证标识,而品牌创建的过程就是品牌符号的传播过程,旅游者消费马旅游的过程事实上也是消费特定马旅游符号的过程。马旅游品牌通过培育和运营,不仅能够实现产品的溢价和品牌的增值,还能够不断强化品牌符号,突出品牌个性。

以自然属性塑造马旅游品牌的品质差异性。内蒙古拥有辽阔广袤的草原,有着千百年来世代相传的游牧生产生活方式,还有品种多样、品质优良的马品种资源,这些都是内蒙古马旅游品牌的自然属性,正因为这些因素的存在,才为内蒙古马旅游品牌的品质差异化提供了良好的前提和基础。在此基础上,有效抓住内蒙古的这些独特自然优势,挖掘具有唯一性的马旅游发展要素,就能够形成马旅游品牌独特的自然属性,也就成为马旅游品牌差异化发展的重要保障。

以文化属性塑造马旅游品牌的文化差异性。内蒙古与马旅游相关的文化元素种类多、内涵丰富、涉及范围广,在今天文化与旅游深度融合的时代背景和市场需求下,旅游项目品牌、节庆活动品牌、旅游要素品牌和区域公用品牌等内蒙古马旅游品牌体系可以利用文化元素进行差异化打造,并采取文化植入、文化营销等方式打造具有独特文化属性的马旅游品牌,将文化资本变成富含文化内涵的马旅游产品,让悠久、丰富、多元的文化通过马旅游品牌建设实现其价值最大化。

三、品牌建设思路

马旅游品牌特色挖掘。内蒙古十二个盟市的马品种资源各异、马旅游基础不同、马文化相关资源各具特色,可以从历史文化、马品种、马文化、地理特征、人文风情、产业优势等方面入手,通过对当地马旅游资源的深入挖掘,为旅游者提供各具特色的马旅游体验,更好地满足旅游者的消费需求。在此基础上,形成具有市场吸引力的马旅游品牌。

马旅游品牌精准定位。马旅游品牌定位首先基于资源优势,并结合马旅游产业的发展趋势和旅游市场新的需求,提出具有辨识度的品牌定位,从而赢得旅游者的关注和青睐,增强旅游者对这一马旅游品牌的认知,形成消费偏好,提高品牌忠诚度,进而产生持续性的体验消费。

马旅游品牌创意构建。马旅游品牌是一种身份认证,应该具有独特性、唯一性,避免同质化。在创建过程中,不仅要挖掘特色资源、实现精准定位,还需要文化创意的深度参与,让马旅游品牌从更多层面与其他产品进行区分,并丰富其吸引力、增强其号召力,从而实现效益最大化。

四、品牌传播方法

马旅游是旅游产业的一个分支,而旅游产业是一个大众消费、大众参与的产业,具有较强的活力和互动性,与旅游者零距离接触,并随着市场需求的变化而创意调整,因此,其宣传推广和市场营销也具有旅游产业的独特性。马旅游品牌的塑造也同样需要利用有效的传播方法,而传播手段在当今网络时代也日益多元化,不断创新、改进,并形成了一套完整的现代传播体系。因此,内蒙古马旅游品牌传播需要综合运用各种传播手段,从而实现品牌价值提升和旅游效益增长的目的。

充分利用传统媒体的影响力。电视、电台、报纸杂志及其他平面媒体在网络时代不断求变求新,利用其自身的平台优势、渠道优势、内容优势、大范围客户群体和影响力,在创新中赢得市场,争取生存空间。因此,马旅游品牌传播可以借助传统媒体的有效传播平台、传播栏目和传播时段,以高流量综艺节目、品牌专题栏目、专题片等形式进行宣传推广,提高品牌的知名度、美誉度,推动内蒙古马旅游、马文化走向更广阔的市场。

发挥新媒体的传播优势。如今,随着无线网络的普及、网络平台的完善和人们网络行为习惯的养成,各种形式的新媒体层出不穷,已经成为传播领域的重要阵地。新媒体包括综合性网络平台、社交性网络平台、行业性网络平台、创意性传播形式以及各种形式的自媒体平台或自媒体工具。运用各种新媒体形式对马旅游品牌进行有效传播,能够发挥品牌传播的互动性、实

时性、多样性、快捷性等优势。

综合运用展览会、博览会、主题活动等方式。展会活动是营销推广的一个重要方式，主要有三种模式。一是自主组织举办与马旅游和马文化相关的展会活动，全面、直观地展示内蒙古马旅游品牌。二是积极参与国内外各种旅游文化相关的展会活动，借助现有成熟的展会平台，宣传展示内蒙古马旅游品牌系统。三是举办书刊文字展览和网络视频展览，给目标群体更多了解内蒙古马旅游品牌的机会。此外，还可以通过举办新闻发布会、启动仪式、品牌评选等各种活动，扩大内蒙古马旅游品牌影响力，提升品牌价值，并邀请专家、媒体、旅游者通过"验客"的形式来体验马旅游，真实感受马旅游的魅力，起到品牌传播的作用。

激发品牌产业链互动传播效应。内蒙古马旅游品牌体系包括旅游项目品牌、节庆活动品牌、旅游要素品牌和区域公用品牌，它们既自成一体，又互为支撑，并在内蒙古马旅游大品牌之下各司其职，各具特色，形成了一条马旅游品牌产业链。因此，在品牌传播方面，内蒙古马旅游品牌体系下的品牌产业链能够形成互动传播、宣传资源共享、品牌效益共享、协同发展的局面。

第四节　重点项目

内蒙古马旅游品牌体系主要包括区域公用品牌体系、节庆活动品牌体系、旅游要素品牌体系和旅游项目品牌体系。

一、区域公用品牌体系

（一）"马上看内蒙古"旅游品牌

内蒙古马旅游的发展需要一个整体品牌形象，通过对内蒙古马文化、马

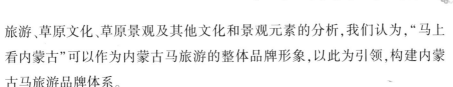

旅游、草原文化、草原景观及其他文化和景观元素的分析,我们认为,"马上看内蒙古"可以作为内蒙古马旅游的整体品牌形象,以此为引领,构建内蒙古马旅游品牌体系。

"马上看内蒙古"是一个有着极强张力的品牌名称,"马"直接链接"内蒙古马旅游"这一核心主题。"马上"是一语双关,既有"骑在马上"的意思,又有"立刻、现在"的意思,两个意思的表达和诠释都让"马上看内蒙古"这一品牌形象具有极强的指向性和动态性。"看"是一个动词,既有实际用眼睛观看、欣赏的意思,也有通过某种途径或方式了解、熟悉某一事物的意思,把马旅游的内涵和目的表述得极为全面。"内蒙古"一词直接指向内蒙古这一地域,而"看内蒙古"的内涵和外延都极为丰富,令人无限遐想。综上所述,"马上看内蒙古"虽然只有短短六个字,但充分表达了内蒙古马旅游这一主题的多层含义,浓缩了内蒙古马旅游的品牌内涵。

(二)马道旅游品牌

1.两都马道

从品牌建设的角度来看,两都马道在内蒙古马旅游品牌体系中处于关键位置,能够发展成为具有引领作用的区域公用品牌。首先,两都马道区位优势明显,位于京津冀正北面,距离适合周末自驾游和休闲度假游。第二,两都马道文化资源优势突出,马文化、历史文化、草原文化、民族文化、游牧文化等文化资源富集。第三,两都马道品牌基础较好,元上都是世界文化遗产,"中国马都"品牌也已经传播推广了多年,积累了较好的市场基础。

2.沿黄马道

黄河沿线的自然景观多样、旅游资源丰富,很多景观节点自古以来就是旅游胜地,然而,相比于长江流域的旅游资源开发而言,沿黄旅游带的旅游开发尚需加快步伐。近年来,作为区域公用品牌打造的沿黄旅游带才刚刚兴起,内蒙古段的沿黄旅游项目也在初步建设和运营中,亟须找到有效的方式破局。借助内蒙古马旅游的发展契机,打造沿黄马道区域公用品牌,以马旅游为核心卖点整合内蒙古沿黄一带六个盟市的马旅游相关资源,将成为

沿黄旅游带发展的新模式。而"沿黄马道"这一品牌在打造成熟后,也可以与沿黄一线的其他省区进行品牌共享和联合共赢,将"沿黄马道"旅游品牌做大做强,成为沿黄旅游带的一大亮点。

3. 天边马道

呼伦贝尔市、兴安盟和通辽市处于内蒙古东北部和东部地区,巍峨的大兴安岭将无边的草原分割在山脉两侧,辽阔的呼伦贝尔草原和科尔沁草原已经成为人们深深向往的天边草原,在这里打造天边马道旅游品牌,并以此链接原生态的游牧文化、异域风情的俄蒙文化和迷人的草原风光,为人们营造一个远在天边、自由自在的马旅游大环境。这一品牌的打造主要突出其神秘性、独特性和异域性。

4. 丝路马道

随着"一带一路"倡议的提出,草原丝绸之路也日益受到社会各界的重视,由于文化与旅游的融合最为迅速和契合,与草原丝绸之路相关的文化旅游项目也迅猛增加。这些项目往往是独立开发运营的旅游景区,而以区域公用品牌出现的草原丝路文化旅游项目还很少,丝路马道将成为融合性强、覆盖面广、文化元素多的草原丝路文化旅游融合项目,在促进文化与旅游的融合中,推动区域间的融合发展和共享合作。

5. 万里茶道

近年来,通过各个相关国家的通力合作与积极配合,万里茶道这一历史文化项目已经取得了不少成绩,各国之间的商贸等方面的合作逐步开展,万里茶道已经从一个历史上的商贸事件和历史遗迹逐步演变成为我国各地与其他相关国家之间经贸商业往来、文化旅游合作的重要平台。在内蒙古马旅游的发展中,万里茶道也以其与马文化、马旅游之间的密切关系而成为一个重要的区域公用品牌,并将在未来的区域内外旅游深度合作方面发挥突出的作用。

二、节庆活动品牌体系

节庆活动是内蒙古马旅游的重要组成部分和具体表现形态,具有极强

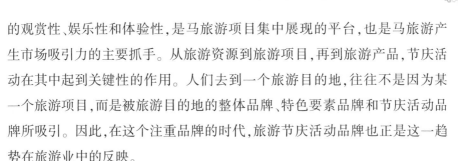

的观赏性、娱乐性和体验性,是马旅游项目集中展现的平台,也是马旅游产生市场吸引力的主要抓手。从旅游资源到旅游项目,再到旅游产品,节庆活动在其中起到关键性的作用。人们去到一个旅游目的地,往往不是因为某一个旅游项目,而是被旅游目的地的整体品牌、特色要素品牌和节庆活动品牌所吸引。因此,在这个注重品牌的时代,旅游节庆活动品牌也正是这一趋势在旅游业中的反映。

如今,站在世界舞台上的意大利锡耶纳赛马节、澳大利亚墨尔本杯赛马节、美国肯塔基赛马节、英国利物浦大马赛、瑞士雪上赛马大会等具有全球品牌效应的马旅游节庆活动,其价值远远超过了旅游节庆活动的本身,不但为国家和政府创造了可观的旅游收入,而且也是国家对外宣传和对外经济文化交流的平台。锡耶纳赛马节是意大利规模最大的赛马活动,至今已有800多年的历史。澳大利亚一年一度的墨尔本杯赛马节被誉为"让全国停止运作的赛事",墨尔本杯有150多年的社会历史和文化传承,是澳大利亚,尤其是墨尔本市的大型社交活动。美国肯塔基赛马节有着"赛马界奥斯卡"之称,自1875年以来从未间断。由此可见,节庆活动品牌的打造是一个漫长的过程,通过每一届活动的持续举办,以创意的活动、独特的项目和精彩刺激的比赛内容给人们留下难忘的印象,从而增强品牌认知度和美誉度,形成节庆活动品牌的持续增值。

近年来,内蒙古各地也开展了多项马旅游节庆活动,比如内蒙古国际马术节、西乌珠穆沁旗白马文化节、太仆寺旗皇家御马文化节、陈巴尔虎旗万马奔腾旅游文化节(万马奔腾马文化节)、哲里木赛马节、阿拉善左旗马文化节、驭马文化节、马驹节、马奶节、打马印节(马印节)以及各种规格的那达慕大会等。其中,既有体现马文化及相关文化内涵的传统马旅游节庆活动,又有展现现代文明成果和节庆旅游经济的现代马旅游节庆活动,它们共同构建了内蒙古马旅游节庆活动品牌体系。

马旅游节庆活动品牌化是内蒙古马旅游持续快速发展的客观要求,也是旅游者日趋重视旅游品质和旅游企业高质量发展的需要。要在众多旅游节庆活动中突破重围、树立独特品牌,就必须从挖掘文化内涵、创新文化展

现方式、增加游客体验活动形式、周密安排节庆日程和节目以及设计周密安全的保障体系等方面入手,精耕细作、持之以恒的创造品牌、打造品牌、传播品牌和维护品牌。

在马旅游节庆活动品牌建设中,需要综合采取相应的策略:

利用资源优势,在顶层策划上下功夫。马旅游节庆活动要提高吸引力就需要加强具有独创性的策划,不仅提高节庆活动的品位和档次,还要办出自己的特色,推出精品。

突出地域特色,在打造品牌上下功夫。马旅游节庆活动是一张区域马旅游的名片,需要以地域文化特色、独特景观资源、特色马文化资源、特色马品种资源等为依托,注重文化内涵的挖掘和创意利用,走文化创意视角下的品牌化发展之路。

坚持贴近基层,在引导群众上下功夫。内蒙古的游牧文化源远流长,马文化及骑马、赛马等活动都有深厚的群众基础,如今依然可以看到牧民自发组织的赛马、套马等娱乐活动。群众参与是内蒙古马旅游节庆活动的基础,要把节庆活动定位为"人民大众的节日",将马旅游节庆活动与人们日常生活相结合,设计出更多群众喜闻乐见、乐于接受的活动项目,以提高人们的参与度,营造良好的节庆氛围,为马旅游节庆活动品牌的建设奠定坚实基础。

扩大对外影响,在宣传推广上下功夫。马旅游节庆活动是短期活动,活动内容具有集聚效应,可以让旅游者在短期内集中体验和感受马旅游的魅力,从而获得最丰富的体验,产生强烈的品牌认同,因此,需要充分发挥传统媒体和新兴媒体的传播力,在短时间内对活动进行多层次、多角度、有计划的宣传推广,营造浓厚氛围,提升品牌知名度和美誉度。

三、旅游要素品牌体系

马旅游是旅游产业的一个分支,也是一个自成体系的旅游领域,正因如此,我们才会将内蒙古马旅游作为一个独立课题来深入研究。从旅游要素的层面看,内蒙古马旅游的旅游要素是旅游产业要素在专业领域的细化,总体上包括"吃、住、行、游、购、娱"传统六要素和"商、养、学、闲、情、奇"新六要素的主要内涵,但也有其独特性。具体而言,内蒙古马旅游主要包括"骑、赛、娱、赏、养、学、摄、购"八个要素。其中,"骑"即骑马体验,这是马旅游中最基本的旅游要素和体验形式;"赛"即赛马,赛马是马旅游中的精品亮点项目之一,能够激发旅游者的兴趣和激情;"娱"即围绕"马"的娱乐项目,包括套马、驯马、马主题乐园等;"赏"即观赏马旅游主题演出;"养"即养马,旅游者或目标群体为了获得独特的体验,以"认养模式"购买一匹或几匹马,随时关注马的成长,不定期以旅游的形式与自己认养的马近距离接触,形成一种个性定制式的马旅游形式;"学"即学习马文化、马术、相马等,是研学旅行和素质教育的一种形式,包括以马为核心要素的研学旅游、技能培训、拓展训练、夏令营、冬令营等活动;"摄"即以马为主题的摄影活动,是一项个性化的旅游体验;"购"即购买马旅游文创产品,它是马旅游产业一个重要的方面。由于驱动内蒙古马旅游八个要素组合与发展的动力是多元的、可变的,所以形成的马旅游产品也是多样的。

此外,在马品种资源方面,内蒙古主要有乌珠穆沁白马、乌珠穆沁黄骠马、乌审马、百岔铁蹄马、三河马等优质马品种资源。其中,乌珠穆沁白马主要产区在锡林郭勒盟西乌珠穆沁旗,乌珠穆沁黄骠马主要产区在锡林郭勒盟东乌珠穆沁旗,乌审马主要产区在鄂尔多斯市乌审旗,百岔铁蹄马的主要产区在赤峰市,三河马的主要产区在呼伦贝尔市。从美观、耐力、速度、品性等方面来看,每种马都有各自的优势和特色,且都有各自的主要产区和活动区域,因而可以从马品种资源的角度出发,创建具有独特性甚至唯一性的旅游要素品牌。

文创产品在旅游业中扮演着重要的角色,是人们外出旅游过程中消费概率极高的旅游产品。马旅游文创产品也是内蒙古马旅游的重要产品类型,应当在未来的马旅游产业发展中发挥更大的作用。如今的旅游文创产品也在走品牌化的道路,国内较为成功的案例是故宫文创产品系列。在内蒙古马旅游领域中,马旅游文创产品的品牌建设也是当务之急。在文创产

品的品牌建设中,需要充分挖掘内蒙古马文化资源、草原文化资源、游牧文化资源和蒙元文化资源,将非物质文化遗产和物质文化遗产中与马有关的元素进行提取和创意设计,在充分研究文化、产品和市场的基础上,开展马旅游文创产品的品牌建设,如"马上系列""蒙古马系列""马·博乐歌系列""溜圆白骏系列""马印象系列"等。

四、旅游项目品牌体系

在旅游项目品牌体系中,马旅游项目主要包括马旅游景区、马业综合体、马旅游特色小镇、马文化体验馆、马文化博物馆等。每一个马旅游项目都应确定一个核心目标及市场定位,并在形态上力求"精而美"而非"大而广"。马旅游景区的品牌定位至关重要,景区需要文化、需要灵魂,要把核心灵魂贯穿整个景区、贯穿每一个细微环节,要以"文"为魂,以"特"为主,以"优化旅游环境"为目标,以"创新发展理念"为引领,以"马旅游品牌塑造"为突破,着力打造马旅游品牌,助推地区马旅游的长足发展。

内蒙古马旅游产业的产品体系是由一个个马旅游项目所组成,马旅游项目品牌建设是内蒙古马旅游品牌体系建设的基础。推动马旅游项目品牌建设,对内能够激发内蒙古马旅游活力,提升马旅游产品和服务的质量,促进马旅游产业持续快速发展;对外能提升内蒙古马旅游产业的品牌影响力和市场竞争力。

提升旅游产品竞争力。在旅游市场竞争日益激烈和人们日益注重旅游消费品质的背景下,马旅游项目要想持续发展,就需要为旅游者提供高质量的产品和服务,并保持良好的品牌形象。如今,无论是内蒙古、新疆还是其他马旅游发展基础较好的地区,马旅游项目已非常多,所有马旅游项目都需要结合自身优势走品牌化发展之路。品牌建设能够突显和巩固马旅游项目的独特性,旅游品牌的存在也就意味着旅游项目的与众不同,从而增强马旅游项目的品牌辨识度,并释放出较强的市场吸引力。

延长马旅游项目的生命周期。在实际的旅游产业发展中,人们常常会发现有些旅游项目在开发运营之初火爆异常，但时隔不久就出现了"关门潮"。其中很大的原因就在于项目在经营管理中出现了问题。说到底，就是旅游项目的品牌建设和品牌管理的缺失。品牌建设不仅能够满足游客高品质旅游消费的需要，更能从内部防止各种问题的出现，帮助企业走顺走正每一步，并在品牌建设中不断完善自我、与时俱进、推陈出新，形成品牌建设、运营管理和优质服务的良性循环，从而延长马旅游项目的生命周期。

扩大旅游者的自主选择空间。如今，人们的旅游需求越来越个性化，模式化的旅游产品和旅游行程已经不能满足人们的旅游消费需求，而马旅游项目的品牌化能够为旅游者提供高品质的旅游消费选择，在此基础上，旅游者根据马旅游项目的品牌定位筛选出自己需要的项目，能够提升旅游者的旅游满意度，实现旅游项目和旅游者的双赢。

五、内蒙古马旅游品牌建设案例

近年来，内蒙古马旅游逐步进入高速发展的轨道，各个盟市和旗县区的马旅游热情也在不断升温，多数牧业旗通过组织大型那达慕大会，激发广大牧民组织和参与民俗活动的热情。如在东乌珠穆沁旗等牧区，牧民会自发组织赛马活动，比赛的奖品经常是一两只羊或现金；夏秋时节，几户牧民为了庆祝丰收和祈福，共同组织祭敖包和小型那达慕活动。在牧区，牧民保留着祖祖辈辈流传下来的牧业生产生活习俗，在这些习俗中，"马"是一个不可或缺的元素，因此，就形成了以"马"为主题的节庆活动品牌，随着生态旅游的日益繁盛，牧区的马旅游也顺势而起，成为很多牧业旗休闲旅游的核心吸引物或拳头产品，也摸索出了具有地方特色的马旅游发展模式，进而发展成为当地的马旅游品牌。

（一）东乌珠穆沁旗的"四季乌珠穆沁马旅游发展模式"

东乌珠穆沁旗位于内蒙古自治区锡林郭勒盟东北部，是一个以蒙古族为主体、多民族聚居的边境牧业旗，全旗土地面积 4.73 万平方千米，天然草

原总面积 6917 万亩,是闻名遐迩的乌珠穆沁草原的主体,已划为"国家重点生态功能区",自古以来就是游牧民族的天然牧场。

东乌珠穆沁旗是蒙古族游牧文化习俗保存完整的地区之一,素以"蒙古族长调之乡、蒙古族搏克之乡、民族服饰之都、游牧文化之源"而著称,传统的蒙古族搏克、悠扬的乌珠穆沁长调、斑斓的乌珠穆沁服饰、古老的游牧文明,展示了源远流长的东乌珠穆沁旗游牧文化。2005 年,包括乌珠穆沁长调在内的蒙古长调被联合国教育、科学及文化组织宣布为"人类口头和非物质遗产代表作";东乌珠穆沁旗申报的"蒙古族勒勒车制作技艺""蒙古族搏克""乌珠穆沁伊茹勒(祝赞词)"入选国家级非物质文化遗产名录;还有乌珠穆沁马鞍制作技艺、乌珠穆沁熏皮袍制作技艺等 20 项自治区级非物质文化遗产和 29 项盟级非物质文化遗产。2007 年,内蒙古自治区民间文艺家协会授予东乌珠穆沁旗"内蒙古自治区蒙古族长调民歌之乡"称号。2018 年,东乌珠穆沁旗被内蒙古自治区文化厅命名为"蒙古族长调之乡""蒙古族搏克之乡"。

牧民在乌珠穆沁草原上经过长期优选,培育出了乌珠穆沁羊、乌珠穆沁黄骠马、乌珠穆沁牛等优良品种。东乌珠穆沁旗成功获得"乌珠穆沁黄骠马"地理标志集体商标,并于 2018 年获得"中国黄骠马之乡"荣誉称号。黄骠马的含义是"黄马带白点",此马的白点多位于肚子和两肋处,最主要的是马头上有白毛,形状圆如满月,故别名"西凉玉顶干草黄"。黄骠马即使喂饱了草料,肋条也显露在外,因此另有别名"透骨龙",是公认的优良马种。在牧民的生产生活中,乌珠穆沁黄骠马主要用于骑乘。

东乌珠穆沁旗是内蒙古地区仅有的几个传统游牧生产方式和游牧生活风俗保留较为完整的旗县之一,水草丰美的东乌珠穆沁旗,游牧历史源远流长,游牧系统一脉传承,游牧景观原始壮美,生物类型多样共存,游牧技术历久弥新,游牧文化灿烂迷人。作为游牧文化中重要组成部分的马文化,在东乌珠穆沁旗也通过牧民的生产生活和社会大众的节庆活动得到了传承和发扬,并成为东乌珠穆沁旗旅游产业的一个核心吸引物并具有较高的产业价值。

东乌珠穆沁旗近年来通过持续举办一系列旅游节庆活动,形成了"蔚蓝的乌珠穆沁""绿色乌珠穆沁""金色乌珠穆沁""银色乌珠穆沁"四季旅游品牌,一年12个月中都有关于马旅游的相关主题活动或项目,从而构建起东乌珠穆沁旗"四季乌珠穆沁马旅游发展模式"。

表 10.1 东乌珠穆沁旗全年马旅游活动列表

月份	活动	内容
1 月	"银色乌珠穆沁"冬季马文化那达慕	赛马、套马、乘马拾物、驯马等表演,500 匹蒙古马雪地奔驰的壮观场景,牧人狩猎出征场景,马背服装秀,夕阳牧马人等
2 月	乌珠穆沁传统过年活动	兴畜节、赛马、骑马拜年等
3 月	驯马活动	牧民采用传统的蒙古驯马法驯服充满野性的生马
4 月	打马印、选公马、骟马等活动	传统马文化活动展示与体验
5 月	驯马、套马活动	传统马文化活动展示与体验
6 月	接马驹、挤马奶等活动	传统马文化活动展示与体验
7 月	"蔚蓝的乌珠穆沁"马文化那达慕	赛马、马上拾马鞭表演、套马表演、驯马表演、打马鬃表演、打马印表演、骟马表演、马上拾哈达比赛、马匹"选美"比赛、马鞍具评比赛、上马鞍能手比赛、沙嘎游戏比赛、射箭比赛、马文化研讨会等
8 月	万马奔腾摄影活动	往年举办万马奔腾摄影活动,2019 年 8 月将参加首届内蒙古国际马文化博览会
9 月	各类赛马活动	全旗大小赛马活动 300 多次,包括个人组织的赛马和苏木、嘎查的那达慕、祭敖包等活动
10 月	各类赛马活动	全旗大小赛马活动 300 多次,包括个人组织的赛马和苏木、嘎查的那达慕、祭敖包等活动
11 月	冬营盘摄马活动	传统养马方法、冬营盘、马文化故事、外景
12 月	录制蒙古马文化专题春节晚会	文艺晚会

从全年12个月的马旅游活动安排中,可以看出东乌珠穆沁旗全民参与马旅游的良好基础,这是马旅游发展的前提,也是全域旅游发展的要义之一,更是旅游者走进牧区体验休闲度假旅游的心理需求;同时,马旅游活动丰富多彩,春夏秋冬各具特色,全旗范围全域发展,构成了重复旅游体验的

产品基础;第三,表格中所展示的只是东乌珠穆沁旗马旅游的基础性内容,喝马奶、骑马进行草原深度游、祭敖包、吃传统蒙餐、马旅游研学以及游牧文化体验、蒙元文化体验等马旅游体验项目和相关项目还非常多,在旅游者走进东乌珠穆沁旗的那一刻,就能深深感受到马旅游的独特魅力。

(二)其他模式或做法

马旅游是内蒙古旅游的基础性项目,因此,十二个盟市都以各自独特的马品种资源、马文化资源和马旅游资源打造了各具特色的马旅游项目或品牌,有些也形成了具有参考价值的模式。如以节庆活动带动马旅游发展的模式,有哲里木赛马节、太仆寺旗皇家御马文化节、内蒙古国际马术节、西乌珠穆沁旗白马文化节等;以展会带动马旅游发展的模式,有中国国际马产业博览会(内蒙古)和将于2019年8月18日开幕的内蒙古国际马文化博览会;以旅游演艺带动马旅游发展的模式,有《千古马颂》《蒙古马》《那达慕马术实景剧》等。

我们认为,在未来的内蒙古马旅游发展中,既要进一步强化原有的成熟模式,也要开展马业综合体模式、马旅游特色小镇模式和马道旅游模式等新型马旅游发展模式,探索出一条具有内蒙古特色的马旅游发展之路。

第十一章

内蒙古马旅游融资研究

第一节　融资及相关概念界定

　　资金融通(简称"融资")被定义为货币与货币流通的信用及其直接相关的经济活动(出自《证券投资大辞典》)。在商品经济中,由于市场上各个主体对资金的使用存在时间和空间上的差别,时常会出现此余彼缺的现象。于是,为了满足各类主体资金需求,需要金融机构采用适当的融资模式和工具对其资金进行融通。

　　基于融资的市场主体,融资主要分为企业融资和政府融资两类。前者是指以维持生产经营相关的活动为目的而进行的企业资金筹集的过程与行为。其中,企业资金需求的三大主要原因是:生产经营规模的扩张、企业债务偿还、偿债与扩张的混合需求。当自有资金很难满足上述的需求时,企业需要借助特定的模式和渠道进行资金的筹集,从而为资金供给提供更好的保障。后者是指以弥补财政收入不足为目的进行的筹措资金活动。主要包括通过税收融资、货币融资和资产出售融资等方式。

　　基于融资期限,融资可分为短期融资和长期融资。短期融资是指为满足企业临时周转而筹借的供短期使用的资金,期限通常为 1 年以内,其资金来源主要有银行短期(一般 3~5 年)贷款、企业进行的协议融资、商业短期信贷、商业票据和典当抵押等。长期融资是指为了满足企业各种需要而筹借的供长期使用的资金,这些需求包括企业新产品的研发、技术的更新升级、生产规模的扩大和项目的推广宣传等。期限通常为 1 年以上,其资金来源主要有银行的长期贷款、国家财政资金、股票和债券市场上的资金、企业积累的自有资金和租赁融资等。

　　根据资金的来源,融资渠道宏观上被分为内源融资、外源融资和政策性融资等。内源融资是指企业不断将内部资金(如经营收益)转化为投资的过程,主要有两种形式:企业原来的自有资金和向熟人借贷的资金。外源融资分为债权融资和股权融资,前者主要有银行的信贷、信托类融资、融资租赁等;后者则主要有股票融资、风险投资和企业并购等。债权融资是指企业在得到资金后,需要按约定的日期交还本金并为之支付利息的同时要求债权人不得参与企业的生产和经营。股权融资是指投资者拥有企业相应股份的同时有权参与企业的经营,并获得红利。按是否利用金融中介机构进行筹措资金,将外源融资又分为直接融资和间接融资。直接融资是指不以金融机构为中介,由企业直接从融资需求者的角度向最终的资金供给方实施融资的活动。间接融资是指通过进入中介(如金融机构)继续筹措资金的方式。政策性融资顾名思义是指由政府提供,主要有以下几种方式:政府进行担保、政策性银行的贷款、财政直接投资和财政项目的专用基金。

融资方式是实现融资来源与企业进行对接的相对详细和操作性强的方法。相同的融资方式可能会有不一样的融资来源,而对于相同的融资来源也可能会有不一样的融资方式。融资方式有多种类型,它的使用也比较灵活,但有一个局限性,即每一种融资方式适用于不同的范围,当前较为典型的融资方式有企业集合债券、产业投资基金、短期融资券、融资租赁、版权的质押等。

融资模式通常由各种具体的融资方式构成并共同发挥作用,其中部分特定的融资方式发挥主要作用,其余的融资方式作为补充。当前,融资模式主要有政府主导型融资模式、政府引导型融资模式和市场主导型融资模式三类。

第二节　马旅游产业面临的融资约束

近些年,中央及地方政府出台一系列政策推动马产业融资体系的建设。2017年12月,内蒙古自治区出台了《内蒙古自治区人民政府关于促进现代马产业发展的若干意见》(内政发〔2017〕147号),指导我区马产业的发展。

以前,内蒙古马产业融资来源为传统单一的财政支持,现在则转变为多渠道融资,例如政府文化专项补贴、银行信贷机构融资、社会各界投资等融资方式。虽然我国的马产业多元化融资体系已初步形成,但内蒙古马旅游产业的发展仍面临着严重的融资束缚。

一、内源融资能力不足

内源融资具有原始性、自主性、低成本、抗风险等特征,是企业资金的主要来源。内源融资可以快速地投入生产且资金的利用效率比较高,为企业的正常经营活动提供了重要的保障。依据美国著名学者梅耶早期提出的"啄食顺序原则"理论,企业常见的融资顺序为,首先是内源融资,其次是债权融资,最后是股权融资。即使像美国等发达国家,企业依然会将内源融资作为首选。一般来说,在企业融资总额中,内源融资可达到一半以上,而企业融资总额的三分之一左右是债权融资。但是我国学者们研究发现,受经营能力不够和不完善的诚信体系等原因的影响,我国的中小企业通常都按照股权融资、债权融资、内源融资的顺序融资。

对内蒙古马旅游企业实地走访调研后发现,内源融资是马旅游企业融资的首选和主要资金来源,外源融资在马旅游企业资金占比仍然较低。目前,多数马旅游企业选择内源融资的主要原因在于企业缺乏外源融资渠道,企业的外源融资不能满足企业日常生产和发展。多数马旅游企业都面临着企业的扩大再生产、投资新技术、创办新项目及企业并购等方面的困难,这些资金短缺的根本原因在于严重的内源融资能力不足。

马旅游产业受"轻资产"特点的影响,产业的主要内源融资来自留存收益和利润的积累,即经营活动中产生的净利润转化为再生产和投资。目前,马旅游产业主体多为中小民营企业,这些企业多数属于白手起家,依靠内源融资投资项目。企业留存收益越多,内源融资能力就强,反之能力则低。通过调研发现,马旅游企业平均年收入水平较低,与少数民族地区的其他类型文化企业平均年收入、全国文化类企业平均水平存在明显的差距。过低的

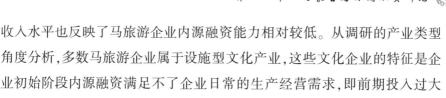

收入水平也反映了马旅游企业内源融资能力相对较低。从调研的产业类型角度分析,多数马旅游企业属于设施型文化产业,这些文化企业的特征是企业初始阶段内源融资满足不了企业日常的生产经营需求,即前期投入过大但短期收入低,企业在初始阶段就处于自有资金严重短缺的状态。

二、政策性融资扶持力度不够

针对少数民族文化产业融资方面的问题,国家和各级地方政府出台了一系列相关政策,增加了产业融资力度。国家政策性融资方式和类型较多,例如财政文化产业专项投入、融资扶持、税收减免、政府采购等政策,但现实中能够运用到扶持马旅游产业发展的政策性融资方式较少、扶持力度不够,满足不了产业的发展需要。

针对少数民族文化产业的财政直接投资来看,国家对文化产业的直接投入、专项投资基金和财政奖励与补贴是逐年递增的,但投资总量仍然不足,政策性扶持资金不能满足少数民族文化产业实际融资需求。地方各级政府在文化产业融资扶持基金方面负担了主要的财政投入,由于少数民族地区政府财政整体能力欠佳,需要财政投入的项目很多,专门针对少数民族文化产业的政策性融资相对较少。根据实地调研发现,多数马旅游企业经营者表示,因为政策性融资门槛较高且名额有限,这些马旅游中小民营企业能够向政府申请文化专项基金的机会很少,即使能申请到所获得的资金额度也非常小。面对这种申请门槛高且"撒胡椒面"式的政策,马旅游中小民营企业很难有申请财政性融资扶持的意愿。

三、非财政性外源融资渠道贫乏

2010年3月出台的《关于金融支持文化产业振兴和发展繁荣的指导意见》(银发〔2010〕94号)中指出,鼓励金融机构针对少数民族地区文化产业资源丰富、资金严重短缺的产业加大金融扶持力度。目前,文化产业的外源

融资有债权融资和股权融资两个渠道。前者主要包括银行信贷、债券融资、信托融资、民间信贷、融资租赁、项目融资等方式;后者主要包括风险投资、股票上市、企业并购等。虽然种类较多,但是在实际中马旅游产业真正能有效使用到的融资渠道却很少。

债权融资是我国文化产业重要的融资渠道之一,但其融资市场发展还不成熟,所以马旅游企业在实际融资中基本都以银行信贷机构融资为主。除了银行信贷,债权融资市场中的项目融资、信托融资、融资租赁等其他融资方式,在马旅游企业融资应用中也很少见。马旅游企业很难从正规渠道获得债券融资,因此企业最终会选择民间债券融资方式,此类方式的特点是手续简便且时间较短,同时风险与成本较高,一般是马旅游企业无奈之下的临时选择。

马旅游企业轻资产且经营高风险的特征更适合股权融资,但是,现有的多元化的股权融资方式并没有成为马旅游企业主要的外源融资来源。目前,我国已经具备多层次的股权融资资本市场体系,包括主板、创业板、证券公司主导的柜台市场、场外市场的全国中小企业股份转让系统、区域性股权交易市场等。这些上市企业基本来自发达地区,涉及少数民族文化的企业较少,从事民族文化行业的上市公司还没有出现。这些充分说明,少数民族文化产业与其他主流文化产业相比,远没有获得我国资本市场的青睐。我国文化产业 VC/PE 融资和企业并购的交易规模不断扩大,但尚未涉及少数民族文化企业,传媒、网络、游戏等主流文化企业基本涉及,其中只有极少数企业在业务中涉及少主民族文化。

虽然各类外源融资的渠道和方式不断在发展,但作为少数民族文化企业的马旅游企业来说,却很难有效地利用这些融资渠道和方式,这也与我们调研的情况是相符合的,即多数马旅游企业经营者认为,获取非财政性外源融资比较困难。

四、融资结构差异性比较大

企业的性质、规模及行业类型对融资渠道、额度、获得的难易程度都有较大影响。

从企业性质分析，国有企业和事业单位的融资渠道相对更广，民营企业的融资渠道相对较少，其获得的融资额度也远远小于前者。2011年颁布的《中共中央关于深化文化体制改革，推动社会主义文化大发展大繁荣若干重大问题的决定》中明确指出，推动文化产业成为国民经济的支柱性产业，培育一批核心竞争力强的国有或国有控股大型文化企业或企业集团，在发展产业和繁荣市场方面发挥主导作用。2011年以来，政府积极推进国有或国有控股文化单位改制与发展，尤其在土地使用、税收优惠、信用贷款、项目基金、股市融资、债券发行等方面给予大力扶持，使得国有或国有控股文化企业享有政策性外源融资与非政策性外融资支持的双重优惠，且获得的融资额度也更高。相反，以民营企业为主体的马旅游企业却一直面临着严重的融资约束，只能依靠少量短期贷款解决融资难题。金融信贷机构的手续烦琐，对民营企业信贷的审核和风险评估非常严格，对企业的信贷项目进行调查核实和可行性分析，并要求企业提供不动产抵押或者定期固定存单，同时对企业用款计划和还款方式都有详尽的过程管控。因此，以民营企业为主体的马旅游产业融资渠道较少且融资额度也较低。

从企业规模分析，政策性和非财政性外源融资都更愿意扶持大型文化企业。大型企业资产雄厚、财务制度完善、盈利能力较强，因此获得银行信贷支持的力度高。同时，民族地区各级政府的各类政策性外源融资也重点扶持型大型文化企业。通过实地调研，目前多数马旅游企业仍属于规模较小的民营企业，除了获得一点政府无偿补助费用外，这些中小型民营企业很难获得其他的资金支持与融资渠道。从事马旅游产业相关的餐饮业和传统手工业的中小企业融资情况也欠佳，所获得的扶持资金很难满足马旅游产业融资需要。

从行业类型分析，产业中不同行业发展水平差距越大，融资差异性就越大。在文化产业发展过程中，文化性和地域性强的垄断行业市场竞争优势明显、资本盈利能力较强，也就备受各类金融投资机构的青睐，进而能够吸引大量资金，并成为本地区的支柱性文化产业。例如，内蒙古鄂尔多斯文化

产业园等文化园区就是依靠政府扶持、金融投资资本及社会各界资本的多元化融资支持下发展起来的文化产业。相比之下，很多知名度不高的少数民族文化产业景点、园区却很难获得外源性融资，如文化资源禀赋良好的马旅游产业原本拥有一流的文化资源优势，但受二流的基础设施和服务状况影响，企业收入难以维持日常运转，同时也很难吸引到外源融资。

五、融资成本较高

融资成本是企业在资金筹资过程中发生的资金使用费与融资交易费用。资金使用费是指资金使用者支付给资金所有者的报酬，例如支付的利息（借贷与发行债券）。企业使用资金时不需要对外支付其他类型的费用，但却也很难获得资金投入所获得的其他收益，因此，企业使用自有资金也存在机会成本。融资是一种交易行为，所以一定会存在一些相应的交易费用，如企业向银行信贷需要支付相应的评估费和手续费等费用。交易费用也是衡量融资成本的因素之一。马旅游产业发展面临的融资约束问题包括融资渠道匮乏和融资成本高。

目前，马旅游企业承担的贷款利率负担普遍比较重。一般来讲，中小型马旅游企业的规模和企业的无形资产价值及财务指标很难符合银行金融机构的信贷条件要求，因而办理银行及其他金融机构的贷款手续时还得负担额外（利息以外）的费用。尤其是资金市场上的资金短缺时，银行等金融机构对外收取的额外费用会很多，如咨询费、承诺费、资本管理费、财务顾问费、财务的审计报告费等。贷款公司除了给金融机构的各项额外费用外，还面临着第三方的收费项目，例如一些评估机构方收取的抵押资产的评估费等。另外，企业向银行等金融信贷机构办理贷款时，手续非常复杂且烦琐，还需要出示很多企业资金流程和担保风险的证明手续，稍有差错就可能会延迟贷款申请的日期。这个准备过程会消耗企业的大量时间、精力，甚至中间还会产生不必要的加急费用，这些成本计算下来，中小型马旅游企业的融资成本无形中又增加了不少。马旅游产业的大多数企业都属于中小型民营企业,资本运转能力高、盈利能力差、收益波动大,企业的长期净利率普遍低于产业融资的成本,因此中小型马旅游企业无法通过长期融资来支撑企业的生存和发展。

第三节　融资约束形成的原因

马旅游产业的融资约束主要来自产业自身特性、产业发展水平及融资环境三方面。

一、产业特性因素

马旅游产业具有明显的"轻资产"的特征,也因此导致融资困难。马旅游产业主要由马主题节庆活动、马文化旅游景区、马产业博览会、马术实景剧及马文化博物馆等企业构成。马旅游产业生产的产品主要满足大众精神层面需求,其生产过程中的价值增值主要依靠后期人力资源的创新思维来实现。因此,马旅游产业各企业的有形资产(如自有原料、厂房、设备、土地等)占企业总产值比重很小,而无形资产的占比在企业总产值中较高。近些年,随着马旅游产业的快速发展,马旅游企业投融资理性不足且各类企业发展水平差距较大,再加上不具备足够的抵押固定实物,金融机构不能有效控制资金风险。因此,金融投资机构对马旅游产业相关企业投资较少。为响应政府政策,有些金融机构也会提供一些融资扶持措施,但这些金融扶持不过是短期投资行为,不能有效解决马旅游企业长期融资困难。同时,金融机构为马旅游企业提供贷款时,要求企业必须用固定资产或者金融资产做抵押。尽管近些年来,很多金融机构都尝试采用以无形资产(如知识产权)抵押的方式,但由于金融机构贷款的项目类型和评估等机制的不完善,最终获得融资的企业很少。

另外,高风险特征也增加了马旅游产业融资困难。目前,受产品的经营和销售风险、产品被模仿和复制等风险因素的影响,马旅游产业存在着较高的市场经营风险。

首先,马旅游产品的地域性和民族性增加了产品的经营风险。马旅游产业发展的最大特征是依托民族地区文化资源发展,例如语言文字、饮食服饰、工艺品、建筑物、风俗节日等。马旅游产品一旦离开了本区域就会失去魅力,丧失体验价值,这也增加了产业整体经营收益的波动性。同时,马旅游产品消费具有非必需特征,导致马旅游产业相关产品的消费需求弹性较大。消费者消费习惯和观念的变化都可能导致马旅游产品和服务量的大幅减少。另外,马旅游产品受众面较窄,属于小众消费产品。不同消费者的兴趣爱好、价值观念、文化层次、消费能力及消费目的等方面也存在较大差异。如一部分消费者会倾向于旅游观光,而另一部分则倾向于有目的地进行礼品消费。其次,马旅游产品存在被模仿或复制的风险。马旅游产品和服务的无形性特征导致其被复制或模仿的成本较低,这个特征在马主题歌曲、歌舞演出及影视片等产品上表现得尤其明显。马旅游产业的产品和服务从最初的创新、制作、出售到宣传推广上耗费的资金很多,但是一旦成功进入市场就会被大量复制或模仿。免费搭便车的企业复制或模仿这些旅游产品的成本较低,但是从市场上获得的收益却是同样的。通常,马旅游企业是通过成功上市产品的收益来弥补前期巨大的投入成本,而复制或模仿的企业会造成原创企业的收益大幅度减少,甚至产生亏本,进而增加了金融机构投资马旅游产业的顾虑。

马文化资源的保护和传承性特征也增加了产业融资成本。鲜明的民族特色是马旅游产业的最大优势。如果大量具有原生态、传统特性的马文化资源消失,马旅游产业的发展就会遇到阻碍。因此,马旅游企业必须注重对民族地区待开发的马文化资源的保护与传承。投入市场之前,待开发的马文化资源需要经过创新、策划、设计、生产等一系列过程,这个过程需要大量的储备资金。另外,生产过程也包含了保护和传承马文化资源的成本。这些不利因素都增加了马旅游产业的开发融资成本。

二、产业发展水平

马文化产业是依托旅游业的兴起而逐渐发展起来的新兴文化产业。马旅游产业主体主要由中小企业构成,且多数马旅游企业仍处于企业初创期或刚刚进入成长期。因此,这些企业的融资管理水平、企业经营管理能力以及产业竞争能力都相对较差。目前,马旅游产业发展整体水平较低,产业发展水平削弱了产业的融资基础。

1. 融资管理能力不足

企业融资管理一般指企业的内部与筹措资本相关联的财务管理活动,它是企业向外部筹集资金的基础。如果企业的融资管理方式存在问题,就会影响企业积累资金和资金的使用效率,进而直接降低企业的市场竞争力与外部资本的吸引力。

首先,马旅游产业自有资金使用效率很低。目前,马旅游企业多数依靠内源融资,但内源资金并没有得到有效积累。马旅游企业的管理者受传统思想的影响大多具有"重消费、轻积累"的思想倾向,且缺少折旧意识。从产品的生产过程来看,由于管理者的管理能力不足导致企业产生大规模的隐形资本。从企业的库存来看,有很多闲置或外流的产品、资产、应收账款存在。有的企业存在资金使用效率低、生产成本高、浪费严重等情况,这是因为企业的资金使用计划不科学导致的。其次,马旅游企业对外源融资管理意识欠缺。大部分马旅游企业的管理者很少有科学、专业、系统的外源融资意识,表现在几方面:把融资重点放在银行信贷类融资上,而放弃了其他融资方式;有的马旅游企业把关注点集中在较为短期的融资渠道,而忽视了长期的融资渠道储备;很多马旅游企业缺少关于外部融资方式的信息,并且没有科学的、具体的、完整的方案可以实施;缺少专业的融资部门或人力实施具体的融资行为。

2. 经营管理水平较低

直接融资和间接融资机构都会重点关注企业的经营管理水平。因为经营管理水平越高,企业的市场收益就越高,投资者得到的收益就越高,他们的市场价值也会随之提高。这样一来,投资者更愿意把资金投入到经营管理能力较强的企业。相比之下,投资者不愿意把资金投到经营管理水平较低的企业,认为这类企业风险很大。马旅游产业的主体经营者大多由处在发展初创期的民营中小企业组成,这些企业的经营管理水平较低,在激烈的市场竞争中处于劣势,因此面临融资困境。

目前,多数马旅游企业经营管理水平偏低。有些民族地区的马旅游企业的财务达不到各类融资机构的信贷条件,只能依靠私人借贷。根据实地调研,除了少数规模较大的马旅游企业之外,大多数中小企业都存在经营管理能力不足的问题。主要原因有以下几个方面:一是大多数马旅游企业的高层管理者都缺乏专业知识和管理能力,存在受教育程度普遍较低的现象,常靠经验与直觉进行决策;二是马旅游企业中家族化管理现象严重,管理制度不规范,内部职位和权责不明确;三是马旅游企业忽略技术创新与专业人才的培养引进,缺乏长期发展战略。总之,由于各方面能力的不足,大多数马旅游企业很难从金融信贷机构得到所需的资金,而财政性外源融资的"输血式"扶持也并非是长久之计,融资困难将成为马旅游企业发展中的一种常态现象。

3. 市场竞争力很低

产业竞争力是指通过对生产要素和资源的高效配置及转化,稳定、持续地生产出具有市场竞争力的产品和服务的能力。竞争力的强弱直接决定了产业融资能力的高低。

内蒙古多数马旅游企业的市场竞争力很低。尽管内蒙古有丰富的马文化资源,但开发及产业化程度很低,并且存在重自然资源、轻文化资源的倾向,文化资源优势没能转化为经济优势。同时,马文化产业几乎全都依附旅游业生存,缺乏独立发展的能力。内蒙古马旅游企业大多是歌舞演艺、手工艺术品、民俗体验等传统且单一的文化企业,企业之间的产品同质化现象比较严重,创新性较低,无知名品牌。因此,马旅游产业对融资机构的吸引力不足。

三、融资环境因素

马旅游产业属于新兴产业,融资环境目前尚不成熟。

首先,对马旅游产业的财税扶持政策力度不够。融资政策的不完善导致马旅游产业获得的支持不足。近几年,为了促进马旅游产业的繁荣,中央及地方政府积极推出了一系列的财政扶持与税收优惠政策,这些政策对马旅游产业的繁荣发展过程起了至关重要的作用,然而仍然存在着很多不足。例如,财政投入资金有限;财政扶持资金的不合理使用;政策的滞后性,资金支持方式单一等。另外,政府担保、财政奖励、专项基金等财政扶持方式还处于初期阶段,缺乏明显的政策效果。由于缺乏多样性的税收优惠方式,税收政策的持续稳定性不足。

其次,对马旅游产业非政策性外源金融支持力度不够。马旅游产业大多位于少数民族地区,这些地区金融体系发展不够健全,很难满足马产业发展的资金需求。银行等金融信贷机构对贷款风险控制审核比较严格,要求以企业固定设备做抵押担保,但是,马旅游产业轻资产的特征导致其固定资产的比重过低。金融投资机构也没有完善的对知识产权等无形资产的评估方式和抵押担保的机制。这种情况使得马旅游企业很难获得贷款。就目前马旅游企业的发展水平来讲,银行等投资机构的投资门槛过高。另外,产业基金、风险投资、国内外企业合并等投资方式大多都出现在电影、电子游戏、互联网等利润丰厚的行业,其他行业很少有机会涉足。

最后,马旅游产业相关的法律法规不健全。当前,我国文化产业相关法律法规正在不断完善,现有的法律法规大多关注产业管理和后期的监督等方面,缺少与产业融资相关的法律法规。由于没有完善的法律法规体系作为支撑,社会各界对马旅游产业的投融资活动热情不足。

第四节　马旅游产业融资的政策建议

一、加大政府的财政投入力度和融资引导能力

在今后相当长的一段时间里,内蒙古马旅游产业发展的融资渠道仍然主要依靠政府的政策性外源融资。因此,政府的首要任务就是继续加大对马旅游产业的政策性扶持力度,其次是构建政府引导型扶持融资模式。相比政府主导的融资模式,引导型融资模式需要政府具备更高的宏观协调和行政能力,要求中央和各级政府部门能够制定和运用各类新政策与措施,吸引社会各界资本进入马旅游产业,同时充分发挥政府保障的基础作用,最终发展成以社会投入资本为主,政策性扶持资金为辅的融资支持模式。

二、构建多层次的非政策性融资渠道与多元化融资模式

大量社会资本进入文化产业,不仅可以有效利用社会闲散资金促进马旅游产业发展,还可以减轻政府的财政负担。因此,需要构建多层次的非政策性外源融资渠道,例如债券融资、上市融资、文化基金、风险投融资、信贷融资、大企业直接投资、企业并购、海外资金等,用来满足马旅游行业企业的融资需求。另外,还需要创新针对文化产业特性的多元化融资模式。例如,日本的"制作委员会"型融资模式,美国的"夹层融资"模式,韩国的"文化产业专口投资组合"和"风险企业投资基金"等融资模式。我国也可以考虑文化产业的特征与文化资源的特点,创造针对性和适应性强的马旅游融资新模式。例如,少数民族文化彩票、融资租赁、文化资产证券化、互联网金融、文化企业集合融资等方式。

三、优化马旅游产业融资环境

良好的产业融资环境是多种融资渠道和多元化融资模式充分发挥作用的基础保障。因此,各级政府必须不断完善融资的政策、制度、机制等外部条件,从而有效解决多元化融资模式在实施过程中遇到的问题。首先,制订完善的发展规划与促进政策。各级政府不仅需要制订马旅游产业整体长期发展规划,而且要有短期区域性的具体实施计划,即对马旅游产业的定位、扶持机制、管理模式、产业政策等制定明确的发展与实施规划。其次,健全文化产业相关法律法规体系。既要有全局性的文化产业振兴和促进的法律法规,也要有具体针对某一行业融资模式的法律法规体系。如可以针对马旅游"轻资产"和经营"高风险"的特征制定合理的规章制度。再次,提供良好的融资服务体系。在完善的政策与法律法规的保障下,各级政府应为马旅游产业提供良好的融资服务体系,包含知识产权评估及交易服务体系、文化企业信用评估及应用体系、产业融资风险担保体系、文化企业投融资服务平台、文化资源保护或储存体系等。

结 语

　　一直以来，"马旅游"都没有作为一个独立的细分旅游类别被提出，但其在旅游产业中真实存在并具有独特的吸引力，在如今大众旅游和全域旅游盛行的时代背景下，马旅游越来越受到人们的关注和喜爱，因此，我们提出"马旅游"的概念，并在内蒙古这个马旅游发展基础较好、发展潜力较大的场域中对其进行界定、阐述、分析和探讨。

　　在对内蒙古马旅游的研究中我们发现，马旅游是基于马品种资源和马文化、草原文化、游牧文化、体育文化、蒙元文化、民俗文化等文化元素形成的旅游类别，它围绕马、人、自然环境、社会环境等多种因素开展，以"马背上的旅游"为产品基底衍生出各类与马相关的旅游形态和旅游产品。内蒙古独特的草原环境、民俗风情、游牧生产和历史文化让马旅游有着广泛的社会基础、群众基础和市场基础，具备大力发展马旅游的资源优势和综合潜力。基于此，我们分析了产业融合理论、产业竞争力视角和体验经济视角下的内蒙古马旅游，从马旅游节庆活动、马旅游景区、马产业博览会、马术实景剧、马文化博物馆等方面梳理了内蒙古马旅游发展现状；从历史文化遗产、农牧业文化遗产、非物质文化遗产等方面入手，对内蒙古马旅游进行了资源评价，提出全域旅游视域下的内蒙古马旅游发展思路，提出两都马道、沿黄马道、天边马道、丝路马道和万里茶道五个马道旅游品牌；从创意阶段、策划阶段和实施阶段三个旅游产品开发阶段提出体验经济视角下的内蒙古马旅游产品开发策略；从马旅游体验产品、马旅游演艺产品、马旅游展示项目、马旅游节庆活动和马旅游文创产品五个方面提出内蒙古马旅游产品的研发与实践措施；从产业融合的层面提出马业综合体和马旅游特色小镇的建设思路；从区域公用品牌体系、节庆活动品牌体系、旅游要素品牌体系和旅游项目品牌体系四个方面提出内蒙古马旅游品牌建设思路；最后，对内蒙古马旅游融资研究提出了几点建议。

　　在本书中，我们基本构建和制定了内蒙古马旅游的理论体系和实操策略，相信对于内蒙古马旅游的持续高质量发展有一定的借鉴价值。同时，作为我国首部全面阐述马旅游的专著，本书或可对我国马旅游产业的发展与深入研究略尽绵薄之力。

参考文献

一、外文文献

1. ELWYN H E. *The Horse Encyclopedia*［M］. England：2016.

2. SANDY R. *The Kingfisher Illustrated Horse and Pony Encyclopedia*［M］. Revised and Updated. England：Kingfisher，2010.

3. CHRISTIAN S. *Sport Horse Conformation*［M］. American：The Crowood Press Ltd，2012.

4. CAI D W，TANG Z W，HAN L，et al. *Ancient DNA provides new insights into the origin of the Chinese domestic horse*［J］. Journal of Archaeological Science，2009，36(3)：0-842.

5. MELYNI W. *The Horse Nutrition Handbook*［M］. American：Storey Publishing LLC，2010.

6. HEATHER S T. *Horse Conformation Handbook*［M］. American：Storey Publishing LLC，2005.

7. TAMSIN P. *The Horse：30,000 Years of the Horse in Art*［M］. England：Merrell Publishers Ltd，2009.

8. CHTISTIAN S. *Sport Horse Conformation：Evaluating Athletic Potential in Dressage，Jumping and Event Prospects* ［M］. England：Trafalgar Square Books，2012.

9. TAMSIN P. *The Majesty of the Horse：An Illustrated History*［M］. Eng-

land：Barrons Educational Series Inc，2011.

10. CHERRY H. 101 *Ground Training Exercises for Every Horse & Handler* ［M］. American：Storey Publishing LLC，2012.

二、外文（译著）文献

11. 克里斯·比尔顿，斯蒂芬·卡明斯. 创意战略：商业与创新的再连结 ［M］. 向方勇，译. 北京：金城出版社，2015.

12. 克里斯·比尔顿. 创意与管理：从创意产业到创意管理［M］. 向勇，译. 北京：新世界出版社，2010.

13. 迈克·费瑟斯通. 消费文化与后现代主义［M］. 刘精明，译. 南京：译林出版社，2000.

14. 麦克切尔，克罗斯. 文化旅游与文化遗产管理［M］. 朱路平，译. 天津：南开大学出版社，2006.

15. 菲利普·科特勒. 地方营销［M］. 翁瑾，译. 上海：上海财经大学出版社，2008.

16. 约瑟夫·派恩，詹姆斯·吉尔摩. 体验经济［M］. 夏业良，等，译. 北京：机械工业出版社，2002.

三、中文专著

17. 魏小安. 旅游业态创新与新商机［M］. 北京：中国旅游出版社，2009.

18. 魏小安. 旅游目的地发展实证研究［M］. 北京：中国旅游出版社，2002.

19. 刘啸. 生态经济与旅游［M］. 北京：中国经济出版社，2007.

20. 张建萍. 生态旅游理论与实践［M］. 北京：中国旅游出版社，2001.

21. 张文. 旅游影响：理论与实践［M］. 北京：社会科学文献出版社，2007.

22. 刘锋. 中国西部旅游发展战略研究［M］. 北京：中国旅游出版

社,2001.

23. 明庆忠. 旅游循环经济发展研究[M]. 北京:人民出版社,2007.

24. 刘永华. 中国古代车舆马具[M]. 北京:清华大学出版社,2013.

25. 束锡红,李祥石. 岩画与游牧文化[M]. 上海:上海古籍出版社,2007.

26. 盖山林. 中国岩画[M]. 广州:广东旅游出版社,1996.

27. 赵芳志. 草原文化:游牧民族的广阔舞台[M]. 上海:上海远东出版社,1998.

28. 司马迁. 史记[M]. 北京:中华书局,2007.

29. 塔拉. 跃马时空:马与马文化[M]. 呼和浩特:内蒙古人民出版社,2014.

30. 莎日娜,乌冉,巴图吉日嘎拉. 蒙古族民俗风情[M]. 呼和浩特:内蒙古人民出版社,2003.

31. 向勇. 文化产业导论[M]. 北京:北京大学出版社,2015.

32. 向勇. 创意领导力:创意经理人胜任力研究[M]. 北京:北京大学出版社,2011.

33. 陈少峰. 文化的力量[M]. 北京:华文出版社,2013.

34. 陈少峰. 文化产业战略与商业模式[M]. 长沙:湖南文艺出版社,2006.

35. 魏鹏举. 文化创意产业导论[M]. 北京:中国人民大学出版社,2010.

36. 陈少峰,张立波. 文化产业商业模式[M]. 北京:北京大学出版社,2011.

37. 陈刚,沈虹,马澈,等. 创意传播管理[M]. 北京:机械工业出版社,2012.

38. 杨力民. 创意旅游[M]. 北京:中国旅游出版社,2009.

39. 谢彦君. 基础旅游学[M]. 北京:中国旅游出版社,2004.

40. 尹德涛. 旅游社会学研究[M]. 天津:南开大学出版社,2009.

41. 洛文韬. 走向 21 世纪的中国度假旅游[M]. 北京:中国旅游出版社,1997.

42. 王宁. 消费社会学:一个分析的视角[M]. 北京:社会科学文献出版

社,2001.

43. 保继刚. 城市旅游的理论与实践[M]. 北京:科学出版社,2001.

44. 初晓恒,吕宛青. 我国旅游产品文化挖掘与传递研究[M]. 上海:上海财经大学出版社,2008.

45. 李江敏,李志飞. 文化旅游开发[M]. 北京:科学出版社,2000.

46. 马波. 现代旅游文化学[M]. 青岛:青岛大学出版社,1998.

47. 梅钧. 都市旅游研究[M]. 上海:复旦大学出版社,1996.

48. 沈祖祥,张帆. 旅游策划学[M]. 福州:福建人民出版社,2000.

49. 许峰. 城市产品理论与旅游市场营销[M]. 北京:社会科学文献出版社,2004.

50. 张国洪. 中国文化旅游:理论·战略·实践[M]. 天津:南开大学出版社,2001.

51. 张雪晶,徐璐,李华敏. 文化产业视野下的旅游业发展:资源开发与品牌塑造研究[M]. 杭州:浙江大学出版社,2009.

52. 俞剑华. 宣和画谱[M]. 南京:江苏美术出版社,2007.

53. 辽宁省文物考古研究所. 关山辽墓[M]. 北京:文物出版社,2011.

54. 芒来. 养马宝典[M]. 香港:香港文化出版社,2013.

55. 芒来. 蒙古人与马[M]. 赤峰:内蒙古科学技术出版社,2002.

56. 芒来. 草原天骏[M]. 呼和浩特:内蒙古人民出版社,2012.

57. 杨星宇,郑承燕. 辽代墓葬壁画的分期研究[M]//刘宁,张力. 辽宁历史与考古国际学术研讨会论文集. 沈阳:辽宁教育出版社,2012.

58. 谢成侠. 中国养马史[M]. 北京:科学出版社,1959.

四、期刊报纸

59. 李建伟. 论创意经济中文化旅游产业的价值体现[J]. 经济论坛,2009,1(3):72-73.

60. 李燕琴,吴必虎. 旅游形象口号的作用机理与创意模式初探[J]. 旅

游学刊,2004,19(1):82-86.

61. 龙江智. 从体验经济视角看旅游的本质及旅游学科体系的构建[J]. 旅游学刊,2005,1(6):34-36.

62. 吴文智. 体验经济时代下旅游产品的设计与创新[J]. 旅游学刊,2003,6(4):23-26.

63. 厉无畏,王慧敏,孙洁. 创意旅游:旅游产业发展模式的革新[J]. 旅游科学,2007.

64. 苏勤. 旅游者类型及其体验质量研究:以周庄为例[J]. 地理科学,2004,4(6):506-511.

65. 赵玉宗,潘永涛,范英杰,等. 创意转向与创意旅游[J]. 旅游学刊,2010(3):69-76.

66. 王慧敏. 文化创意旅游:城市特色化的转型之路[J]. 学习与探索,2010(4):122-126.

67. 魏小安. 休闲度假的特点及发展趋势[J]. 饭店现代化,2004(11):12-17.

68. 邹统钎. 体验经济时代的旅游景区管理模式[J]. 商业经济与管理,2003(11):41-44.

69. 皮平凡. 体验经济时代的旅游产品开发探索[J]. 学术交流,2005,02:67.

70. 厉无畏,顾丽英. 创意产业价值创造机制与产业组织模式[J]. 学术月刊,2007,39(8):78-83.

71. 王思明. 农业文化遗产:保护什么与怎样保护[J]. 中国农史,2012,31(02):119-129.

72. 依绍华. 民营企业进行旅游景区开发的现状分析及对策[J]. 旅游学刊,2003,(4):47-51.

73. 王帆,赵振斌. 国内旅游体验研究进展[J]. 北京第二外国语学院学报,2007(11):21.

74. 佟玉权. 城市旅游资源系统及其质量评价[J]. 中国城市经济,2004,

（11）:19-21.

75. 张海敏,黄定官.体验经济下的旅游产品设计开发模式研究[J].赤峰学院学报,2018,34（2）:76-78.

76. 张晓明,张辉.文化旅游深度开发刍议[J].前沿,2010（13）.

77. 陶梨.民族文化旅游产品开发探析[J].思想战线,2002,28（4）.

78. 王晓蓉.体验经济时代旅游消费的文化解读[J].绵阳师范学院学报,2008,27（7）:21-23.

79. 魏遐,潘益听.中国旅游体验研究十年（2000—2009）综述[J].旅游论坛,2010,3（6）.

80. 王立岩,许楠.体验经济视野中的旅游产品开发研究[J].技术经济与管理研究,2005,05:100-101.

81. 李学江,杜岩.体验经济给我国旅游商品开发的启示[J].商业研究,2006,01:183-185.

82. 王欣.旅游演艺发展存在的问题及对策[N].中国旅游报,2019-04-30（003）.

83. 余玲,刘家明,姚鲁烽,等.中国实景演艺旅游资源时空格局研究[J].地理科学,2019,39（3）:394-404.

84. 吕君,刘丽梅.内蒙古旅游节庆发展探析[J].内蒙古财经学院学报,2011（2）:85-89.

85. 秦丹.旅游人类学视域下内蒙古民族节庆旅游研究[J].贵州民族研究,2017,38（11）:177-180.

86. 厉新建,刘国荣.丰富内涵提升品质 推动旅游演艺转型升级[N].中国旅游报,2019-05-08（003）.

87. 杨虎,顾智界.内蒙古敖汉旗周家地墓地发掘简报[J].考古,1984（5）:417-426.

88. 项春松,李义.宁城小黑石沟石椁墓调查清理报告[J].文物,1995（5）:4-22.

89. 刘观民,徐光冀.宁城南山根遗址发掘报告[J].考古学报,1975（1）:

117-140.

90. 赵越. 内蒙古额右旗拉布达林发现鲜卑墓[J]. 考古,1990(10):890-893.

91. 郑绍宗. 赤峰县大营子辽墓发掘报告[J]. 考古学报,1956(3):1-26.

92. 郭素新,田广金. 西沟畔匈奴墓[J]. 文物,1980(7):1-10.

93. 田广金. 内蒙古准格尔旗玉隆太的匈奴墓[J]. 考古,1977(2):111-114.

94. 杨泓. 冯素弗墓马镫和中国马具装铠的发展[J]. 辽宁省博物馆馆刊,2010(1).

95. 赵敏,刘忠良. 内蒙古马文化休闲产业发展研究:以内蒙古锡林郭勒盟"中国马都"为例[J]. 内蒙古大学艺术学院学报,2015,12(4):117-119

96. 姚新奎,欧阳文,谭晓海,等. 新疆特色马产业探析[J]. 新疆农业科学,2007(2):199-205.

97. 芒来. 蒙古族马文化与马产业发展之我见[J]. 内蒙古农业大学学报(社会科学版),2008(4):229-233.

98. 韩国才. 传统马业与现代马业[J]. 中国畜牧杂志,2004(12):37-39.

99. 刘怡然,娄玉杰. 马产业及其转型优势[J]. 家畜生态学报,2013,34(10):78-81.

100. 徐虹,范清. 我国旅游产业融合的障碍因素及其竞争力提升策略研究[J]. 旅游科学,2008(4):1-5.

101. 汤灵姿,邵丽. 中外马产业之探析[J]. 新疆畜牧业,2009(3):15-16.

102. 李江帆. 产业结构高级化与第三产业现代化[J]. 中山大学学报(社会科学版),2005,45(4):124-130.

103. 刘伟,李绍荣. 产业结构与经济增长[J]. 中国工业经济,2002(05):14-21.

104. 黄金龙,赛因巴音,赵一萍,等. 内蒙古自治区马业发展成果与马科学研究进展[J]. 内蒙古科技与经济,2012(4):3-5.

105.赵一萍,杨永平,布仁巴雅尔,等.内蒙古自治区马产业的现状与发展[J].内蒙古科技与经济,2010(5):43-45.

106.孙卓.我国赛马产业竞争力的研究[J].武汉商学院学报,2014(6):119-120.

107.席行盖,王伟平,丛密林.对内蒙古赛马场未来发展的思考:以通辽市为例[J].当代体育科技,2014,4(22):3-4.

108.王青刚.谈蒙古马文化在草原旅游中的应用[J].旅游纵览(下半月),2015(2):148.

109.宋河有.创意旅游与主题旅游的融合:动因与实现路径[J].地理与地理信息科学,2018,34(05):119-124.

110.朱春奎.产业竞争力的理论研究[J].生产力研究,2003(6):182-183.

111.水建锋,黄换乃.中国马文化研究现状分析[J].科技信息,2010(22):409.

112.刘玉春.黑河马文化产业发展路径探析[J].黑河学刊,2017(3):31-32.

113.陈卫平,朱述斌.国外竞争力理论的新发展:迈克尔·波特"钻石模型"的缺陷与改进[J].国际经贸探索,2002,18(3):2-4.

114.谢成侠.关于长沙马王堆汉墓帛书《相马经》的探讨[J].文物,1977(08):23-26.

115.图力古日.十三世纪蒙古族的养马知识初探[J].中国农史,2014,33(05):34-41.

116.贺润坤.中国古代最早的相马经:云梦秦简《日书·马》篇[J].西北农林科技大学学报(自然科学版),1989(03):9.

117.张君.楚国养马初探[J].湖北大学学报(哲学社会科学版),1988(03):98-103.

118.潘法连.读《中国农学书录》札记八则[J].中国农史,1988(01):116-120.

119. 图力古日.《黑鞑事略》中的蒙古族古代养马知识研究[J]. 农业考古,2014(01):230-232.

120. 李永年. 蒙古马源流考述[J]. 黑龙江民族丛刊,1998(04):92-93.

121. 葛雯,李群. 从《元亨疗马集》《活兽慈舟》看明清兽医学发展特点[J]. 古今农业,2017(03):66-71.

122. 安忠义. 汉代马种的引进与改良[J]. 中国农史,2005(02):28-36.

123. 图力古日,刘兵. 对马之汗液的认识与"身体"的多元性:比较研究蒙古传统马学与日本现代马学[J]. 科学技术哲学研究,2015,32(02):73-78.

124. 巴音木仁,乌兰塔娜,巴音吉日嘎拉. 蒙古兽医古典著作《马医经卷》简介[J]. 中兽医学杂志,2004(02):40-42.

125. 李群. 近代我国畜牧科技事业发展回顾与思考[J]. 世界科技研究与发展,2002(03):63-69.

126. 王思明. 农业文化遗产的内涵及保护中应注意把握的八组关系[J]. 中国农业大学学报(社会科学版),2016,33(02):102-110.

五、学位论文

127. 程超功. 文化旅游产品评价体系研究[D]. 无锡:江南大学,2009.

128. 贾婉文. 产业融合视角下的文化创意旅游发展研究[D]. 大连:东北财经大学,2013.

129. 傅晓. 文化创意旅游产品研究:以广州中心城区为例[D]. 广州:华南师范大学,2007.

130. 楚艳平. 体验经济视野下的文化旅游产品开发设计[D]. 兰州:西北师范大学,2007.

131. 余静贵. 基于体验经济条件下的产品设计研究[D]. 南昌:南昌大学,2007.

132. 胡娟. 旅游创意产品开发研究:以旅游演艺为例[D]. 合肥:安徽大

学,2010.

133. 徐艳红. 基于文化创意视角的哈尔滨文化旅游发展研究[D]. 哈尔滨:哈尔滨商业大学,2017.

134. 田建. 体验经济视角下的文化旅游开发模式研究:以沂蒙红色旅游文化为例[D]. 济南:山东大学,2009.

135. 王星之. 鄂尔多斯旅游产业转型发展与运营研究[D]. 呼和浩特:内蒙古师范大学,2017.

136. 李萌. 基于文化创意视角的上海文化旅游研究[D]. 上海:复旦大学,2011.

137. 李文杰. 城市文化旅游资源开发:以武汉为例[D]. 武汉:华中师范大学,2006.

138. 刘畅. 鄂尔多斯市旅游文化发展与管理研究[D]. 呼和浩特:内蒙古大学,2013.

139. 王佳莹. 文化创意旅游发展动力机制研究:以丽江古城为例[D]. 昆明:云南财经大学,2017.

140. 李允强. 文化旅游产业创新体系评价指标研究[D]. 济南:山东大学,2010.

141. 傅晓. 文化创意旅游产品研究:以广州中心城区为例[D]. 广州:华南师范大学,2007.

142. 李氲. 文化旅游资源开发的初步研究:以浙江省为例[D]. 杭州:浙江大学,2008.

143. 梁强. 面向体验经济的休闲旅游需求开发与营销创新[D]. 天津:天津财经大学,2008.

144. 芮田生. 旅游体验与旅游产品策划研究[D]. 成都:四川大学,2007.

145. 李洋洋. 我国文化创意产业与旅游业融合模式研究[D]. 北京:北京第二外国语学院,2010.

146. 郑迎红. 体验经济下旅游景区规划模式研究:以河北省云梦山景区为例[D]. 石家庄:河北师范大学,2008.

147.张志国.体验经济下的内蒙古体验型旅游产品开发研究[D].兰州:西北师范大学,2007.

148.刘正浩.创意经济视角下的旅游产品开发研究[D].大连:东北财经大学,2007.

149.杨娇.旅游产业与文化创意产业融合发展的研究[D].杭州:浙江工商大学,2008.

150.任志君.张家界市旅游产业与文化创意产业融合发展研究[D].吉首:吉首大学,2014.

151.张斐.非物质文化资源的旅游开发:基于体验视角[D].开封:河南大学,2009.

152.赵宝奎.内蒙古赛马业的现状与发展研究[D].呼和浩特:内蒙古师范大学,2013.

153.韩晓冬.天马与中国汉代雕塑艺术中马的形象研究[D].北京:中央美术学院,2014.

后 记

作为一名内蒙古人,我虽然也体验过骑马旅游,但开始研究马,还是在内蒙古师范大学(以下简称"内师大")读科学技术史专业研究生时。内师大科学技术史学科以中国数学史和少数民族科技史为优势和特色研究方向,历经60余年发展历程,在教育部第三次、第四次学科评估中,均排名全国第三,进入自治区一流学科名录。我师从郭世荣老师,研究方向为中国数学史。此外,由于参加了李迪先生(内师大科学技术史学科奠基人)主持的《蒙古学百科全书·科技卷》的编写、整理工作,我对少数民族科技史也进行了学习和研究。2006年夏天,李迪老师安排我去锡林郭勒盟贝子庙调查蒙古文日晷,我顺道去阿巴嘎旗调查了蒙古族酸马奶酿造工艺,回来后完成了我的第一篇关于马(酸马奶)的论文,发表在《广西民族大学学报》上。

我对马进行深入研究始于2012年跟随张和平老师开展博士后研究工作之时,我的研究课题是"游牧民族对中国乳文化发展的影响",在国际上享有盛誉的马科学专家芒来老师是我的课题的开题报告和答辩委员会主席。经过三年的学习和研究,我对中国历代乳制品加工工艺、乳文化有了一定的了解,更对蒙古马的文化价值和现实意义有了深刻的体会。2016年开始,我的关注点从非物质文化遗产转向了范围更大的农牧业文化遗产保护工作,将伊金霍洛旗农牧生产系统纳入我的研究课题。伊金霍洛旗农牧生产系统因服务于成吉思汗祭典而传承800余年,成吉思汗的"溜圆白骏随群"是该文化遗产的核心要素,并成为地区旅游的亮点。因此,我意识到,文化遗产保护工作应该与文化产业发展相协调,以文化遗产助力相关产业高质量发展,再以旅游等产业发展促进文化遗产保护和传承。

2017年，伊金霍洛旗农牧生产系统成功入选第四批中国重要农业文化遗产名录。同年，在前辈的支持下，我创办了独立法人机构——内蒙古民族文化产业研究院，希望借助这个平台将文化遗产保护工作与文化产业发展相结合，探索出一种产业支撑文化、文化反哺产业的民族文化遗产保护和民族文化产业发展模式。研究院成立之后，我和我的团队又相继对鄂尔多斯乌审马、锡林郭勒盟乌珠穆沁马进行调查研究，积极推进两地申报第五批中国重要农业文化遗产发掘项目。

李迪先生在20世纪90年代就提出，将科学技术史与旅游等文化产业相结合，拓宽学术视野，提升学术服务社会能力，促进产、学、研、用协调发展的思路。先生提出的发展理念一直指引着我们的实践工作。在研究工作中，博大精深的蒙古马文化深深吸引了我们，这是游牧民族创造并传承至今的伟大瑰宝，是游牧文化的精髓，更是自治区的文化资源优势，我们应该将其转化为产业竞争力。

2017年12月，内蒙古自治区发布了《内蒙古自治区人民政府关于促进现代马产业发展的若干意见》，随后内蒙古自治区农牧业厅会同各厅局，共同制定了《现代马产业发展重点项目实施方案》，提出了"马良种提升工程、马主体旅游精品工程、蒙古马精神弘扬工程、马业人才培育工程"四大工程。这为我们进一步开展马旅游研究和实践工作提供了政策支持。2018年，内蒙古民族文化产业研究院成功申请到内蒙古社会科学基金重大项目"马文化与马产业系列研究"之马旅游项目。本书就是该项目的结项成果之一。

2019年，习近平总书记在参加十三届全国人大二次会议内蒙古代表团审议时的重要讲话中，明确要求内蒙古保持加强生态文明建设的战略定力，探索以生态优先、绿色发展为导向的高质量发展新路子。习近平总书记的重要讲话指出了内蒙古在国家发展大局中的责任和担当，为我们今后的工作指明了前进的方向。

在"生态优先，绿色发展"理念的指导下，我们深入分析了内蒙古自治区马旅游发展的资源基础与发展路径。我们认为，内蒙古自治区是马产业资源大区，更是马文化富集区。自治区的马旅游产业发展不能只靠增加旅游用马的数量,而应该走一条非消耗型的旅游发展路子,即充分挖掘蒙古族马文化资源,以马为媒激活旅游各要素,推动旅游业等相关产业提档升级和高质量发展。蒙古族的马文化是拥有深厚群众基础的民族文化,因此,内蒙古马旅游开发的重点,不是引进名贵马种、成立高端马术俱乐部,而是应侧重于文化体验、休闲运动、寓教于乐的大众旅游。内蒙古的马旅游应该充分激发牧区群众、基层蒙古马协会、普通群众的创业活力,不能仅仅依靠大资本、大企业的高投入项目。所以我们认为,自治区马旅游的发展路径应该是以"文旅融合、文化传承、体验消费、生态环境、目的地发展"为核心,具有可持续性和联动性的产业发展模式。

国内外目前对野生动物旅游关注较多,对驯化动物旅游少有关注。本书是学术界首次以马旅游为主题展开学术研究的著作,并结合马旅游对文化旅游融合、全域旅游发展、特色小镇建设等内容进行一一探讨。因"马旅游"这一主题尚属草创,并无成例可循,故书中内容取舍与章节安排仅属探讨。敬请诸位师友、学界同仁批评指正。

本书是内蒙古自治区社会科学基金重大项目"马文化与马产业系列研究"之马旅游项目的最终成果,由内蒙古民族文化产业研究院与内蒙古大学旅游学系组建团队协同完成。立项到完稿的半年时间里,团队成员密切合作、协同攻关,终于将这本书呈现在读者眼前。本书是项目团队辛勤劳动的成果和集体智慧的结晶。我负责全书理论体系、框架结构的制定,统稿并撰写后记。各章节的具体作者为:前言、第一章、第二章第二节,黄丽华(中国地质大学);第二章第一节,韩冬(内蒙古大学);第二章第三节、第六章、第七章、第九章,全小国(内蒙古民族文化产业研究院);第五章,全小国、邢智仓;第三章,张龙凤(内蒙古大学);第四章第一节,郑承燕、孔群(内蒙古博物院);第四章第二节,马飞(内蒙古民族文化产业研究院);第四章第三节,叔嘎拉(内蒙古自治区非物质文化遗产保护中心),张龙凤;第八章,陈剑文(新疆文化和旅游研究院);第十章,张宇(内蒙古民族文化产业研究院),全小国;第十一章,宝文杰(内蒙古财经大学)。我的研究生王格格(内蒙古师范大学)负责参考文献的整理,研究院助理李亚楠和财务部孙萍承担了项目的

后勤保障工作。

本书的完成离不开各位前辈、师友的指导和支持。内蒙古自治区社会科学界联合会杭栓柱主席、胡益华副主席、朱晓俊副主席及研究部李爱仙部长从项目成立之初就给予了实质性的指导工作。在撰写过程中，内蒙古自治区党委政策研究室文风主任及本套丛书其他分册的作者白东义、王怀栋、黄淑洁、傅锁根，特别是殷俊海教授，都提出了非常多的宝贵意见。内蒙古自治区发展研究中心张志栋、内蒙古财经大学吕君、内蒙古自治区文化和旅游厅来苏棠等专家学者给出了诸多修改意见。我们在实地调研中得到了各牧业旗领导和同事的大力支持与帮助，他们有：伊金霍洛旗王枫、农牧业局高四保、财政局李波平，伊金霍洛镇孟都，布拉格嘎查巴图等；乌审旗政协郝伟，宣传部冯志明、王晓军，旅游局张军，产业办韩骥、苏都，文化局郝翀、其其格、阿荣，察罕苏力德游牧生态旅游区吉日嘎拉图、斯庆、张核等；东乌珠穆沁旗农牧业局代钦、斯日古楞，马业协会会长通拉嘎等。感谢云淼，你是我实质性开展蒙古族文化遗产保护和民族文化产业开发的第一推动力。

最后，本书的出版不是我们对蒙古族马文化、马旅游研究工作的结束，而是更为深入的研究工作的开始。内蒙古民族文化产业研究院成立了马文化产业研究中心，组建了协同创新团队，我们将继续以"吃苦耐劳、一往无前，不达目的绝不罢休"的蒙古马精神为指引，以蒙古族马文化、马旅游等相关产业发展为核心，为实现区域文化和经济的高质量发展、讲好内蒙古绿色发展故事，贡献智慧和力量。

董 杰

2019 年 5 月 18 日